Sanierung geschlossener Publikumsfonds

Schriften zum Verfahrensrecht

Herausgegeben von

Jens Adolphsen, Christoph Althammer, Peter Gottwald und Ulrich Haas

Band 56

PL ACADEMIC RESEARCH

Dominik Pauw

Sanierung geschlossener Publikumsfonds

PL ACADEMIC RESEARCH

Bibliografische Information der Deutschen Nationalbibliothek
Die Deutsche Nationalbibliothek verzeichnet diese Publikation in der Deutschen Nationalbibliografie; detaillierte bibliografische Daten sind im Internet über http://dnb.d-nb.de abrufbar.

Zugl.: München, Univ., Diss., 2016

D 19
ISSN 1619-344X
ISBN 978-3-631-67639-4 (Print)
E-ISBN 978-3-653-07020-0 (E-Book)
DOI 10.3726/978-3-653-07020-0

PL Academic Research ist ein Imprint der Peter Lang GmbH.
Peter Lang – Frankfurt am Main · Bern · Bruxelles · New York · Oxford · Warszawa · Wien

Diese Publikation wurde begutachtet.

www.peterlang.com

Für Rebekka, Richard und Viktoria

Vorwort

Die Arbeit hat der Juristischen Fakultät der Ludwig-Maximilians-Universität München im Wintersemester 2015/16 als Dissertation vorgelegen. Das Manuskript habe ich im Dezember 2015 abgeschlossen; später veröffentlichte Rechtsprechung und Literatur konnten bis April 2016 nachgetragen werden.

Herzlicher Dank gebührt meinem Doktorvater, Herrn Professor Dr. Mathias Habersack, für die vorbildliche Betreuung und die zügige Durchführung meines Promotionsvorhabens.

Das Zweitgutachten wurde von Herrn Professor Dr. Peter Kindler erstellt; auch dafür bedanke ich mich.

Herrn René Dubois und Herrn Dr. Stephan Kolmann danke ich für wertvolle Anregungen und Gedankenaustausch hinsichtlich des Themas dieser Untersuchung. Dank gebührt auch Herrn Professor Dr. Dr. h.c. Peter Gottwald für die Aufnahme in die Schriftenreihe.

Bedanken möchte ich mich außerdem bei meinen Eltern, Frau Dr. Karin Pauw und Herrn Dr. Reinhard Pauw, für die vorbehaltlose und großzügige Unterstützung meines Promotionsvorhabens.

München, im April 2016

Dominik Pauw

Inhaltsübersicht

Inhaltsverzeichnis

1. Einführung

1.1 Einleitung

Geschlossene Fonds erfreuen sich bei privaten wie auch institutionellen Anlegern nach wie vor einiger Beliebtheit, auch wenn ihr Ende schon oft vorhergesagt wurde. Die Zahl der neuaufgelegten Fonds ist zwar seit einigen Jahren rückläufig, doch der Markt für Finanzprodukte dieser Art ist insgesamt immer noch lebendig. Hinzu kommt die hohe Anzahl bereits bestehender Fonds, in denen große Mengen Kapital zahlloser Anleger gebunden sind. Nicht zuletzt aufgrund der typischerweise langen Laufzeiten geschlossener Fonds wird dieser Anlageform noch auf Jahre hinaus in der Rechtspraxis erhebliche Bedeutung zukommen.

Unübersehbar ist allerdings, dass – trotz einiger gut laufender Fonds – in der allgemeinen Wahrnehmung und in der Berichterstattung die negativen Meldungen überwiegen.[1] Und tatsächlich kämpft die Branche mit erheblichen Problemen: Immer wieder geraten geschlossene Fonds in ganzen Wellen in Schieflage. In der Folge besteht bei zahlreichen Fondsgesellschaften dringender Sanierungsbedarf.

Da sich aufgrund der besonderen Charakteristika geschlossener Fonds die ansonsten üblichen Sanierungsmethoden und -werkzeuge nicht ohne Weiteres übertragen lassen, wirft deren Sanierung sowohl in wirtschaftlicher als auch in rechtlicher Hinsicht zahlreiche Fragen auf.

Ziel dieser Abhandlung ist es daher, die Möglichkeiten sowohl außergerichtlicher als auch gerichtlicher Sanierung geschlossener Publikumsfondsgesellschaften im Einklang mit der bisherigen Rechtsprechung auf ein gesichertes rechtliches Fundament zu stellen.

Hierzu bedarf es zunächst einer Darstellung und Analyse der genannten wirtschaftlichen und rechtsformspezifischen Besonderheiten typischer geschlossener Fonds. Diese wird zeigen, dass hier Maßnahmen zur Stärkung des Eigenkapitals eine herausgehobene Stellung einnehmen. Besonderes Augenmerk verdient im Rahmen der außergerichtlichen Sanierung folglich zunächst die Auseinandersetzung mit der Frage der Übertragbarkeit kapitalgesellschaftsrechtlicher Eigenkapitalmaßnahmen in das Recht der Personengesellschaften. Eng damit verknüpft ist die Frage nach den Möglichkeiten und Grenzen der Mehrheitsherrschaft in der Fondsgesellschaft, da sich allein aufgrund der großen Zahl an

1 Vgl. statt vieler Finanztest, Ausgabe 10/2015, S. 43 ff, „Schlimme Bilanz".

Anlegern in der Praxis kaum einstimmige Beschlussergebnisse erzielen lassen. Darüber hinaus sollen im Bereich gerichtlicher Sanierung die neuen, mit dem Gesetz zur Erleichterung der Sanierung von Unternehmen – ESUG[2] – eingeführten Werkzeuge auf ihre Tauglichkeit in Bezug auf geschlossene Publikumsfonds überprüft werden. Dabei wird das reformierte Insolvenzplanverfahren der §§ 217 ff. InsO im Vordergrund stehen. Des Weiteren erfolgt eine Beleuchtung der Besonderheiten, die sich für die genannten Eigenkapitalmaßnahmen aus den in der Praxis häufig auftretenden Formen mittelbarer Beteiligungen im Rahmen von Treuhandmodellen ergeben.

1.2 Geschlossene Fonds

Die vorliegende Darstellung konzentriert sich auf die rechtlichen Aspekte der Sanierung geschlossener Fonds in Form der Publikums-Personengesellschaft, da diese aufgrund ihrer weiten Verbreitung[3] die größte praktische Relevanz haben. Wird ohne Zusatz von „geschlossenen Fonds“ gesprochen, so ist im Folgenden stets dieser Typ gemeint.

1.2.1 Definition

Geschlossene Fonds sind Produkte des freien Kapitalanlagemarktes, häufig auch als „Grauer Markt“ bezeichnet. Dieser Begriff des grauen Marktes lässt sich nicht exakt definieren, sondern allenfalls typologisch umschreiben. Es handelt sich um einen Sammelbegriff für Kapitalmarktgeschehen, das sich außerhalb der organisierten Märkte[4] abspielt. Charakteristisch für den grauen Markt sind der große Formenreichtum der gehandelten Kapitalanlagen, der geringe Organisationsgrad und die schwach ausgebildeten Sekundärmärkte.[5] Da im Unterschied zu organisierten Märkten die Handelsobjekte nicht standardisiert sind[6], gab es für geschlossene Publikumsfonds – anders als bei Investmentfonds im Sinne des

---

2 Amtlich: Gesetz zur weiteren Erleichterung der Sanierung von Unternehmen vom 07.12.2011, BGBl. I S. 2582.

3 Vgl. *Seiler/Kniehase*, in: Schimansky/Bunte/Lwowski, Bankrechts-Hdb., vor § 104 Rn. 8; *Lenenbach*, Kapitalmarktrecht, Rn. 12.2.

4 Zum Begriff des „organisierten Marktes“ vgl. *Lenenbach*, Kapitalmarktrecht, Rn. 1.28.

5 Vgl. *Seiler/Kniehase*, in: Schimansky/Bunte/Lwowski, Bankrechts-Hdb., vor § 104 Rn. 8; *Lenenbach*, Kapitalmarktrecht, Rn. 12.1 ff.; vgl. zum Begriff des Grauen Marktes auch den Bericht der Bundesregierung zum „Grauen Kapitalmarkt“ vom 17.09.1999, BT-Drucks. 14/1633, S. 2.

6 Vgl. *Lenenbach*, Kapitalmarktrecht, Rn. 1.28.

Investmentgesetzes – bis zum Inkrafttreten des Kapitalanlagegesetzbuches (siehe hierzu 1.2.1.4.2, S. 32) keine gesetzliche Definition. Gleichwohl hat sich – beeinflusst durch die wirtschaftlichen, rechtlichen und steuerlichen Rahmenbedingungen – im Laufe der Zeit der geschlossene Fonds als relativ klar abgrenzbare Anlageklasse herausgebildet.

Nach diesem allgemeinen und auch hier zugrunde gelegten Verständnis unterfallen dem Sammelbegriff des geschlossenen Fonds in Form der Publikumspersonengesellschaft Vehikel zur Investition in einzelne, besonders hochpreisige Wirtschaftsgüter, die sich an eine Vielzahl überwiegend privater Anleger mit jeweils relativ geringer Einlage richten.[7]

Im Detail besteht jedoch eine erhebliche Gestaltungsfreiheit und Flexibilität, weswegen sich die Definition nicht auf eine griffige Formel reduzieren lässt. Vielmehr ergibt sich die Eigenschaft als geschlossener Fonds aus der Zusammenschau diverser Merkmale.[8]

1.2.1.1 Wirtschaftliche Merkmale

Typisches Geschäftsmodell ist die eigene Herstellung des betreffenden Wirtschaftsgutes mit anschließender Gebrauchsüberlassung an Dritte. Je nach Fondstyp kann diese Gebrauchsüberlassung als Vermietung, Leasing oder Lizenzierung ausgestaltet sein.

Die zur Herstellung des bewirtschafteten Anlageobjektes notwendige Investitionssumme wird aus den Einlagen der Gesellschafter und zusätzlichem Fremdkapital finanziert. Der Anteil des Fremdkapitals ist dabei üblicherweise hoch, um einen Hebeleffekt (*leverage effect*) zur Verbesserung der Eigenkapitalrendite zu erreichen. Je nach Gestaltung können sich durch Geltendmachung der gezahlten Fremdkapitalzinsen hieraus auch steuerliche Vorteile ergeben.

Den Anlegern wird auf diesem Wege ermöglicht, sich mit kleineren Beträgen an konkreten Großprojekten zu beteiligen. Daneben existieren auch andere Erscheinungsformen wie etwa Fonds als Investorengemeinschaften einzelner institutioneller Investoren,[9] auf die hier jedoch nicht näher eingegangen werden soll.

Dabei steht das konkrete Anlageobjekt häufig von vornherein fest, sodass im Unterschied zu typischen offenen Fonds nicht in eine Objektkategorie, sondern

---

7 Vgl. *Maas*, in: Assmann/Schlitt/von Kopp-Colomb, WpPG / VerkProspG, § 8f VerkProspG Rn. 78; *Bost/Halfpap*, in: Lüdicke/Arndt, Geschlossene Fonds, S. 5.

8 So auch *Maas*, in: Assmann/Schlitt/von Kopp-Colomb, WpPG / VerkProspG, § 8f VerkProspG Rn. 86 ff.

9 Vgl. *Lüdicke*, in: Lüdicke/Arndt, Geschlossene Fonds, S. 5.

in ein bestimmtes Projekt investiert wird. Gelegentlich werden allerdings auch sogenannte *„blind pools“* angeboten, bei denen das konkrete Projekt unbekannt ist.

Die Fonds heißen deswegen „geschlossen“, weil es nur zu einer einmaligen Anteilsemission während der Finanzierungs- bzw. Platzierungsphase kommt, nach deren Abschluss die Anteile bis zum Ende der Laufzeit nicht oder nur sehr eingeschränkt übertragbar sind. Dementsprechend ist der Sekundärmarkt für Anteile geschlossener Fonds – zumindest bislang – nur rudimentär entwickelt (siehe unten 1.2.2.3, S. 37).[10]

Anders als bei offenen Investmentfonds, für die § 98 KAGB (früher § 37 InvG) eine Rücknahmepflicht anordnet, können die Anteile auch nicht zurückgegeben werden.[11] Die Fondsgesellschaft bildet – im Gegensatz zu offenen Fonds – kein treuhänderisches Sondervermögen für ihre Anleger, sondern wird selbst Eigentümerin des Anlageobjektes. Mit der Insolvenz der Fondsgesellschaft droht den Anlegern somit der Totalverlust ihrer Einlage bzw. ihres Beteiligungswertes. Für den einzelnen Kapitalanleger handelt es sich somit um ein reines Beteiligungsengagement ohne echte unternehmerische Betätigung,[12] aber dem vollen unternehmerischen Risiko.

1.2.1.2 Steuerrechtliche Merkmale

Maßgeblichen Anteil an der Entstehung und Weiterentwicklung der Anlageklasse der geschlossenen Fonds hatte das Steuerrecht.[13] Die Entwicklung geschlossener Fonds in Form der Publikumspersonengesellschaft ab der Mitte der 1960er Jahre beruhte vornehmlich auf dem Bestreben, ein Steuersparmodell für Besserverdiener zu entwickeln.[14] Dafür bedurfte es einer rechtlichen Gestaltung, die eine Verlustzuweisung an die Gesellschafter ermöglichte. Zur Erreichung dieser steuerlichen Transparenz kam und kommt als Gesellschaftsform nur eine Personengesellschaft in Frage, da bei dieser gemäß §§ 15 Abs. 1 S. 1 Nr. 2, 15a EStG

---

10 Vgl. *Lenenbach*, Kapitalmarktrecht, Rn. 2.267; ein Überblick und aktuellen Entwicklungen auf dem Zweitmarkt finden sich auch auf dem von der Fondsbörse Deutschland Beteiligungsmakler AG betriebenen Internetportal unter http://www.zweitmarkt.de.

11 Vgl. *Arndt/Bruchwitz*, in: Arndt/Voß, § 8f VerkProspG Rn. 35.

12 *Wagner*, in: Assmann/Schütze, Hdb. KapitalanlageR, § 16 Rn. 26.

13 *Kellermann*, in: FS Stimpel, S. 295, 296 spricht gar von einer „Frucht des Steuerrechts“.

14 *Wagner*, in: Assmann/Schütze, Hdb. KapitalanlageR, § 16 Rn. 1 ff; *Lenenbach*, Kapitalmarktrecht, Rn. 12.26.

Gewinnansprüche und Vergütungen auf Gesellschafterebene besteuert werden.[15] Folglich bestand in dieser Frühphase der geschlossenen Fonds die Rendite für die meisten Anleger im Wesentlichen in der Steuerersparnis durch die Zurechnung in der Gesellschaft aufgelaufener Verluste, die mit anderen Einkünften verrechnet werden konnten.[16] Man sprach daher auch von Verlustzuweisungs- oder Abschreibungsgesellschaften.[17]

Der Gesetzgeber hat allerdings im Laufe der Jahre die Nutzung geschlossener Fonds als reines Steuersparmodell durch diverse Änderungen des Steuerrechts immer weiter reduziert.[18] Der vorläufige Endpunkt dieser Entwicklung war die Schaffung des neuen § 15b EStG im Jahre 2005[19], wonach ein steuerlicher Verlustausgleich nunmehr nur noch mit Gewinnen aus der gleichen Einkommensquelle möglich ist.[20] Eine Verrechnung angefallener Verluste mit Einkünften anderer Art, etwa dem regulären Arbeitseinkommen privater Anleger, ist seither nicht mehr zulässig, weswegen das Modell der reinen Verlustzuweisungsgesellschaft ausgedient hat.[21] Ausführliche Darstellungen der Steuerrechtslage bei geschlossenen Fonds und deren historischer Entwicklung finden sich an zahlreichen Stellen in der Literatur, weswegen hier nicht im Detail darauf eingegangen werden soll.[22] Zusammenfassen lässt sich aber, dass mittlerweile die Erwirtschaftung

15 Zur steuerlichen Einordnung von Publikumspersonengesellschaften bzw. geschlossenen Fonds vgl. *Watermeyer/Knobbe*, in: Prinz/Hoffmann, BeckHdb PersGes, § 17 Rn. 123 ff; *Wagner*, in: Assmann/Schütze, Hdb. KapitalanlageR, § 17 Rn. 21 ff; *Lenenbach*, Kapitalmarktrecht, Rn. 12.26.

16 *Watermeyer/Knobbe*, in: Prinz/Hoffmann, BeckHdb PersGes, § 17 Rn. 6 f.

17 Vgl. *Lenenbach*, Kapitalmarktrecht, Rn. 12.26.

18 Eingehend zur Entwicklung der Rechtslage *Wagner*, in: Assmann/Schütze, Hdb. KapitalanlageR, § 16 Rn. 1 ff.; vgl. hierzu auch MünchHdb. KG/*Horbach* § 61 Rn. 3 ff; *Watermeyer/Knobbe*, in: Prinz/Hoffmann, BeckHdb PersGes, § 17 Rn. 136 ff.

19 Eingeführt durch das Gesetz zur Beschränkung der Verlustverrechnung im Zusammenhang mit Steuerstundungsmodellen vom 22.12.2005, BGBl. I 2005, S. 3683; eingehend zur Auswirkung dieser Gesetzesänderung (aus dem Blickwinkel der Filmfonds) *Theisen/Lins*, DStR 2010, 1649.

20 Vgl. hierzu *Beck*, DStR 2006, 61, 62 f; Blümich/*Heuermann* § 15b EStG Rn. 1 ff; *Wagner*, in: Assmann/Schütze, Hdb. KapitalanlageR, § 16 Rn. 105 ff.

21 *Lüdicke*, in: Lüdicke/Arndt, Geschlossene Fonds, S. 74; *Wagner*, in: Assmann/Schütze, Hdb. KapitalanlageR, § 16 Rn. 110.

22 Jeweils sehr ausführlich *Wagner*, in: Assmann/Schütze, Hdb. KapitalanlageR, § 16 Rn. 1 ff; *Lüdicke*, in: Lüdicke/Arndt, Geschlossene Fonds, S. 71 ff.

operativer Rendite in den Vordergrund rückt, während steuerliche Erwägungen in den Hintergrund treten.[23]

Gleichwohl ist das Steuerrecht nach wie vor ein definierender Faktor für die ganze Anlageklasse. Das liegt zum einen daran, dass das Steuerrecht durch einige konkrete Regelungen und Anreize erheblichen Einfluss auf die geschlossenen Fonds ausübt, da die einzelnen Fondsprodukte nach wie vor im Sinne einer Minimierung der Steuerlast an steuerrechtlichen Vorgaben ausgerichtet werden.[24] Besonders augenfälliges Beispiel hierfür ist die Unterkategorie der Schiffsfonds, die ihren jahrelangen – mittlerweile allerdings beendeten – Höhenflug maßgeblich der Regelung des § 5a EStG zur Tonnagegewinnermittlung für Handelsschiffe verdankt.[25] Die wichtigste steuerrechtliche Auswirkung bleibt jedoch die Wahl der Rechtsform, da aufgrund des nach wie vor bestehenden Wunsches nach steuerlicher Transparenz[26] die gesamte Anlageklasse auf Personengesellschaften festgelegt wird und somit ein wesentliches Definitions- und Abgrenzungsmerkmal liefert.

Mit Inkrafttreten des Kapitalanlagegesetzbuches (KAGB, siehe hierzu sogleich 1.2.1.4.2, S. 32) richtet sich die Besteuerung geschlossener Fonds in Form der Publikums-KG nach dem Investmentsteuergesetz (InvStG). In der Sache hat sich hierdurch aber nichts geändert, da § 18 InvStG lediglich auf die auch vorher schon einschlägigen allgemeinen Regeln für Personengesellschaften verweist.

1.2.1.3 Gesellschaftsrechtliche Merkmale

1.2.1.3.1 Allgemeines

Charakteristisch für geschlossene Fonds ist die rechtliche Kapselung jeweils einzelner (bzw. einiger weniger) Objekte durch Gründung einer zweckgebundenen Gesellschaft, an der sich die Anleger – entweder unmittelbar oder über einen Treuhänder – beteiligen. Konzipiert und ins Leben gerufen werden die Fonds durch den Initiator, der typischerweise die Projektidee einbringt, die Fondsgesellschaft gründet und sowohl in der Finanzierungs- als auch der Bewirtschaftungsphase das operative Geschäft des Fonds leitet, selbst aber häufig keine oder

23 *Watermeyer/Knobbe*, in: Prinz/Hoffmann, BeckHdb PersGes, § 17 Rn. 7.

24 *Lüdicke*, in: Lüdicke/Arndt, Geschlossene Fonds, S. 111.

25 Umfassend zu Schiffsfonds *Lüdicke/Arndt*, in: Lüdicke/Arndt, Geschlossene Fonds, S. 282 ff.

26 Eingehend zu den steuerlichen Motivationen und Rahmenbedingungen geschlossener Fonds siehe *Lüdicke*, in: Lüdicke/Arndt, Geschlossene Fonds, S. 71 ff; *Wagner*, in: Assmann/Schütze, Hdb. KapitalanlageR, § 16 Rn. 1 ff.

nur eine geringe Kapitalbeteiligung hält. Die Anleger sind daher keine Mitgründer der Gesellschaft, sondern treten während der Finanzierungsphase bei. Entsprechend gibt es keinerlei Mitspracherechte und Gestaltungsmöglichkeiten hinsichtlich des Gesellschaftsvertrages. Auch der Einfluss der Anleger auf das operative Geschäft ist in der Regel stark eingeschränkt, da dieses in der Hand der Initiatoren liegt.

Wichtigstes Erkennungsmerkmal ist – wie bereits erwähnt – die Rechtsform der Publikums-Personengesellschaft. Obwohl es um eine rein kapitalistische Beteiligung einer anonymen Vielzahl von Anlegern geht, werden geschlossene Fonds in aller Regel in der Rechtsform einer Personengesellschaft ausgestaltet. Dabei kommen alle gängigen Erscheinungsformen der Personengesellschaft – GbR, OHG[27], KG sowie stille Gesellschaft[28] – zum Einsatz. Die weiteste Verbreitung hat dabei die Kommanditgesellschaft in Form der GmbH & Co. KG gefunden, bei der die Anleger als Kommanditisten beteiligt sind und eine vom Initiator geführte GmbH als Komplementärin agiert und das operative Geschäft leitet. Diese Gestaltung bietet den Vorteil der Haftungsbeschränkung auf die Hafteinlage, wohingegen Gesellschafter einer GbR oder OHG grundsätzlich unbeschränkt für Verbindlichkeiten der Gesellschaft haften, was für die beteiligten Anleger unkalkulierbare Haftungsrisiken birgt. Seit Inkrafttreten des Kapitalanlagegesetzbuches (KAGB) steht für neu aufgelegte geschlossene Fonds aus eben diesen Erwägungen von den Personengesellschaften nur noch die Kommanditgesellschaft zur Verfügung („geschlossene Investment-Kommanditgesellschaft", §§ 149 ff. KAGB).

Geschlossene Investmentfonds gibt es inzwischen auch wieder in Form der Investmentaktiengesellschaft mit fixem Grundkapital (§§ 140 ff. KAGB), nachdem deren Vorgänger (zwischenzeitlich geregelt in § 51 KAGG[29] a.F.) sich am

27 Die Publikums-OHG ist in der Praxis sehr selten, da der typische, vermögensverwaltend tätige Fonds kein Handelsgewerbe betreibt und an einer fakultativen Eintragung in das Handelsregister nach § 105 Abs. 2 HGB üblicherweise kein Interesse besteht; vgl. hierzu auch *Lenenbach*, Kapitalmarktrecht, Rn. 12.31.

28 Die stille Gesellschaft ist zwar eine Personengesellschaft (so zuletzt BGH ZIP 2013, 21), aber reine Innengesellschaft, die nicht rechtsfähig ist und auch über kein eigenes Gesellschaftsvermögen verfügt. Konstruktiv bedarf es bei stillen Beteiligungen daher stets einer weiteren Gesellschaft, die ihrerseits Eigentümerin und ggf. Verwalterin des bewirtschafteten Objektes ist und in deren Vermögen die Mittel der still Beteiligten fließen. Vgl. zum Wesen der stillen Gesellschaft Baumbach/Hopt HGB/*Roth* § 230 Rn. 1 ff.

29 Gesetz über Kapitalanlagegesellschaften vom 09.09.1998, BGBl. I S. 2726.

Markt nicht durchgesetzt hat und bald wieder abgeschafft wurde.[30] In der Praxis haben diese jedoch bislang keine nennenswerte Verbreitung erlangt und sollen hier nicht näher behandelt werden.

Die Gründe für die Wahl der Personengesellschaft als Rechtsform liegen zunächst (wie unter 1.2.1.2, S. 26, dargestellt) in steuerrechtlichen Erwägungen begründet. Der zweite – ähnlich bedeutsame – Grund ist der, dass die für solche Konstellationen anonymer kapitalistischer Beteiligung eigentlich vorgesehene Aktiengesellschaft im Sinne des Verkehrs- und insbesondere des Anlegerschutzes institutionell sehr stark verfestigt und reguliert ist.[31] Personengesellschaften sind insoweit deutlich flexibler und können durch gesellschaftsvertragliche Regelungen den Gegebenheiten des konkreten Projektes weitgehend frei angepasst werden. Gleichzeitig wird vermieden, die vergleichsweise kleinen Zweckgesellschaften mit einem organisatorischen Korsett zu belasten, welches eigentlich auf Großunternehmen zugeschnitten ist und diese daher überfordern würde.

1.2.1.3.2 Sonderrecht der Publikums-Gesellschaften

Dabei ist jedoch unübersehbar, dass solche anonymen Publikumsgesellschaften sich sehr weit von dem ursprünglichen Leitbild der Personengesellschaft entfernt haben, welches von einer starken Personenbezogenheit ausging.[32] Vor diesem Hintergrund hat sich mit der massenhaften Verbreitung solcher Fonds in den frühen 1970er Jahren in der Rechtsprechung ein verfestigtes Sonderrecht der Publikumsgesellschaften herausgebildet, welches deren Bedürfnissen besser gerecht wird. Dieses Sonderrecht betrifft insbesondere die Auslegung und Inhaltskontrolle der Gesellschaftsverträge, Auskunfts- und Einsichtsrechte, das Beschlussmängelrecht, die Etablierung nicht-gesetzlicher Gesellschaftsorgane (Beiräte, Aufsichtsräte) sowie die Möglichkeiten und Grenzen der Mehrheitsherrschaft.[33] Im Ergebnis führt diese Rechtsprechung faktisch zu einer eigenen Rechtsform, die das klassische Personengesellschaftsrecht in vielen Punkten dem Recht der juristischen Personen annähert.

In der Rückkopplung hat die Rechtsprechung zu Publikumsgesellschaften maßgeblich zu der Entwicklung und Verfestigung der Anlageklasse der geschlossenen Fonds beigetragen, indem sie Fondsbetreibern und Anlegern eine

---

30 Vgl. hierzu *Maas*, in: Assmann/Schlitt/von Kopp-Colomb, WpPG / VerkProspG, § 8f VerkProspG Rn. 83.

31 Eingehend hierzu *Stimpel*, in: FS Fischer, S. 771.

32 *Schiffers*, in: Prinz/Hoffmann, BeckHdb PersGes, § 1 Rn. 17.

33 Zum Überblick hierüber siehe *Servatius*, in: Henssler/Strohn, Gesellschaftsrecht, Anhang Publikumsgesellschaft und GmbH & Co. KG Rn. 1 ff.

rechtspraktisch handhabbare und für den Einsatzzweck „maßgeschneiderte“ Rechtsformalternative zur Verfügung gestellt hat.

1.2.1.4 Kapitalanlagerechtliche Merkmale

Nachdem die Produktkategorie der geschlossenen Fonds viele Jahre lang weitgehend unreguliert[34] war, gibt es seit Beginn der 2000er Jahre immer stärke Bestrebungen zur gesetzlichen Regulierung. Im Zuge dessen greift nunmehr auch der Gesetzgeber selbst den Begriff des geschlossenen Fonds auf. Dadurch ist das Kapitalanlagerecht mittlerweile zu einer wesentlichen Erkenntnisquelle für die Definition der ganzen Anlageklasse geworden, da einerseits der Gesetzgeber die am Markt verbreiteten Produkte mit Definitionen umschreibt und sich andererseits auch die Fondsanbieter bei der Gestaltung neuer Produkte an den rechtlichen Rahmenbedingungen orientieren und die Fonds den kapitalanlagerechtlichen Vorgaben anpassen.

1.2.1.4.1 Rechtslage seit dem AnSVG

Die im Jahre 2004 durch das Anlegerschutzverbesserungsgesetz[35] (AnSVG) geschaffenen Regelungen zur Prospektpflicht für nicht in Wertpapieren verbriefte Kapitalanlagen erwähnten erstmals in § 8f Abs. 1 VerkProspG – zwischenzeitlich aufgegangen in der inhaltsgleichen Nachfolgervorschrift § 1 Abs. 2 Nr. 3 VermAnlG a.F. – als eine Art Auffangtatbestand[36] „Anteile an sonstigen geschlossenen Fonds“. Der Begriff des geschlossenen Fonds an sich wurde jedoch weder im Gesetzestext noch in der dazugehörigen Begründung[37] näher definiert.[38]

Daher half diese Erwähnung durch den Gesetzgeber kaum dabei, den Begriff des geschlossenen Fonds klarer zu fassen. Mangels einer griffigen Definition behalf der Gesetzgeber sich mit einer Typisierung anhand der bereits erwähnten

---

34 Mit Ausnahme einzelner gewerberechtlicher Vorschriften, vgl. *Seiler/Kniehase*, in: Schimansky/Bunte/Lwowski, Bankrechts-Hdb., vor § 104 Rn. 9.

35 Amtlich: Gesetz zur Verbesserung des Anlegerschutzes vom 28.10.2004, BGBl. I S. 2630.

36 Es handelt sich jedoch um keinen echten Auffangtatbestand, da alle Tatbestandsvarianten gleichwertig nebeneinander stehen und sich kein generelles Spezialitätsverhältnis der Varianten zueinander ausmachen lässt; vgl. *Arndt/Bruchwitz*, in: Arndt/Voß, § 8f VerkProspG Rn. 27; anders *Lenenbach*, Kapitalmarktrecht, Rn. 12.147, der die Variante der „Unternehmensbeteiligung“ als den Auffangtatbestand auffasst.

37 Siehe Begründung zu § 8f VerkProspG im Regierungsentwurf des AnSVG, BT-Drucks. 15/3147, S. 42.

38 Siehe hierzu auch *Arndt/Bruchwitz*, in: Arndt/Voß, § 8f VerkProspG Rn. 35; *Moritz/Grimm*, BB 2004, 1352; *Lenenbach*, Kapitalmarktrecht, Rn. 12.148.

marktüblichen Anlagemodelle: Die Beteiligung an Personengesellschaften (als nicht in Wertpapieren im Sinne des WpPG verbrieften Anteilen) sowie entsprechende Treuhandmodelle wurden explizit erwähnt. Inwieweit die offen formulierte dritte Tatbestandsvariante („oder [...] an sonstigen geschlossenen Fonds") den Begriff des geschlossenen Fonds auf zusätzliche Anlageformen erweiterte, konnte aus der Vorschrift selbst nicht abgeleitet werden sondern bedurfte in Zweifelsfällen einer wertenden Ausfüllung dieses Begriffs.[39]

Immerhin ließ sich daraus schließen, dass jedenfalls die hier untersuchte Konstellation der Publikumspersonengesellschaft nach dem Willen des Gesetzgebers dem (prospektrechtlichen) Begriff des geschlossenen Fonds unterfiel.

1.2.1.4.2 Rechtslage seit dem KAGB

Deutlich mehr Anhaltspunkte und Definitionsmerkmale liefert das anlässlich der Umsetzung der europäischen AIFM-Richtlinie[40] zum 22.07.2013 eingeführte Kapitalanlagegesetzbuch (KAGB).[41] Anders als durch die bislang vorhandenen rein prospektrechtlichen Vorschriften reguliert das KAGB das Geschäfts mit geschlossenen Fonds umfassend. So enthält das KAGB für neu aufgelegte Fonds neben rein kapitalanlagerechtlichen Regelungen auch einige gesellschaftsrechtliche Vorgaben.

Zum Zwecke dieser umfassenden Regulierung findet sich hier erstmals eine durch den Gesetzgeber getroffene Klassifizierung und Definition gängiger Kapitalanlagemodelle, die auch geschlossene Fonds umfasst. Aus der Zusammenschau der Regelungen ergeben sich folgende Merkmale für geschlossene Publikums-Fonds: Nicht in Wertpapieren verbriefte Gesellschaftsanteile, keine Beschränkung des Vertriebs auf professionelle oder semi-professionelle Anleger, keine Rückgabe der Anteile gegen Auszahlung sowie keine operative Tätigkeit der Fondsgesellschaft außerhalb des Finanzsektors.[42] Bei den hier behandelten,

---

39 *Maas*, in: Assmann/Schlitt/von Kopp-Colomb, WpPG / VerkProspG, § 8f VerkProspG Rn. 85.

40 Amtlich: Richtlinie 2011/61/EU über die Verwalter alternativer Investmentfonds, englisch „*Alternative Investment Fund Manager (AIFM) Directive*".

41 Eingeführt durch das Gesetz zur Umsetzung der Richtlinie 2011/61/EU über die Verwalter alternativer Investmentfonds vom 04.07.2013, BGBl. I S. 1981.

42 Um das Kriterium der fehlenden operativen Tätigkeit außerhalb des Finanzsektors gab es bei Erlass des KAGB einige Unsicherheiten. Es stellte sich für geschlossene Fonds die Frage, ob die typische Bewirtschaftung des angeschafften Wirtschaftsgutes (etwa durch Vermieten oder Verchartern) schon als eine solche operative Tätigkeit ausreicht. Das Auslegungsschreiben der BaFin zum Anwendungsbereich des KAGB und zum Begriff

klassischen geschlossenen Fonds in der typischen Erscheinungsform als Publikums-GmbH & Co. KG handelt es sich nach der Klassifizierung durch das KAGB um „geschlossene inländische Publikums-AIF in Form der geschlossenen Investmentkommanditgesellschaft".[43] In § 261 Abs. 2 KAGB findet sich nunmehr auch eine – selbstverständlich nicht abschließende – Aufzählung typischer Sachwerte, die letztlich eine gesetzgeberische Bestandsaufnahme gängiger Investitionsobjekte darstellt.

Auf die regulatorischen Vorgaben, die das neue Gesetz mit sich bringt, kann und soll hier nicht im Detail eingegangen werden, da diese keine zusätzlichen Erkenntnisse über Definitionsmerkmale geschlossener Fonds liefern. Erwähnenswert ist aber die Tatsache, dass Publikumsfonds nunmehr nur in Form der Kommanditgesellschaft neu aufgelegt werden dürfen, womit der Gesetzgeber im Sinne des Anlegerschutzes den erheblichen Haftungsrisiken Rechnung trägt, die sich durch die unbeschränkte persönliche Haftung der OHG-/GbR-Gesellschafter ergeben.

An dem grundsätzlichen Verständnis dessen, was geschlossene Fonds sind, hat sich durch die neue Rechtslage gleichwohl nichts geändert. Schließlich war es gerade Ziel des Gesetzgebers, dieses schon bestehende und verfestigte Marktsegment zu erfassen und zu regulieren.

1.2.1.4.3 ELTIF-Verordnung

Am 26. Juni 2013 hat die Europäische Kommission einen Entwurf für eine Verordnung über europäische langfristige Investmentfonds („European Long-term Investment Funds", kurz „ELTIF") vorgelegt, die nach Zustimmung durch das Europäische Parlament am 10. März 2015 schließlich am 20. April 2015 von dem Europäischen Rat angenommen wurde.

---

des Investmentvermögens vom 14.06.2013 (zuletzt geändert am 09.03.2015, Geschäftszeichen Q31-Wp2137-2013/0006, abrufbar unter https://www.bafin.de/SharedDocs/Veroeffentlichungen/DE/Auslegungsentscheidung/WA/ae_130614_Anwendungsber_KAGB_begriff_invvermoegen.html) hat insoweit Klarheit geschaffen, als der Erwerb, die Vermietung, die Verpachtung, die Verwaltung sowie der Verkauf des jeweiligen Wirtschaftsgutes noch keine operative Tätigkeit im Sinne des § 1 Abs. 1 KAGB darstellen. Wichtige Ausnahme ist das bei Schiffsfonds durchaus gängige Time-Charter-Modell, bei dem der Vercharterer dem Charterer ein voll ausgerüstetes, bemanntes und einsatzfähiges Schiff zur vertraglich vorgesehenen kommerziellen Nutzung auf Zeit zur Verfügung stellt. Da bei einem Time-Charter-Vertrag die technisch-nautische Betriebsführung beim Vercharterer liegt, ist dieser als operativ tätig anzusehen.

43 *Zwissler*, in: Habersack/Mülbert/Schlitt, Hdb. Kapitalmarktinf., § 8 Rn. 132.

Die Verordnung ruft den ELTIF als neue, europäische Rechts- und Organisationsform für geschlossene Fonds ins Leben. Anders als bisherige geschlossene Fonds können die ELTIFs nach ihrer Genehmigung in einem Mitgliedsstaat unionsweit Kapital einwerben. Dabei sollen nicht nur institutionelle Investoren, sondern auch Privatanleger ihr Kapital in diesen Fonds anlegen können.[44] Durch diese Ausweitung der Vertriebsmöglichkeiten ergeben sich ganz neue Perspektiven für die Fondsbranche. Die Tragweite dieser Regelung wird sich erst im Laufe der nächsten Jahre herausstellen.

Grundsätzlich sollen ELTIFs nur in Vermögenswerte investieren können, die nicht auf geregelten Märkten gehandelt werden. Als Beispiele nennt die Verordnung etwa Investitionen in Infrastrukturprojekte, Investitionen in nicht börsennotierte Unternehmen sowie Investitionen in Immobilien.

Abgrenzungsmerkmale für den hier besprochenen Typ geschlossener Fonds lassen sich daraus kaum gewinnen. Die ELTIF-Verordnung soll nicht die bestehenden geschlossenen Fondsprodukte regulieren, sondern ein europäisches Investitionsvehikel *sui generis* darstellen, das neben die etablierten Investitionsgattungen tritt. Zur Vermeidung von Überschneidungen ordnet Art. 24 der Verordnung auch explizit an, dass Publikums-ELTIFs nicht in der Rechtsform einer Personengesellschaft strukturiert sein dürfen.

1.2.1.5 Fazit

Damit lässt sich festhalten, dass sich trotz der nach wie vor flexiblen Gestaltungsmöglichkeiten anhand der aufgezeigten Merkmale ein klares Bild des geschlossenen Fonds ergibt. Dieser Befund liefert die Grundlage für die Analyse der sanierungsrelevanten Eigenschaften und Gemeinsamkeiten für Produkte dieser Anlagekategorie. Im Rahmen dieser Darstellung wird im Folgenden von geschlossenen Fonds in Form der Publikums-Kommanditgesellschaft ausgegangen, da diese Rechtsform erstens schon jetzt die weiteste Verbreitung genießt und zweitens seit Inkrafttreten des KAGB für alle neu aufgelegten Produkte ohnehin obligatorisch ist (siehe oben 1.2.1.4.2, S. 32).

1.2.2 Markt

Im Folgenden soll ein kurzer Überblick über den Markt für geschlossene Fonds gegeben werden.

---

44 Kritisch hierzu Handelsblatt vom 12.03.2015, S. 26, „Zweifelhaftes Geschenk".

1.2.2.1 *Fondskategorien*

Die Fonds werden üblicherweise nach der Art des Anlageobjektes charakterisiert. Die klassischen Investitionsobjekte, welche auch den größten Teil des Marktes ausmachen,[45] sind inländische Immobilien. Gut etabliert sind außerdem – trotz eines drastischen Einbruchs in der Gunst der Anleger – Frachtschiffe sowie mittlerweile auch Flugzeuge und einzelne Container. Daneben existiert jedoch eine fast unüberschaubare Vielzahl weiterer Anlageobjekte. Stark im Vordringen befindlich sind dabei Fonds, die sich auf Projekte im Bereich der erneuerbaren Energien wie etwa Geothermie-, Wind- oder Solaranlagen, spezialisiert haben.[46]

Die Gemeinsamkeit besteht – wie oben schon dargestellt – darin, dass typischerweise ein einzelnes, sehr hochpreisiges Wirtschaftsgut angeschafft oder hergestellt und anschließend Dritten entgeltlich zur Nutzung überlassen wird. Die konkrete Ausgestaltung der Nutzungsüberlassung und die hiermit zusammenhängenden Vertragsverhältnisse unterscheiden sich dabei im Detail deutlich, auch innerhalb einzelner Fondskategorien (so untergliedert sich etwa die Klasse der Immobilienfonds in sogenannte Betreibermodelle und Leasingmodelle[47]).

1.2.2.2 *Gegenwärtige Marktsituation und Ausblick*

Die gesamte Anlageklasse der geschlossenen Fonds befindet sich seit Jahren in einer schwierigen Situation. Das Gesamtinvestitionsvolumen und die Summe des eingesammelten Eigenkapitals sind dementsprechend stark rückläufig. Zu Beginn der systematischen Erhebungen im Jahr 1993 sammelten geschlossene Fonds 5,88 Milliarden Euro an Eigenkapital ein.[48] Dieser Wert steigerte sich bis zum Jahre 2007 auf über 12 Milliarden Euro.[49] Seitdem ist die Summe des

---

45 2012 entfielen 46% des platzierten Eigenkapitals auf Fonds mit inländischen Immobilien, weitere 16% auf solche mit ausländischen Immobilien; vgl. Broschüre VGF Branchenzahlen Geschlossene Fonds 2012, S. 11, abrufbar unter http://www.sachwerteverband.de/fileadmin/VGF_Branchenzahlen_2012/VGF_Branchenzahlen_2012_Broschuere.pdf .

46 Das in diesem Bereich platzierte Eigenkapital hat sich trotz des schwierigen Marktumfeldes zwischen 2008 und 2012 mehr als verdreifacht; vgl. Broschüre VGF Branchenzahlen Geschlossene Fonds 2012, S. 19.

47 Vgl. zur Abgrenzung *Arndt/Fischer*, in: Lüdicke/Arndt, Geschlossene Fonds, S. 265.

48 Die Welt vom 24.01.2013, „Geschlossene Fonds in Not", abrufbar unter http://www.welt.de/113096734 .

49 Feri Gesamtmarktstudie Beteiligungsmodelle 2009; Die Welt vom 24.01.2013, „Geschlossene Fonds in Not", abrufbar unter http://www.welt.de/113096734 .

platzierten Eigenkapitals regelrecht abgestürzt und hat mit 3,8 Milliarden Euro im Jahr 2012[50] ihren vorläufigen Tiefpunkt erreicht.

Verantwortlich für diese negative Entwicklung sind mehrere Faktoren. Ein wesentlicher Grund liegt dabei in der seit 2007 andauernden Weltwirtschaftskrise, die in ihrem Verlauf die Absatzmärkte für die von den Fonds finanzierten Wirtschaftsgüter unter erheblichen Druck gesetzt hat. Hervorstechendes Beispiel dafür ist die Schifffahrtsbranche, die unter dem schwachen Welthandel und den in Boomjahren aufgebauten Überkapazitäten besonders leidet und einen dramatischen Einbruch der Frachtraten hinnehmen musste: Die Mietindizes für Containerschiffe, Tanker und Massengutfrachter („*bulker*") sind seit Ausbruch der Krise um bis zu 95% gefallen[51] und stagnieren seither auf niedrigem Niveau.[52] Unter diesen Bedingungen sind viele Fonds zu Zins- und Tilgungsleistungen nicht mehr in der Lage. Erst recht können keine Ausschüttungen an Anleger mehr vorgenommen werden.

Neben den gesamtwirtschaftlichen Rahmenbedingungen leidet die gesamte Branche aber auch unter einem erheblichen Vertrauensverlust unter den Anlegern. In den vergangenen Jahren haben sich die Fälle gehäuft, in denen Fonds sich nicht nur wirtschaftlich schlecht entwickelten, sondern in denen sogar auf kriminelle Art und Weise Anlegergelder veruntreut wurden.[53] Aber auch abseits dieser Extremfälle sind geschlossene Fonds häufig durch überhöhte Kosten

---

50 Pressemitteilung vom 07.05.2013 zur Feri Gesamtmarktstudie Beteiligungsmodelle 2012, abrufbar unter http://www.feri.de/files/documents/fer/press/2013-05-07_PM%20Feri%20Gesamtmarktstudie.pdf .

51 So etwa der Baltic Dry Index für Schüttgutfrachtraten, der von seinem Höchststand von 11793 Punkten am 20.05.2008 bis zum 31.01.2015 auf 590 Punkte gefallen ist, was einem Einbruch um rund 95% entspricht; der HARPEX für Containerfrachtraten fiel um 85% von 1839 Punkten am 19.03.2005 auf 275 Punkte am 26.12.2009 und verharrt seitdem auf einem niedrigen Niveau; vgl. hierzu auch Handelsblatt vom 15.11.2012, S. 5, „Anlegern droht der Totalverlust"; FAZ vom 31.01.2015, „Schiffsfracht ist so billig wie seit 30 Jahren nicht", abrufbar unter http://www.faz.net/-gv6-7z7sr .

52 Der für die Branche Containerfracht-Index HARPEX ist nach zwischenzeitlicher Erholung wieder zurückgefallen und weist für den Zeitraum vom 01.01.2010 bis zum 01.01.2015 einen Durchschnittswert von lediglich 492 Punkten auf (http://www.harperpetersen.com/harpex/harpexVP.do); vgl. zur Marktsituation auch Handelsblatt vom 25.11.2014, S. 4, „Das Milliardengrab".

53 Beispielhaft seien hier die Skandale um die S&K-Gruppe sowie um Wölbern Invest genannt.

(regelmäßig mehr als 15% des investierten Kapitals) und überzogene Renditeversprechen aufgefallen.[54]

Auch die höheren Anforderungen, die das KAGB nunmehr an die Fondsinitiatoren stellt, spielen bei der Abkühlung des Marktes für Neuanlagen eine Rolle, da sich der gestiegene Verwaltungsaufwand in niedrigeren Renditen für die Anleger widerspiegelt und die Fonds somit weniger attraktiv macht. Mittelfristig könnte die stärkere Regulierung der Branche aber helfen, verlorenes Anlegervertrauen zurückzugewinnen und wieder mehr Eigenkapital einzuwerben.[55] Der Schwerpunkt wird sich dabei langfristig aber wohl weg von den Publikumsgesellschaften für Privatanleger und hin zu geschlossenen Fonds für institutionelle Investoren bewegen.[56]

Die ersten Erfahrungen mit dem neuen Regulierungsvorschriften deuten darauf hin, dass dieses Ziel tatsächlich erreicht wird. Die durch die neuen Transparenzvorschriften bewirkte Senkung der so genannten weichen Kosten[57] scheint dabei die Mehrkosten des erhöhten Verwaltungsaufwandes zu überwiegen, sodass sich im Durchschnitt sogar leichte Renditevorteile zugunsten der neu aufgelegten Fonds ergeben.[58]

1.2.2.3 Zweitmarkt

Unter dem Zweitmarkt versteht man einen Markt, auf dem Anteile an bestehenden Fondsgesellschaften während der Laufzeit gehandelt werden. Traditionell spielt die Weiterveräußerung von Fondsanteilen allerdings eine geringe Rolle.

---

54 Mit der Vertrauenskrise der Branche befassen sich etwa Die Welt vom 13.07.2013, „Anleger flüchten in Scharen aus geschlossenen Fonds", abrufbar unter http://www.welt.de/118015188; WirtschaftsWoche vom 24.10.2013, "Die schmutzigen Tricks maroder Fonds", abrufbar unter http://www.wiwo.de/finanzen/geldanlage/geschlossene-fonds-die-schmutzigen-tricks-maroder-fonds/8951546.html .

55 Diesen Schluss ziehen auch hochrangige Branchenvertreter: vgl. Immobilien Zeitung vom 11.09.2012, „Romba sieht geschlossene Fonds als Gewinner der Regulierung".

56 Vgl. Fonds Professionell vom 03.02.2015, „Geschlossene Fonds: Anbieter klammern sich an Institutionelle", abrufbar unter http://www.fondsprofessionell.de/news/sachwerte/nid/geschlossene-fonds-anbieter-klammern-sich-an-institutionelle/newskategorie/geschlossene-fonds/newsseite/1/gid/1019326/ .

57 Als „weiche" Kosten bezeichnet man solche, die in Form von Provisionen und sonstigen Vergütungen an Emissionshaus, Vertrieb und sonstige Berater fließen.

58 Das ergibt sich aus ersten Erhebungen des Handelsblattes und der Ratingagentur Scope; vgl. Handelsblatt vom 19.01.2014, S. 36, „Neues Spiel, neues Glück".

Als hinderlich erweist sich dabei – typisch für ein Produkt des grauen Kapitalmarktes – die große Individualität und geringe Transparenz der einzelnen Fondsgesellschaften, die aus Sicht der potentiellen Käufer bei jeder Transaktion eine umfangreiche Überprüfung nicht nur der wirtschaftlichen, sondern auch der rechtlichen Ausgangssituation notwendig machen. Schließlich hängt der Wert des Investments neben der Wirtschaftlichkeit der Fondsgesellschaft auch maßgeblich von der Ausgestaltung der gesellschaftsvertraglichen Regeln ab. Die im Gesellschaftsvertrag verankerte Stellung der Anleger, die auch zentrale Fragen wie Ausschüttungen sowie Mitbestimmungs- und Kontrollbefugnisse regelt, unterscheidet sich von Fonds zu Fonds teilweise erheblich. Da – selbst nach Inkrafttreten des KAGB – praktisch keinerlei Regulierung für die Inhalte der Gesellschaftsverträge besteht, erfordert jede Transaktion auch in diesem Bereich einen hohen Prüfungsaufwand.

Dazu kommt, dass viele Gesellschaftsverträge die Weiterveräußerung von Gesellschaftsanteilen durch einzelne Anleger entweder untersagen oder von so hohen Hürden abhängig machen, dass ein Verkauf am Zweitmarkt faktisch nicht in Betracht kommt.

Im Laufe der letzten Jahre haben sich dennoch einige Handelsplattformen etabliert. Selbst der bedeutendste, von den Börsen Hamburg, Hannover und München betriebene Zweitmarkt,[59] ist aber nach wie vor nicht sehr liquide.[60] Zwar sind dort über 4000 Fonds gelistet, doch blieb der überwiegende Teil der Fonds im Jahr 2013 ohne Umsatz. Im Jahr 2012 betrug das Gesamthandelsvolumen 146 Millionen Euro, verteilt auf etwa 4300 Geschäfte. In der Folge besteht – wie für illiquide Märkte typisch – die Gefahr großer Preisschwankungen und hoher Geld-Brief-Spannen (*spreads*). Verkaufswillige Anleger müssen derzeit bei Verkäufen am Zweitmarkt mit hohen Abschlägen auf ihre Beteiligungen rechnen. Bei Immobilienfonds können Anleger im Durchschnitt immerhin noch zwischen 40% und 50% ihres ursprünglichen Investments für ihre Beteiligung erlösen, bei Schiffsfonds dagegen nur rund 20%.[61] Inwiefern sich die

---

59 Als Fondsbörse Deutschland Beteiligungsmakler AG; dazu gehört auch der Online-Auftritt www.zweitmarkt.de .

60 Zu den prospektrechtlichen Anforderungen an die Aufklärung über die eingeschränkte Fungibilität von Fondsanteilen siehe BGH ZIP 2015, 1981.

61 Laut Statistik der Fondsbörse Deutschland Beteiligungsmakler AG, abrufbar unter http://www.zweitmarkt.de/fileadmin/Media/Zahlen-Factsheet/Zweitmarkt_Zahlen_1309.pdf; vgl. auch WirtschaftsWoche vom 24.10.2013, "Die schmutzigen Tricks maroder Fonds", abrufbar unter http://www.wiwo.de/finanzen/geldanlage/geschlossene-fonds-die-schmutzigen-tricks-maroder-fonds/8951546.html .

Übernahme des bis dato zweitgrößten Zweitmarktbetreibers, der Deutschen Zweitmarkt AG, langfristig auf die Liquidität des Marktes insgesamt auswirkt, ist noch nicht absehbar.[62]

Insgesamt befindet sich der Zweitmarkt für geschlossene Fonds dennoch im Aufwind, da Anleger zunehmend einen Verkauf in ihre Anlagestrategie einbeziehen und sich in Zeiten sinkender Neuemissionen auch die großen Emissionshäuser – etwa durch Aufbau von Handelsplattformen – zunehmend in diesem Bereich engagieren.[63]

1.3 Analyse

1.3.1 Wirtschaftlichkeit

Für geschlossene Fonds gelten im Grunde die gleichen Wirtschaftlichkeitskriterien wie für jedes andere Unternehmen auch. Dennoch ergeben sich aus den Charakteristika der geschlossenen Fonds diesbezüglich einige Besonderheiten. Das Geschäftsmodell der Fonds besteht – wie bereits dargestellt – in der Anschaffung bzw. Herstellung des Investitionsgutes mit anschließender Nutzungsüberlassung an Dritte. Eine darüber hinaus gehende Geschäftstätigkeit gibt es nicht. Durch diese Fixierung auf ein einzelnes Investitionsobjekt – sei es Schiff, Immobilie, Windpark oder dergleichen – wird hierin das gesamte Risiko gebündelt.

Die Wirtschaftlichkeit hängt somit ganz wesentlich von zwei Faktoren ab: Dem Anschaffungs- bzw. Herstellungspreis sowie den erzielbaren Einkünften durch die Gebrauchsüberlassung, also etwa die Höhe des Mietzinses bei Immobilienfonds oder der Frachtraten bei Schiffsfonds.[64] Dabei wird allerdings typischerweise die Angemessenheit des Anschaffungspreises in der Planungsphase des Fonds nicht isoliert betrachtet und ermittelt, sondern aus den zum Zeitpunkt der Planung marktüblichen Preisen für die Gebrauchsüberlassung sowie Zukunftserwartungen abgeleitet,[65] sodass beide Faktoren eng aneinander gekoppelt sind.

---

62 Vgl. hierzu FAZ vom 13.10.2014, „Größter Marktplatz für geschlossene Fonds entsteht", abrufbar unter http://www.faz.net/-gvf-7v1oe.

63 Siehe zum Ganzen FAZ vom 22.06.2010, „Geschlossene Fonds – Kein Bündnis für die Ewigkeit", abrufbar unter http://www.faz.net/-gvf-yvgn .

64 Siehe zur Wirtschaftlichkeit (von Immobilienfonds) *Arndt/Fischer*, in: Lüdicke/Arndt, Geschlossene Fonds, S. 260 f.; 272.

65 Siehe hierzu *Arndt/Fischer*, in: Lüdicke/Arndt, Geschlossene Fonds, S. 261.

Preisschwankungen auf dem jeweiligen Nachfragemarkt treffen die Fonds daher regelmäßig besonders hart. Nach Abschluss der Planungsphase hängt die Wirtschaftlichkeit des Fonds ganz überwiegend an exogenen Faktoren[66] wie etwa der Zahlungsfähigkeit des Abnehmers (Mieters), den Preisentwicklungen auf dem Nachfragemarkt sowie der gesamtwirtschaftlichen Lage.

Der Fonds verwendet sein komplettes Eigenkapital für die Anschaffungs- bzw. Herstellungskosten und wendet darüber hinaus hierfür in erheblichem Umfang Fremdkapital auf.[67] Somit kommt je nach Laufzeit der Darlehen und Finanzierungsstruktur auch die Veränderung des allgemeinen Zinsniveaus als exogener Faktor hinzu. Ebenso können Wechselkursschwankungen die Wirtschaftlichkeit des Fonds beeinflussen, soweit – was durchaus üblich ist – dessen Geschäftsbetrieb oder Fremdfinanzierung auch Geschäfte in Fremdwährungen umfasst. Als weiterer exogener Risikofaktor für die Wirtschaftlichkeit kommt noch die Steuergesetzgebung hinzu: Auch wenn die Abhängigkeit der Produkte von Steuervorteilen im Laufe der Zeit erheblich abgenommen hat (siehe oben 1.2.1.2, S. 26), so können dennoch Änderungen des Steuerrechts manchen Fondstypen regelrecht den Boden unter Füßen wegziehen. Zu nennen wären hier etwa die ohnehin darbenden Schiffsfonds, die von der Tonnagegewinnermittlung abhängig sind, oder die zwischenzeitlich stark verbreiteten Medienfonds, die infolge Abschaffung der reinen Verlustzuweisungsgesellschaften und durch den sogenannten „Medienerlass“[68] als Marktsegment praktisch von der Bildfläche verschwunden sind.[69]

Ähnlich verhält es sich mit öffentlichen Fördermitteln. Ist ein Fonds in seiner Kalkulation von staatlichen Zuschüssen abhängig, kann deren Wegfall die ganze Finanzierung hinfällig machen. Klassisches Beispiel für diese Problematik sind die zahlreichen in Schieflage geratenen „Berlin-Fonds“, die auf subventionierte

---

66 Zur Unterscheidung zwischen endogenen und exogenen Krisenursachen siehe *Gehde*, in: Gummert, MAH PersonengesR, § 11 Rn. 5; *Wentzler*, in: Borchardt/Frind, Rn. 1259 ff; *Wilden*, in: Buth/Hermanns, § 2 Rn. 4.

67 Eingehend zur Fremdfinanzierung geschlossener Fonds *Halfpap/Bost*, in: Lüdicke/Arndt, Geschlossene Fonds, S. 196 ff.

68 Amtlich: Schreiben des Bundesministeriums der Finanzen vom 23. Februar 2001 zur ertragssteuerlichen Behandlung von Film- und Fernsehfonds (Az. IV A 6 – S 2241 – 8/01).

69 Ein Überblick zu steuerlichen Fragen rund um Filmfonds sowie aktuelle Rechtsprechung hierzu findet sich im Handelsblatt vom 21.01.2014, S. 30 f., abrufbar unter http://www.handelsblatt.com/finanzen/fonds/nachrichten/hannover-leasing-happy-end-fuer-filmfondsanleger/9361196.html .

Mieten angewiesen waren und durch die Verweigerung der Anschlussförderung durch den Berliner Senat schwer getroffen wurden.[70] Mittelfristig droht ein solches Szenario etwa bei den Fonds im Bereich der erneuerbaren Energien, die ebenfalls in ihrer Rentabilität von öffentlichen Fördermitteln abhängen.[71]

1.3.2 Sanierungsmöglichkeiten

Der Begriff der Sanierung (abgeleitet von lateinisch *sanare* – „heilen") ist kein Rechtsbegriff und als solcher gesetzlich auch nicht definiert. Es handelt sich vielmehr um einen Sammelbegriff für alle Maßnahmen betriebswirtschaftlicher, steuerlicher und rechtlicher Art, die geeignet und erforderlich sind, ein Unternehmen aus einer Situation herauszuführen, in der sein Bestand gefährdet ist und die der Wiederherstellung existenzerhaltender und (später) gewinnversprechender Grundlagen des Unternehmens dienen.[72]

1.3.2.1 Inhaltliche Sanierungsmöglichkeiten

Grundsätzlich stehen zur Sanierung in Schieflage geratener Unternehmen inhaltlich zwei Bereiche zur Verfügung: Die leistungswirtschaftliche Sanierung – teilweise unterteilt in strategische und operative Sanierung – sowie die finanzwirtschaftliche Sanierung.[73] Die grundlegenden Instrumente beider Bereiche können und sollen hier nicht allgemein und umfassend dargestellt werden. Betriebswirtschaftliche und rechtswissenschaftliche Gesamtdarstellungen sind ausreichend vorhanden. Vielmehr sollen die gängigen Maßnahmen im Hinblick auf die Besonderheiten geschlossener Fonds auf ihre Tauglichkeit für diesen speziellen Anwendungsfall untersucht werden.

---

70 Vgl. hierzu FOCUS vom 05.02.2005, „Debakel für gutgläubige Anleger", abrufbar unter http://www.focus.de/finanzen/news/berlin-fonds-debakel-fuer-gutglaeubige-anleger_aid_210852.html .

71 Vgl. etwa zur Situation bei Windparks Welt am Sonntag vom 17.11.2013, „Gegen den Wind", abrufbar unter http://www.welt.de/print/wams/finanzen/article121973590/Gegen-den-Wind.html .

72 Definition gebildet nach *Hess/Groß*, in: Hess Sanierungshandbuch, Kap. 1 Rn. 100; MünchHdb. GmbH/*Oberle* § 66 Rn. 1; *Wellensiek*, NZI 2002, 233, 233 f.

73 Vgl. *Kraus*, in: Buth/Hermanns, § 4 Rn. 12; *Gehde*, in: Gummert, MAH PersonengesR, § 11 Rn. 30.

1.3.2.1.1 *Leistungswirtschaftliche Sanierung*

Ziel der leistungswirtschaftlichen Sanierung ist es, die Ertragslage des Unternehmens durch eine Neuausrichtung der strategischen und strukturellen Stellschrauben zu verbessern.[74]

1.3.2.1.1.1 *Ertragswirtschaftliche Maßnahmen*

Typische leistungswirtschaftliche Sanierungsmaßnahmen sind etwa eine Neupositionierung am Markt, Veränderung des Geschäfts- bzw. Produktportfolios oder Senkung der Kosten für Personal oder Material.[75] Solche Spielräume im unmittelbar ertragswirtschaftlichen Bereich stehen aber einem geschlossenen Fonds kaum zur Verfügung. Der Lebenszyklus eines geschlossenen Fonds gliedert sich grob in die Konzeptions-, die Finanzierungs- und die Bewirtschaftungsphase. Die Wirtschaftlichkeit des Fonds hängt vor allem – wie oben festgestellt – von der Auswahl des jeweiligen Investitionsobjektes sowie der Höhe des Anschaffungspreises ab. Diese in der Konzeptions- und Finanzierungsphase durch den Initiator getroffenen strategischen Entscheidungen trägt die Fondsgesellschaft „von Geburt an" in sich und sind praktisch unumkehrbar. Beides lässt sich im Nachhinein nicht mehr anpassen oder verändern.

Eine einfache Betrachtung zeigt, wie wenig Spielräume einem laufenden Fonds in der Bewirtschaftungsphase zur Verfügung stehen: Einziges „Produkt", mit dem der Fonds am Wirtschaftsgeschehen teilnimmt, ist das erworbene Wirtschaftsgut. Im Falle etwa eines Immobilienfonds lässt sich an Lage und dem Typ der Immobilie (Wohnhaus, Bürogebäude, Einkaufszentrum etc.) im Nachhinein nichts mehr ändern, sodass eine Neupositionierung am Markt oder Veränderung des Produktportfolios ausscheiden. Möglichkeiten zur Kostensenkung bieten sich operativ allenfalls im Bereich des so genannten „*facility managements*", also der Hausverwaltung, wobei hier das Einsparpotential regelmäßig sehr gering ausfällt. Für andere Fondstypen gilt entsprechend das Gleiche, da sich ein geschlossener Fonds prinzipbedingt auf ein einzelnes Objekt beschränkt, an dem sich Wohl und Wehe entscheiden.

---

74 Vgl. *Kraus*, in: Buth/Hermanns, § 4 Rn. 20 ff.

75 Zu Sanierungsstrategien vgl. *Lachmann*, in: Nerlich/Kreplin, § 8 Rn. 66 ff; *Kraus*, in: Buth/Hermanns, § 4 Rn. 25 ff; *Turnheim*, Sanierungsstrategien: Mit strategischer Planung aus der Unternehmenskrise, S. 98 ff; gute Übersichten zu möglichen Handlungsfeldern leistungswirtschaftlicher Sanierung findet sich bei *Hermanns*, in: Buth/Hermanns, § 7 Rn. 1 ff; *Wentzler*, in: Borchardt/Frind, Rn. 1290.

1.3.2.1.1.2 Fremdkapitalkosten

Ebenfalls dem leistungswirtschaftlichen Bereich zuzurechnen[76] und ein weiterer, ganz wesentlicher Kostenfaktor sind die Fremdkapitalkosten. Hier besteht zumindest die Möglichkeit, in der Krise des Fonds mit den finanzierenden Banken die Konditionen der Darlehen neu zu verhandeln und diese von Zinssenkungen, Tilgungsstundungen oder Teilverzichten zu überzeugen. Als Alternative dazu kommen auch Umschuldungen bestehender Darlehen in Betracht. Ohne ein solches Entgegenkommen der Fremdkapitalgeber wird kaum ein tragfähiges Sanierungskonzept zustande kommen. Die grundsätzlichen Fragestellungen in diesem Bereich sind allerdings eher tatsächlicher als rechtlicher Natur. Die Verhandlungsbereitschaft der Banken hängt dabei von vielen Faktoren ab. Entscheidende Parameter sind der Grad der Besicherung der ausfallbedrohten Forderungen sowie die Aussichten und die Stichhaltigkeit des restlichen Sanierungskonzeptes. Jedenfalls wird die Bank nur dann zu Kompromissen bereit sein, wenn die Gesellschafter sich ihrerseits opferbereit zeigen und eine Sanierung durch frisches Kapital unterstützen. Umso wichtiger ist es, dass die rechtlichen Fragen um die Sanierungsbeteiligung der Gesellschafter möglichst weitgehend geklärt sind. Daneben wird es selbstverständlich nicht zuletzt auf das Verhandlungsgeschick der jeweiligen Vertreter des Fonds ankommen.

Insgesamt lässt sich konstatieren, dass den Sanierungsmaßnahmen im leistungswirtschaftlichen Bereich enge Grenzen gesetzt sind.

1.3.2.1.2 Finanzwirtschaftliche Sanierung

Unter finanzwirtschaftlicher Sanierung versteht man demgegenüber solche Maßnahmen, die Zahlungsfähigkeit und Eigenkapital des Unternehmens aufrechterhalten bzw. wiederherstellen sollen.

1.3.2.1.2.1 Innenfinanzierung

Finanzwirtschaftliche Maßnahmen unterteilen sich in solche der Innenfinanzierung und solche der Außenfinanzierung. Die Innenfinanzierung erfolgt ohne Inanspruchnahme externer Kapitalgeber, also aus innerhalb des Unternehmens liegenden Quellen aufgrund von erzielten Überschüssen.[77] Außerhalb der Unternehmenskrise sind einbehaltene Gewinne der typische Fall der Innenfinanzierung (so genannte Selbstfinanzierung). Es liegt jedoch in der Natur der Sache, dass in

76 Vgl. Übersicht bei *Hermanns*, in: Buth/Hermanns, § 7 Rn. 3.

77 Vgl. zum Begriff Woll, Wirtschaftslexikon, „Innenfinanzierung"; Winter, Gabler Wirtschaftslexikon, „Innenfinanzierung".

der Unternehmenskrise das Einbehalten von Überschüssen allenfalls eine untergeordnete Rolle spielt. Im Rahmen der Sanierung zielen Maßnahmen der Innenfinanzierung daher vorrangig auf eine Reduzierung des Anlagevermögens (etwa durch Verkauf nicht betriebsnotwendiger Vermögensgegenstände oder „*sale-and-lease-back*"-Geschäfte) und des Umlaufvermögens (durch Abbau von Vorräten oder Forderungen, z.B. durch Factoring).[78] Auch die bilanzbereinigende Auflösung stiller Reserven kommt als Variante der Innenfinanzierung in Betracht.[79]

Da das jeweilige Investitionsobjekt nahezu das gesamte Vermögen eines geschlossenen Fonds ausmacht und selbstverständlich betriebsnotwendig ist, kommt eine Veräußerung nicht Betracht. „*Sale-and-lease-back*"-Geschäfte, bei denen das Eigentum an einem Gegenstand einem Dritten übertragen und dieser anschließend von dem Dritten zurückgeleast wird, widersprechen der Grundkonzeption des Fonds, die darauf zielt, selbst anderen den Gebrauch an dem Vermögensgegenstand entgeltlich zu überlassen. Ein solches Geschäft wäre auch wirtschaftlich nicht sinnvoll, da der Fonds für die Gebrauchsüberlassung kaum mehr wird verlangen können als er selbst an den Leasinggeber zahlen muss. Nennenswertes Umlaufvermögen ist ebenfalls nicht vorhanden, da der Fonds keine Lagerbestände hat und regelmäßig auch keine langfristig offenen Forderungen bestehen. Somit scheiden Innenfinanzierungsmaßnahmen zur Sanierung aufgrund der besonderen Eigenschaften geschlossener Fonds faktisch aus.

1.3.2.1.2.2 Außenfinanzierung

Damit bleiben als „Kernbereich" möglicher Sanierungsinstrumente nur Maßnahmen der Außenfinanzierung übrig. Außenfinanzierung bezeichnet die Deckung des Kapitalbedarfs aus außerhalb des Unternehmens liegenden Quellen, also durch Zuführung neuen Eigen- oder Fremdkapitals.[80]

Fremdkapital

Fremdkapital und Eigenkapital werden anhand der Rechtsstellung des Kapitalgebers voneinander abgegrenzt. Fremdkapital ist dabei solches Kapital, das keiner gesellschaftsrechtlichen Bindung unterliegt, nach allgemeinen schuldrechtlichen Regeln kündbar und befristet ist und für das dem Kapitalgeber die nominale Rückzahlung zuzüglich des vereinbarten Nutzungsentgeltes für die Überlassung

---

78 *Wentzler*, in: Borchardt/Frind, Rn. 1314 f; *Kraus*, in: Buth/Hermanns, § 4 Rn. 31 f.

79 *Kraus*, in: Buth/Hermanns, § 4 Rn. 31 ff; Abb. 8.

80 Vgl. zum Begriff Woll, Wirtschaftslexikon, „Außenfinanzierung"; Winter, Gabler Wirtschaftslexikon, „Außenfinanzierung".

(Zinsen) zustehen.[81] Klassisches Fremdkapitalinstrument ist das Darlehen. Eben diese Art der Zuführung frischen Fremdkapitals gestaltet sich aber schwierig, da die übliche Finanzierungsstruktur geschlossener Fonds vorsieht, schon von vorneherein bis zur Bonitätsgrenze Fremdkapital in Form von Bankdarlehen aufzunehmen und zu diesem Zwecke das vorhandene Wirtschaftsgut als Sicherungsmittel zur Verfügung zu stellen (etwa bei Immobilien, Seeschiffen und Flugzeugen durch Bestellung entsprechender Registerpfandrechte zugunsten der Bank).[82] Gerade ein in Schieflage geratener Fonds wird unter diesen Voraussetzungen kaum weitere Darlehen bei Dritten aufnehmen können. Im Bereich der bereits bestehenden Darlehen kommen zur Sanierung Verzichte und Rangrücktritte in Betracht, zu denen die finanzierenden Banken allerdings nur selten bereit sein werden. Als weniger einschneidende Maßnahme bei akuten Liquiditätsschwierigkeiten dienen Tilgungsstundungen. Diese schaffen zwar nur vorübergehend Abhilfe, sind aber gegenüber den Banken vergleichsweise leicht durchsetzbar und daher in der Praxis bei notleidenden Fonds an der Tagesordnung.

Gesellschafterfremdfinanzierung

Auch Gesellschafterdarlehen stehen grundsätzlich als Fremdkapitalquelle zur Verfügung. Prinzipiell sind diese auch ein probates Mittel zur Kapitalbeschaffung, da in der Krise der Gesellschaft die Gesellschafter wohl eher als Dritte bereit sein werden, zusätzliches Kapital für Sanierungsbemühungen zur Verfügung zu stellen. Gegenüber der Zufuhr frischen Eigenkapitals ist auch typischerweise keine Änderung des Gesellschaftsvertrages nötig, was den Ablauf vereinfacht.

In der Frühzeit geschlossener Fonds spielten Gesellschafterdarlehen tatsächlich auch eine zentrale Rolle bei der Finanzierung der Gesellschaft. So war es – vorrangig aus steuerlichen Erwägungen – üblich, dass der Anleger sich schon im Gesellschaftsvertrag zu einer so genannten „gesplitteten Einlage“, bestehend aus einer Kommanditeinlage und einem Darlehen an die Gesellschaft, verpflichtete.

Allerdings sprechen mittlerweile auch einige Erwägungen gegen eine Gewährung von Gesellschafterdarlehen: So droht bei Publikums-Kommanditgesellschaften nach Rechtsprechung des BGH[83] unter bestimmten Umständen eine

81 Woll, Wirtschaftslexikon, „Fremdkapital“, „Fremdkapitalfinanzierung“.

82 Vgl. *Halfpap/Bost*, in: Lüdicke/Arndt, Geschlossene Fonds, S. 196 f.

83 BGH NJW 1978, 376 f; 1982, 2253; 1985, 1079 f; 1985, 1468 f. Entwickelt wurde diese Rechtsprechung in Bezug auf gesplittete Einlagen.

Qualifizierung der Darlehen als Finanzplandarlehen[84] und damit als Eigenkapital.[85] Maßgeblich wird bei Publikumsgesellschaften darauf abgestellt, ob die Darlehensgewährung im Gesellschaftsvertrag vereinbart worden ist, ob sich sämtliche Gesellschafter zur Erbringung von Darlehen im gleichen Verhältnis zu ihrer Kapitaleinlage verpflichtet haben und ob die Darlehen ebenso wie Eigenkapital Grundlage der Kreditwürdigkeit der Gesellschaft sind und dadurch der Finanzierung der Aktivitäten der Gesellschaft dienen.[86] Auch steuerliche Fragen müssen in diesem Zusammenhang beachtet werden.[87]

Darüber hinaus hat sich hinsichtlich der Aufnahme von Gesellschafterdarlehen auch die bankrechtliche Erlaubnispflicht gemäß §§ 32 Abs. 1 S. 1, 1 Abs. 1 S. 2 Nr. 1 KWG als hinderlich erwiesen. Spätestens mit der Änderung des Merkblattes zum Einlagengeschäft im März 2014[88] darf als gesichert gelten, dass von Publikumspersonengesellschaften angenommene Gesellschafterdarlehen den Tatbestand des erlaubnispflichten Einlagegeschäfts in der Variante „anderer

---

84 Die für Publikums-Personengesellschaften entwickelte und erst nachträglich auf personalistische Gesellschaften erweiterte Rechtsfigur der Finanzplankredite war schon früher unabhängig von den Grundsätzen der eigenkapitalersetzenden Gesellschafterdarlehen in §§ 32a, 32b GmbHG, 129a, 172a HGB a.F. sowie den durch den BGH entwickelten so genannten Rechtsprechungsregeln. Sie knüpft vielmehr an den Gesellschaftsvertrag bzw. der schuldrechtlichen Abrede zwischen Gesellschafter und Gesellschaft und gerade nicht an das Eigenkapitalersatzrecht an (vgl. BGH NJW 1999, 2809, LS 1). Konsequenterweise gilt sie daher auch nach Inkrafttreten des MoMiG und der damit einhergehenden einheitlich insolvenzrechtlichen Behandlung von Gesellschafterdarlehen in § 39 Abs. 1 Nr. 5 InsO fort, vgl. *K. Schmidt*, ZIP 2006, 1925, 1933; *Hölzle*, ZIP 2009, 1939, 1942 f (insb. Fn. 37); *Buschmann*, NZG 2009, 91, 92 f; Baumbach/Hopt HGB/*Roth* § 172a Rn. 1; MünchHdb. KG/*Gummert* § 54 Rn. 63; grundlegend zu Finanzplankrediten *Habersack*, ZHR 161 (1997), 457; *Habersack*, ZGR 2000, 384, 410 ff.

85 Vgl. hierzu *Eberhard*, in: Prinz/Hoffmann, BeckHdb PersGes, § 11 Rn. 62; MünchHdb. KG/*Gummert* § 54 Rn. 6 f.

86 BGH NJW 1978, 376 f; 1982, 2253; 1985, 1079 f; 1985, 1468 f; zusammenfassend *Eberhard*, in: Prinz/Hoffmann, BeckHdb PersGes, § 11 Rn. 62.

87 Zur Qualifikation eines „Finanzplandarlehens" des Kommanditisten als (steuerliches) Eigenkapital im Sinne des § 15a Abs. 1 S. 1 EStG vgl. BFH NZG 2005, 685; Blümich/*Heuermann* § 15a EStG Rn. 46b; zum Ganzen siehe auch *Hertwig/Lorentzen/Mühlenkamp/Spaniol*, Sanierungskapital für Schiffsfonds, S. 34 f.

88 Merkblatt der BaFin zum Tatbestand des Einlagengeschäfts vom 11.03.2014, abrufbar unter http://www.bafin.de/SharedDocs/Veroeffentlichungen/DE/Merkblatt/mb_140311_tatbestand_einlagengeschaeft.html .

unbedingt rückzahlbarer Gelder des Publikums" (§ 1 Abs. 1 S. 2 Nr. 1 Alt. 2 KWG) erfüllen.[89] Die „unbedingte Rückzahlbarkeit" entfällt demnach nur, wenn ein qualifizierter Rangrücktritt erklärt wird.[90]

Nach alledem sind nachträgliche – also noch nicht im Gesellschaftsvertrag vorgesehene – Sanierungsdarlehen der Gesellschafter durchaus möglich, soweit sie mit einem qualifizierten Rangrücktritt versehen werden. Da solche Darlehen aufgrund des qualifizierten Nachrangs Eigenkapital wirtschaftlich faktisch gleich stehen, gleichzeitig aber im Gegensatz zu frischem Eigenkapital keine zusätzlichen (Anteils-)Rechte gewähren, sind sie bei Anlegern entsprechend unbeliebt.

Daher spielt die Gesellschafterfremdfinanzierung in der Krise der Fonds-KG nur eine untergeordnete Rolle und wird daher hier nicht weiter behandelt.

Eigenkapital

Die Eigenkapitalfinanzierung umfasst demgegenüber solche Maßnahmen zur Deckung des Kapitalbedarfs, bei denen der Kapitalgeber Gesellschafter des Unternehmens ist oder wird und somit das eingesetzte Kapital – zumindest eingeschränkt – für Verbindlichkeiten der Gesellschaft haftet.[91] An dieser Stelle setzen die meisten Sanierungskonzepte an: Da zum Zeitpunkt der Krise nur schwerlich neue Eigenkapitalgeber gefunden werden können, soll der Finanzierungsbedarf zur Sanierung durch Nachschüsse der bisherigen Gesellschafter gedeckt werden. Technisch erfolgt dies – in Nachbildung entsprechender Maßnahmen aus dem Kapitalgesellschaftsrecht – regelmäßig im Wege einer Barkapitalerhöhung, häufig in Kombination mit einer vorherigen nominellen Kapitalherabsetzung (so genannter „Kapitalschnitt").

Neben solchen echten Nachschüssen der Gesellschafter, bei denen tatsächlich „frisches Geld" zugeführt wird, werden in der Praxis auch häufig bereits erfolgte Ausschüttungen an die Gesellschafter zurückgefordert oder gesellschaftsvertraglich zugesicherte Ausschüttungen für die Zukunft aufgehoben oder zeitweise ausgesetzt. Obwohl in der öffentlichen Diskussion und Berichterstattung – und wohl auch im Bewusstsein vieler Anleger – diese Maßnahmen häufig auch

---

89 Die BaFin hat mit dem Erlass des klarstellenden Merkblattes auf die durch ein Urteil des BGH (NZG 2013, 582, „Winzergelder") befeuerte Diskussion, wie weit die Erlaubnispflicht für die Entgegennahme von Gesellschafterdarlehen in personalistischen und Publikums-Personengesellschaften reicht, reagiert. Siehe hierzu *Fischer*, WM 2014, 1709; *Meilicke/Schödel*, DB 2014, 285; *Rubner/Leuering*, NJW-Spezial 2014, 207; *Nodoushani*, BB 2014, 2051; *Ihrig*, in: Reichert, GmbH & Co. KG, § 21 Rn. 63 f.

90 Merkblatt der BaFin, Abschnitt I. 5); *Fischer*, WM 2014, 1709, 1719.

91 Woll, Wirtschaftslexikon, „Eigenkapital", „Eigenkapitalfinanzierung".

unter dem Oberbegriff „Nachschüsse“ behandelt werden, sind dies je nach Ausgestaltung oft keine Nachschüsse im technischen Sinne. Vielmehr handelt es sich um eine eigene Kategorie von Maßnahmen, die ihrerseits einige rechtliche Fragen aufwerfen.

An der Schnittstelle zwischen Eigen- und Fremdkapitalmaßnahmen findet sich als ein weiteres Instrument der so genannte *„debt equity swap“*, der in der Sanierungspraxis im Verlauf der letzten Jahre stark an Bedeutung gewonnen hat. Dahinter verbirgt sich eine Gläubigerbeteiligung durch Umtausch von Forderungen gegen die Gesellschaft in Gesellschaftsanteile. Durch eine solche Maßnahme kann das Eigenkapital der Fondsgesellschaft erhöht und eine etwaige Überschuldung vermieden werden.[92] In der Umsetzung wirft dieses Instrument allerdings noch immer einige Rechtsfragen auf, die teilweise bislang nicht abschließend geklärt sind.[93] Inwieweit sich der Debt-Equity-Swap als Sanierungsinstrument im Bereich des Personengesellschaftsrechts und speziell bei geschlossenen Fonds überhaupt eignet, wird Gegenstand der weiteren Untersuchung sein.

Gemein ist diesen Eigenkapitalmaßnahmen, dass sie eine Änderung des Gesellschaftsvertrages und damit einhergehend gewichtige Eingriffe in die Rechtspositionen der Gesellschafter voraussetzen. Da sich angesichts der unüberschaubaren Vielzahl an Anlegern wohl keine – im Personengesellschaftsrecht ja jederzeit möglichen – einstimmigen Änderungen des Gesellschaftsvertrages erreichen lassen werden, liegt eine zentrale Schwierigkeit in diesem Bereich bei der Frage nach den Möglichkeiten und den Grenzen der Mehrheitsherrschaft in Publikumsgesellschaften.

1.3.2.2 Formelle Sanierungsmöglichkeiten

1.3.2.2.1 Begriffe / Abgrenzung

Neben der Unterscheidung im inhaltlichen Bereich zwischen leistungswirtschaftlicher und finanzwirtschaftlicher Sanierung lässt sich auch noch eine grundsätzliche Abgrenzung im formellen Bereich der Sanierung zwischen gerichtlicher und außergerichtlicher Sanierung treffen.

Ist von einer Sanierung die Rede, so versteht man darunter klassischerweise eine so genannte freie oder außergerichtliche Sanierung, also eine solche, die

---

92 *Krumbholz*, in: Thierhoff/Müller/Illy/Liebscher, 5. Kap. Rn. 26.

93 Zu den Problemen beim Debt-Equity-Swap vgl. *Krumbholz*, in: Thierhoff/Müller/Illy/Liebscher, 5. Kap. Rn. 30 ff; konkret im Hinblick auf die GmbH & Co. KG *K. Schmidt*, ZGR 2012, 566.

außerhalb eines (gerichtlichen) Insolvenzverfahrens durchgeführt wird. Für die freie Sanierung gelten keine besonderen Vorschriften, sondern lediglich die allgemeinen gesetzlichen und gesellschaftsvertraglichen Regelungen.[94]

Im Laufe der letzten Jahre sind jedoch daneben verstärkt die Möglichkeiten einer Sanierung im laufenden Insolvenzverfahren – die so genannte gerichtliche Sanierung – in den Fokus getreten. Eine Verbesserung der Sanierungsmöglichkeiten in der Insolvenz war schon bei der Schaffung der Insolvenzordnung ein Anliegen des Gesetzgebers.[95] Nachdem die Akzeptanz für solche Sanierungsstrategien in der Praxis dennoch sehr gering war,[96] wurde der gesetzliche Rahmen durch das Gesetz zur Erleichterung der Sanierung von Unternehmen (kurz: ESUG) erweitert.

1.3.2.2.2 Vorteile freier Sanierung

Die grundsätzlichen Vorteile der freien Sanierung gegenüber der Sanierung im Insolvenz(plan)verfahren bleiben dennoch vorhanden. Sie liegen insbesondere in ihrer hohen Flexibilität, den geringeren Kosten und der kürzeren (Verfahrens-)Dauer.[97] Auch verläuft eine freie Sanierung mangels Publizität deutlich „geräuschloser", was helfen kann, Irritationen bei anderen Marktteilnehmern und damit einhergehende Wertverluste zu vermindern.[98] Aufgrund dieser

---

94 Die im Rahmen der Beratung des ESUG erfolgten Überlegungen, ein separates, vorinsolvenzliches gesetzliches „Sanierungsrecht" zu schaffen sind aus Sorge vor Überregulierung einerseits und (volkswirtschaftlich schädlicher) Übersanierung andererseits wohl zu Recht wieder aufgegeben worden; vgl. hierzu *Paulus/Kranzusch/Voß/Wohlleben/Hermanns/Schlegel/Dammann/Groß/Eidenmüller/Brunke/Klein/Kraus/Seagon/Topp*, WM 2010, 1337, 1343 ff; MüKo InsO/*Eidenmüller* Vorb. §§ 217 – 269 Rn. 71.

95 So war es laut der Begründung des Regierungsentwurfs der Insolvenzordnung (InsO) „der wohl folgenschwerste Mangel" der damals geltenden Konkursordnung, dass diese „den Beteiligten einen funktionsfähigen rechtlichen Rahmen für die Sanierung notleidender Unternehmen verweigert" hat, vgl. BT-Drucks. 12/2443, S. 73; zu den sanierungsfreundlichen Eigenschaften der Insolvenzordnung vgl. *Eberhard*, in: Prinz/Hoffmann, BeckHdb PersGes, § 11 Rn. 100 ff.

96 Vgl. *Uhlenbruck*, in: K. Schmidt/Uhlenbruck, Die GmbH in Krise, Sanierung und Insolvenz, Rn. 4.7; eingehend zur geringen Akzeptanz in der Praxis vor ESUG *Uhlenbruck*, in: FS Drukarczyk, S. 441.

97 Vgl. *Uhlenbruck*, in: K. Schmidt/Uhlenbruck, Die GmbH in Krise, Sanierung und Insolvenz, Rn. 2.1; *Uhlenbruck*, BB 2001, 1641, 1643 f.

98 Vgl. *Eberhard*, in: Prinz/Hoffmann, BeckHdb PersGes, § 11 Rn. 100.

Erwägungen spricht nach wie vor einiges für die Durchführung der Sanierung außerhalb des Insolvenzverfahrens.[99]

1.3.2.2.3 Vorteile gerichtlicher Sanierung

Eine gerichtliche Sanierung bietet aus Sicht des Fonds demgegenüber vor allem die Möglichkeit, im Rahmen des Insolvenzplanverfahrens einen eigenen Sanierungsplan als so genannten *„prepackaged plan"* vorzulegen, über den nach Gruppen abgestimmt wird. Dabei kann aufgrund des Obstruktionsverbotes[100] des § 245 InsO unter dessen Voraussetzungen auch die Zustimmung opponierender Gruppen fingiert werden. Dies gebietet Akkordstörern und dissentierenden Minderheiten Einhalt und erleichtert somit die Umsetzung von Sanierungsplänen. Daneben treten die allgemeinen Wirkungen der Eröffnung des Insolvenzverfahrens wie die Vollstreckungssperre (§ 89 InsO) sowie der mögliche Verwertungsstopp für Sicherungseigentümer und Sicherungsgläubiger.[101]

Daher kann je nach Konstellation eine Sanierung im Insolvenzplanverfahren auch für geschlossene Fonds durchaus in Frage kommen (siehe hierzu eingehend unten Abschnitt 4, S. 167 ff).[102]

1.4 Fazit / Gang der Darstellung

Aus der vorstehenden Analyse der kennzeichnenden Merkmale und der besonderen wirtschaftlichen Gegebenheiten bei geschlossenen Fonds ergibt sich der Gang der weiteren Darstellung.

In einem ersten Schritt sollen die wesentlichen organisatorischen und rechtlichen Vorfragen der Sanierung geklärt werden. Dabei wird zunächst zu klären sein, unter welchen Umständen eine Sanierung überhaupt in Betracht kommt und welche Alternativen es gibt. Auch bedürfen aus Sicht des Anlegers praktische Vorfragen auf dem Weg zum Sanierungsbeschluss – wie etwa die Ermittlung der Mitkommanditisten in Treuhandkonstellationen – einer kurzen Erörterung.

---

99 Vgl. auch *Undritz/Knof*, in: Kübler, HRI, § 3 Rn. 1 ff; *Undritz*, in: Kölner Schrift, Kap. 29 Rn. 1 ff.

100 In Anlehnung an das gesetzgeberische Vorbild aus dem US-amerikanischen Recht, U.S. Code Title 11 Chapter 11 § 1129 (a), wird dieser Mechanismus gelegentlich auch als *„cram down"* bezeichnet.

101 Vgl. hierzu *Uhlenbruck*, in: K. Schmidt/Uhlenbruck, Die GmbH in Krise, Sanierung und Insolvenz, Rn. 4.9.

102 Ein Überblick zu den jeweiligen Vorteilen von freier und gerichtlicher Sanierung findet sich auch bei *Jaffé*, in: Kölner Schrift, Kap. 23 Rn. 1 ff.

Daneben spielt eine wichtige Rolle, wie sich die neuen Regelungen des KAGB auf die Sanierung von Fondsgesellschaften auswirken.

Im Mittelpunkt der Ausarbeitung stehen die rechtlichen Fragen rund um diejenigen Sanierungsmaßnahmen, die sich in der oben stehenden Analyse als zentral für Publikumsgesellschaften herausgestellt haben, insbesondere die Zufuhr frischen Eigenkapitals. Besondere Beachtung verdient dabei neben den üblichen Eigenkapitalmaßnahmen der Debt-Equity-Swap als neuartiges Sanierungsinstrument.

Als Grundfall wird zunächst die Sanierung außerhalb des Insolvenzverfahrens betrachtet. Neben der freien Sanierung bedarf anschließend die Frage nach den Vorzügen einer gerichtlichen Sanierung – insbesondere im Insolvenzplanverfahren – der Klärung. Gerade mit Blick auf die aufgezählten Eigenkapitalmaßnahmen und die genannten Schwierigkeiten bei der mehrheitlichen Beschlussfassung bietet schließlich das durch das ESUG erweiterte Insolvenzplanverfahren neuartige Lösungsmöglichkeiten, die ihrerseits wiederum einige Rechtsfragen aufwerfen.

2. Vorfragen der Fondssanierung

2.1 Sanierungsfähigkeit

Bevor Sanierungsmaßnahmen[103] eingeleitet werden, bedarf es der Feststellung, ob die Fondsgesellschaft überhaupt sanierungsfähig ist. Die Sanierungsfähigkeit eines Unternehmens ist dann gegeben, wenn der Barwert der in Zukunft erzielbaren und entnahmefähigen Jahresergebnisse – also der Fortführungswert – größer ist als der Liquidationswert.[104]

Die Sanierungsfähigkeitsprüfung besteht also im Kern aus zwei zukunftsorientierten Unternehmensbewertungen.[105] Daher muss sowohl ein Zerschlagungs- bzw. Liquidationskonzept als auch ein Fortführungs- bzw. Sanierungskonzept entwickelt und ausgearbeitet werden. Nur basierend auf den objektivierten Annahmen und Prognosen dieser Konzepte können ein sanierungsspezifischer Fortführungswert sowie Liquidationswert gebildet und anhand dessen die Sanierungsfähigkeit ermittelt werden.

Die Erstellung eines Sanierungskonzeptes und die anschließende Unternehmensbewertung sind äußerst komplex. Hierzu wird die Geschäftsführung des Fonds sich regelmäßig fachkundiger, außenstehender Dritter bedienen müssen.

2.2 Sanierungswürdigkeit

2.2.1 Allgemeines

Die Frage der Sanierungsfähigkeit eines Unternehmens beruht weitgehend auf objektiv messbaren Merkmalen und objektivierten Prognosen. Mit der Feststellung der grundsätzlichen Sanierungsfähigkeit ist jedoch noch keine Aussage darüber getroffen, ob sich der Sanierungsaufwand für den einzelnen Beteiligten

---

103 Zum Begriff der Sanierung und möglichen Sanierungsmaßnahmen siehe oben 1.3.2.

104 Vgl. *Eberhard*, in: Prinz/Hoffmann, BeckHdb PersGes, § 11 Rn. 24; *Picot/Aleth*, Unternehmenskrise und Insolvenz, Rn. 273; *Axhausen/Rieser*, in: Prinz/Winkeljohann, BeckHdb GmbH, § 15 Rn. 53; *Groß*, DStR 1991, 1572. Der Liquidationswert einer in Schieflage befindlichen Fondsgesellschaft dürfte in aller Regel so gering sein, dass man sie vereinfachend als sanierungsfähig bezeichnen kann, wenn sie nach erfolgter Sanierung in der Lage ist, Jahresüberschüsse bzw. einen nachhaltig positiven *cash flow* zu erwirtschaften, der (abgezinst) die erforderlichen Sanierungskosten deckt.

105 *Picot/Aleth*, Unternehmenskrise und Insolvenz, Rn. 268; *Wegmann*, BB 1988, 801, 807.

individuell lohnt. Dies zeigt sich erst nach einer kritischen Abwägung der einzelnen Interessen der Beteiligten, welche folglich bei der Betrachtung der Sanierungswürdigkeit im Fokus stehen.[106]

Ohne Bewusstsein für die Interessen der jeweiligen Gruppen lassen sich keine validen Sanierungskonzepte entwickeln. Je nach Sichtweise handelt es sich daher bei der Sanierungswürdigkeit um eine Teilfrage der Sanierungsfähigkeit, da die Beurteilung der letzteren üblicherweise maßgeblich von der Bereitschaft der Beteiligten zur Leistung von Sanierungsbeiträgen abhängt. Das gilt hier in besonderem Maße, da – wie die vorstehenden Ausführungen ergeben haben – als Sanierungsmethode in der Praxis hauptsächlich die Zufuhr frischen Kapitals zur Verfügung steht (siehe oben 1.3.2, S. 41).

Bei in Schieflage geratenen geschlossenen Fonds wesentliche Beteiligte sind insbesondere die Anleger bzw. (Alt-)Gesellschafter, die finanzierenden Banken sowie die Initiatoren bzw. das Emissionshaus. Dabei spielen aus Sicht der genannten Parteien bei der Beurteilung der Sanierungswürdigkeit regelmäßig ähnliche Erwägungen wirtschaftlicher und rechtlicher Art eine Rolle, die hier kurz erörtert werden sollen. Angesichts der Vielzahl möglicher Konstellationen in der Praxis kann das allerdings selbstverständlich nur ein typisierender Überblick sein, keine pauschale Aussage.

2.2.2 Sanierungswürdigkeit aus Sicht der Anleger / Gesellschafter

2.2.2.1 Allgemein

Gegenüber den Anlegern eines GbR- oder OHG-Fonds sind die Kommanditisten einer Fonds-KG insoweit im Vorteil, als ihre Außenhaftung grundsätzlich

---

106 So das heute wohl vorherrschende Verständnis des Begriffs, vgl. IDW Standard: Anforderungen an die Erstellung von Sanierungskonzepten (IDW S 6), Stand: 20.08.2012, Rn. 18; *Eberhard*, in: Prinz/Hoffmann, BeckHdb PersGes, § 11 Rn. 94; *Gehde*, in: Gummert, MAH PersonengesR, § 11 Rn. 15; *Böckenförde*, Unternehmenssanierung, S. 63; *Picot/Aleth*, Unternehmenskrise und Insolvenz, Rn. 274 ff; *Knecht/Haghani*, in: Buth/Hermanns, § 18 Rn. 5; *Axhausen/Rieser*, in: Prinz/Winkeljohann, BeckHdb GmbH, § 15 Rn. 52 f. Nach einem anderen Verständnis liegt die – dann objektiv bestimmbare – Sanierungswürdigkeit dann vor, wenn der Barwert der zukünftigen Jahresergebnisse unter der Annahme einer erfolgreichen Sanierung einschließlich des Liquidationserlöses am Ende der Betrachtungsperiode – bei geschlossenen Fonds typischerweise die (Rest-)Laufzeit – größer ist als der Tages-Liquidationswert. Dieser Vergleich zwischen (potentiellem) Ertrags- und Liquidationswert ist nach dem hier zugrunde gelegten Verständnis Teil der Prüfung der Sanierungsfähigkeit. Vgl. zu diesem Begriff auch *Hess*, in: Hess Sanierungshandbuch, Kap. 4 Rn. 4 ff.

auf die im Handelsregister eingetragene Haftsumme beschränkt ist. Wirtschaftlich wird es daher aus Sicht der Anleger eines in Schieflage geratenen Fonds in den meisten Fällen darum gehen, einen Totalverlust der ursprünglich geleisteten Kommanditeinlage zu vermeiden. Außerdem droht den Anlegern zusätzlich im Falle einer nicht voll einbezahlten oder – insbesondere durch Liquiditätsausschüttungen (siehe hierzu unten 3.1.1, S. 75) – teilweise zurückgewährten Hafteinlage eine unmittelbare Außenhaftung gemäß § 172 Abs. 4 HGB. Diese Haftungslage besteht zwar rechtlich schon ab dem Zeitpunkt, ab dem die Einlage die Haftsumme nicht (mehr) erreicht, wird aber faktisch in aller Regel erst durchgesetzt, wenn die Fondsgesellschaft selbst wirtschaftlich zusammengebrochen und daher nicht mehr zahlungsfähig ist. Meist erfolgt die Geltendmachung dann gemäß § 171 Abs. 2 HGB durch den Insolvenzverwalter.

Je nach Umfang dieser Verlust- und Haftungsrisiken kann eine Sanierung für die Anleger eine wirtschaftlich sinnvolle Alternative darstellen.[107] Schließlich besteht auch die Möglichkeit, dass der Fonds im Rahmen einer Sanierung nicht nur durch frisches Kapital kurzfristig am Leben erhalten, sondern dauerhaft stabilisiert wird. Im Erfolgsfall kann der Anleger das ursprüngliche Ziel seines Investments verwirklichen und anstatt nur Verluste zu minimieren, sogar durch regelmäßige Ausschüttungen und den Verkauf des Objekts zum regulären Marktpreis am Ende der Laufzeit sogar eine Rendite erwirtschaften.

2.2.2.2 Sonderfall: Mehrere Anlegerklassen

In manchen Fonds finden sich Strukturen, die unterschiedliche Klassen von Anlegern vorsehen. Typisch ist eine Differenzierung zwischen Standard- und Vorzugskommanditisten. Der Unterschied besteht bei einem solchen Modell darin, dass die Vorzugskommanditisten aus dem Verkaufserlös des Wirtschaftsgutes bevorzugt bedient werden.[108]

Daraus ergeben sich im Krisenfall mitunter gegenläufige Interessen der beiden Anlegergruppen: Reicht nämlich der voraussichtliche Verkaufserlös nach Tilgung der Drittverbindlichkeiten aus, um den Vorzugskommanditisten wenigstens ihre Einlage zurückzuzahlen, so besteht für sie kaum Anreiz, sich an einer Sanierung zu beteiligen. Umgekehrt haben die einfachen Kommanditisten

---

107 Zu möglichen Sanierungsanreizen für Fonds-Anleger vgl. auch *Pluta/Keller*, in: FS Kübler, S. 523, 524 ff.

108 Vgl. manager magazin vom 09.09.2014, „Jeder gegen jeden", abrufbar unter http://www.manager-magazin.de/finanzen/artikel/schiffsfonds-nordlb-vor-gericht-mpc-capital-und-hci-mit-problemen- a-990490.html .

ein umso größeres Interesse an dem Weiterbetrieb und der Sanierung des Fonds, da sie im Falle eines Verkaufs vermutlich weitgehend leer ausgehen. Derartige Interessengegensätze lassen sich – wenn der Gesellschaftsvertrag keine besonderen Regeln vorsieht – nur durch umfangreiche Verhandlungen innerhalb der Gesellschafter auflösen.[109]

Im Falle einer beiderseitigen Blockadehaltung (eine Gruppe blockiert die Liquidation, die andere die Durchführung von Sanierungsmaßnahmen) droht der Gesellschaft die Manövrierunfähigkeit, was in der Krise letztlich zu einer unkontrollierten Insolvenz und einem – häufig auch für die Vorzugskommanditisten unvorteilhaften – Notverkauf des Wirtschaftsgutes führt.

2.2.2.3 Sonderfall Schiffsfonds: Versteuerung des „Unterschiedsbetrages"

Ein besonderes Interesse daran, die Gesellschaft am Leben zu erhalten oder wenigstens vor einer Insolvenz mit unplanmäßiger Verwertung zu bewahren, haben häufig Anleger von Schiffsfonds. Diesen drohen vielfach aufgrund der gewählten steuerlichen Gestaltung bei Ausscheiden oder (auch insolvenzbedingter) Auflösung des Fonds erhebliche Steuernachzahlungen.

Betroffen sind insbesondere Anleger von solchen Schiffsfonds, die das zwischen 1999 und 2005 zulässige „Kombimodell" praktiziert haben.[110] Dabei wurden in der Startphase des Fonds die erheblichen Anlaufverluste im Wege der (üblichen) Gewinnermittlung durch Vermögensvergleich den Anlegern zur Minderung ihrer Steuerlast nutzbar gemacht und dann bei Erreichen der Gewinnzone zur Tonnagegewinnermittlung nach § 5a EStG optiert. Beim Wechsel zur Tonnagegewinnermittlung war dabei nach § 5a Abs. 4 EStG bei der Gesellschaft eine Rücklage für die stillen Reserven des Schiffs (Unterschied zwischen Buch- und damaligem Marktwert) zu bilden. Bei Verkauf des Schiffes oder Auflösung der Gesellschaft ist dieser „Unterschiedsbetrag" steuerpflichtig aufzulösen, unabhängig von der Höhe des tatsächlichen Veräußerungserlöses.[111]

---

109 Die Zustimmung zu Sanierungsmaßnahmen werden sich die Vorzugskommanditisten dabei regelmäßig teuer abkaufen lassen. Zu denken ist etwa an die Möglichkeit des – ansonsten häufig ausgeschlossenen – Verbleibs in der Gesellschaft ohne eigenen Sanierungsbeitrag, ggf. sogar unter Wahrung der bisherigen Kapitalquoten, oder ein fakultatives Ausstiegsrecht gegen Abfindung in Höhe der vollen ursprünglichen Einlage.

110 Anleger von Schiffsfonds, die schon ab dem ersten Wirtschaftsjahr für die Tonnagegewinnermittlung optiert haben, sind hiervon nicht betroffen.

111 Vgl. zu den steuerlichen Hintergründen dieses „Kombimodells" *Bartsch*, BB 2009, 1049; Blümich/*Hofmeister* § 5a EStG Rn. 80 ff.

Angesichts der zu erwartenden Diskrepanz zwischen zu damaligen Boomzeiten der Schifffahrtsbranche festgestelltem Marktwert und heutigem tatsächlichen Verkaufserlös besteht insoweit ein erhebliches Risiko hoher Steuerforderungen aufgrund der Versteuerung eines „virtuellen Gewinns".[112]

Betroffene Anleger haben folglich ein besonderes Interesse daran, dass das Schiff möglichst nicht in der aktuellen Talsohle der Marktpreise verkauft und erst recht nicht wertvernichtend in der Insolvenz verwertet wird.

2.2.3 Sanierungswürdigkeit aus Sicht der Banken

2.2.3.1 Allgemein

Für die Gläubigerbanken ist der Handlungsdruck häufig geringer, da deren Darlehensforderungen regelmäßig mit weitreichenden Sicherheiten unterlegt sind.[113] Dennoch werden sie von einer unkontrollierten Insolvenz der Fondsgesellschaft meistens hart getroffen, da die Schieflage des Fonds in aller Regel mit einer erheblichen Entwertung seines einzigen und folglich auch als Kreditsicherheit gestellten Wirtschaftsgutes einhergeht.

Gerade dann, wenn ganze Branchen auf einmal von heftigen Krisen erfasst werden und diverse Fonds-Insolvenzen parallel drohen (wie derzeit im Bereich der Schifffahrt der Fall), kann dies auch für die Banken zu einer echten Bedrohung werden.[114] Vor diesem Hintergrund befinden sich die Banken in einem

---

112 Zur praktischen Relevanz dieser Problematik vgl. Handelsblatt vom 25.11.2014, S. 5, „Das Steuersparmodell"; Handelsblatt vom 14.11.2011, „Dickes Ende für Schiffsfondsbesitzer", abrufbar unter http://www.handelsblatt.com/finanzen/fonds/ratgeber-hintergrund/nachgerechnet-dickes-ende-fuer-schiffsfondsbesitzer/5833166.html .

113 Zu marktüblichen Ausgestaltungen der entsprechenden Darlehensverhältnisse vgl. *Halfpap/Bost*, in: Lüdicke/Arndt, Geschlossene Fonds, S. 197 f.

114 So haben etwa die deutschen Banken – allen voran die HSH Nordbank und die Commerzbank – ein Kreditvolumen von insgesamt rund 100 Milliarden Euro an Schiffsfinanzierungen angehäuft; vgl. hierzu Handelsblatt vom 15.11.2012, S. 5, „Hochrisiko Schiffsfinanzierung"; Handelsblatt vom 09.08.2012, „Schiffsfinanzierung reißt Riesen-Loch bei Commerzbank", abrufbar unter http://www.handelsblatt.com/unternehmen/banken/300-millionen-euro-verlust-schiffsfinanzierung-reisst-riesen-loch-bei-commerzbank/6981086.html ; vor diesem Hintergrund hat auch der Internationale Währungsfonds (IWF) in seinem Länderbericht für Deutschland vor den Risiken fauler Schiffskredite gewarnt, vgl. Handelsblatt vom 22.07.2014, „IWF warnt vor Schiffskrediten", abrufbar unter http://www.handelsblatt.com/unternehmen/banken/bankbilanzen-iwf-warnt-vor-schiffskrediten/10232554.html .

Zwiespalt: Einerseits wollen sie „dem guten Geld kein schlechtes hinterherwerfen“, also nicht durch Rangrücktritte, Stundungen oder Teilerlasse ihre Verluste aus den betreffenden Geschäften vergrößern. Andererseits haben sie ein großes Interesse daran, nicht durch unkoordinierte Notverkäufe unnötig Werte zu vernichten. Daher sind sie gerade in solchen Situationen durchaus offen für stichhaltige Sanierungskonzepte.[115]

Besonders reizvoll sind für die Banken solche Sanierungskonzepte, die einen Verkauf der Fondsgesellschaft einschließlich Ablösung des ursprünglichen Kredits vorsehen.[116]

2.2.3.2 Keine Rechtspflicht zu Sanierungsbeiträgen

Vereinzelt wird in der Literatur eine Rechtspflicht der Banken zur Leistung von Sanierungsbeiträgen erwogen, etwa wenn diese besonders eng oder schon sehr lange mit dem Unternehmen verbunden sind.[117] So soll etwa die Ausübung des Kündigungsrechts eines Darlehens sittenwidrig sein (und gegebenenfalls eine Haftung nach § 826 BGB nach sich ziehen), wenn die Bank auf die Abhängigkeit des Kunden hingewirkt hat, hinreichend gesichert ist und die Krise überwindbar erscheint. Angesichts der teils engen Verflechtung der Banken mit den Emissionshäusern und ihrer aktiven Rolle bei Finanzierung und Vertrieb der Fondsprodukte liegt der Gedanke nahe, dass die Banken hier eine solche Pflicht trifft bzw. ein solches Haftungsrisiko besteht.

Wegen der massiven Einschränkung des Grundsatzes der Vertragsfreiheit und der obendrein komplizierten, kaum auflösbaren Abgrenzungsfragen auf der Tatbestandsseite, die mit einer solchen Rechtspflicht einhergehen würden, hat sich diese Ansicht jedoch zu Recht nicht durchgesetzt.[118] Für die Banken besteht also grundsätzlich keine unmittelbare oder mittelbare Rechtspflicht zur Leistung von Sanierungsbeiträgen jedweder Art.

---

115 Zu möglichen Sanierungsbeiträgen der Banken vgl. *Undritz/Knof*, in: Kübler, HRI, § 3 Rn. 65 ff; *Pluta/Keller*, in: FS Kübler, S. 523, 531 ff.

116 Siehe zu entsprechenden Modellen insbesondere unten 5.2.

117 Vgl. *Canaris*, ZHR 143 (1979), 125; *Rümker*, KTS 1981, 493, 501.

118 Vgl. (jeweils mit Überblick über den Meinungsstand) *Wittig*, in: K. Schmidt/Uhlenbruck, Die GmbH in Krise, Sanierung und Insolvenz, Rn. 2.232; *Obermüller*, Insolvenzrecht in der Bankpraxis, Rn. 5.137 f.

2.2.4 Sanierungswürdigkeit aus Sicht der Initiatoren / Emissionshäuser

Die Fondsinitiatoren bzw. Emissionshäuser befinden sich in einer besonderen Situation.

Sie sind in der Regel nur über die geschäftsführende GmbH mit der Fonds-KG verbunden, die üblicherweise keine Beteiligung hält. Da sie keine Einlage geleistet haben, werden sie durch einen Zusammenbruch der Gesellschaft bzw. der Insolvenz wirtschaftlich nicht unmittelbar belastet.

Dennoch haben sie in mehrerlei Hinsicht ein Interesse an einer Sanierung der Gesellschaft. Schließlich basiert ihr Geschäftsmodell nicht zuletzt auf den Verwaltungsgebühren, welche die Fondsgesellschaft für die Geschäftsführungstätigkeit zahlt. Außerdem erschüttern Fonds-Insolvenzen das Vertrauen der Anleger in das jeweilige Emissionshaus, was die Vermarktung neu aufgelegter Fonds erschwert. Obendrein ist die geschäftsführende GmbH als Komplementärin der Fonds-KG in der Krise verpflichtet, nicht tatenlos zu bleiben, sondern geeignete Maßnahmen zur Krisenbewältigung zu ergreifen.[119]

2.2.5 Exkurs: Spieltheorie

Unabhängig von den individuell unterschiedlichen Sonderinteressen der einzelnen Betroffenen bzw. Gruppen haben alle im Grundsatz eines gemeinsam: Jeder weiß, dass eine erfolgreiche Sanierung sich für alle positiv auswirken würde, aber zusätzliche Beiträge mindestens eines Beteiligten erfordert. Daher spekuliert jeder Beteiligte darauf, dass ein anderer die notwendigen Beiträge leistet und er am Ende ohne weiteren eigenen Einsatz davon profitiert. Das kann wiederum dazu führen, dass keiner die notwendigen Sanierungsbeiträge erbringt und schlussendlich für jeden Beteiligten ein schlechtes Ergebnis – in Form einer wertvernichtenden sofortigen Liquidation – eintritt.

Das Spekulieren auf die Sanierungsbeiträge anderer ohne ein eigenes Risiko einzugehen ist zwar aus Sicht jedes Einzelnen, der die Entscheidung der jeweils anderen Betroffenen nicht kennt, eine rationale Strategie. Aus Sicht des Kollektivs – also der Gesamtheit der Betroffenen – wäre es jedoch rational, nicht den möglichen Einzelnutzen, sondern die Summe der Einzelnutzen aller Beteiligten zu erhöhen.[120]

---

119 Vgl. zum Pflichtenprogramm der Geschäftsführung in der Krise *Undritz/Knof*, in: Kübler, HRI, § 3 Rn. 40 ff.

120 Vgl. *Wiese*, Kooperative Spieltheorie, S. 144 f.

Das würde in den meisten Fällen für alle bedeuten, ohne langes Zuwarten, Taktieren oder Blockieren einen Sanierungsbeitrag zu leisten.

2.2.5.1 Sanierungssituation aus Sicht der Spieltheorie

Dieser Konflikt zwischen individueller und kollektiver Rationalität ist ein klassischer Gegenstand der mathematischen Spieltheorie. Das Auseinanderfallen der individuellen gegenüber der kollektiven Rationalität in einer (hier wirtschaftlichen) Konfliktsituation zwischen Individuen bezeichnet man dort als so genannte „Rationalitätenfalle“.[121]

Ein zentraler Begriff in diesem Zusammenhang ist das so genannte Nash-Gleichgewicht: Es beschreibt in nicht-kooperativen Spielen (wie der Sanierungssituation) eine Kombination von Strategien, bei der jeder Spieler (hier: jeder Beteiligte) genau eine Strategie wählt, von der aus es für keinen Spieler sinnvoll ist, von seiner gewählten Strategie abzuweichen.[122]

Das Nash-Gleichgewicht der hier betrachteten „idealen“ Sanierungssituation[123] besteht in der Verweigerung eines Sanierungsbeitrages durch alle Betroffenen, was in der Folge zu einer sicheren Liquidation führt. Das lässt sich darauf zurückführen, dass die potentiell gewinnbringendere kooperative Strategie in ihrem Erfolg von der Strategiewahl der anderen Beteiligten abhängt. Verweigert sich nämlich einer der anderen der Sanierung, kommt es doch zur Liquidation, die eigenen Sanierungsbeiträge sind aber noch zusätzlich verloren.

Aufgelöst bzw. entschärft werden kann dieses Dilemma, indem die Regeln des „Spiels“ so verändert werden, dass die Kooperation für alle Beteiligten rational reizvoller wird. Hierfür gibt es zwei typische Ansatzpunkte, nämlich zum einen

---

121 Wohl berühmteste Konstellation einer solchen Rationalitätenfalle ist das „Gefangenendilemma“. Obwohl dieser Terminus eigentlich nur einen isolierten, besonders anschaulichen Spezialfall darstellt (zwei Akteure, je zwei Handlungsalternativen, symmetrische Auszahlungsmöglichkeiten, keine Möglichkeit der Absprache, wechselseitige Abhängigkeit), werden beide Begriffe häufig synonym verwendet; vgl. zur spieltheoretischen Erfassung von Sanierungssituationen *Eidenmüller*, ZHR 160 (1996), 343; *Eidenmüller*, Unternehmenssanierung zwischen Markt und Gesetz, S. 564 f, 609 f; *Zirener*, Sanierung in der Insolvenz, S. 61; *Bitter*, ZGR 2010, 147, 148 f.

122 Vgl. zur Definition, Herleitung und Existenzbeweis dieses Gleichgewichts für ein gegebenes Spiel *Nash*, Non-cooperative games, S. 5.

123 Gemeint ist eine Situation, in der gemeinsame Sanierungsbeiträge aller Betroffenen auch sicher zu einer erfolgreichen Sanierung der Gesellschaft führen, die Verweigerung eines Einzelnen bzw. einer Gruppe dagegen zu einem sicheren Scheitern, was in der Realität selbstverständlich nicht gewährleistet ist.

die Verbesserung der Kommunikation zwischen den Spielern und zum anderen die Sanktionierung oder Unterbindung nicht-kooperativen Verhaltens.

2.2.5.2 Folgerungen

Die Kommunikation - also: die Verhandlungen - zwischen den Beteiligten ist in der Praxis eher eine faktische Frage, die von dem Verhandlungsgeschick der einzelnen Betroffenen abhängt. Anders als im klassischen Beispiel des Gefangenendilemmas sind die Kommunikationsmöglichkeiten schließlich nicht eingeschränkt.

Die Sanktionierung bzw. Unterbindung nicht-kooperativen Verhaltens ist dagegen der Punkt, an dem der rechtliche Rahmen der Sanierung den größten Einfluss hat. Die in dieser Arbeit erörterten rechtlichen Einzelprobleme der Fondssanierung werden sich daher häufig um die Kernfrage drehen, zu wie viel Kooperation das Recht den einzelnen Beteiligten zwingen kann, ohne andere elementare Rechtsgrundsätze - insbesondere die Privatautonomie und die Eigentumsgarantie - zu stark zu verletzen bzw. einzuschränken.

Damit wird schon anhand dieser einfachen allgemeinen Vorüberlegung deutlich, in welchem Spannungsfeld sich die zu erörternden rechtlichen Fragen bewegen werden.

2.3 Alternativen zur Sanierung aus Anlegersicht

2.3.1 Notverkäufe

2.3.1.1 Liquidation

Sehen die Beteiligten keine Perspektive mehr in dem weiteren Betrieb der Fondsgesellschaft (vgl. hierzu die Ausführungen zur Sanierungswürdigkeit, Abschnitt 2.2, S. 53), so besteht auf der Ebene der Gesellschaft die Möglichkeit, diese sofort zu beenden und zu liquidieren. Angesichts der schlechten Preise, die sich am Markt üblicherweise bei solchen Zerschlagungen realisieren lassen, ist diese Variante meist mit empfindlichen Verlusten für die Anteilseigner verbunden. Eine Liquidation einer in Schieflage geratenen Fondsgesellschaft bedeutet in der Praxis regelmäßig den Totalverlust der geleisteten Einlage.

2.3.1.2 Veräußerung am Zweitmarkt

Eine Alternative hierzu ist für den einzelnen Anleger ein Verkauf seiner Beteiligung über den Zweitmarkt. Diese Variante bietet den Vorteil, dass relativ schnell Geld zurückfließt und vorher nicht langwierige Entscheidungsfindungsprozesse innerhalb der Gesellschaft abgewartet werden müssen. Jedoch liegen die Erlöse bei Verkäufen am Zweitmarkt regelmäßig nicht nur deutlich unter dem Anschaffungspreis, sondern auch unter dem aktuellen Marktwert (siehe oben 1.2.2.3, S. 37).[124] Angesichts der Komplexität der Bewertung von Kommanditbeteiligungen verkaufen Privatanleger ihre Beteiligungen oft unter Wert.[125] Außerdem verbieten zahlreiche Gesellschaftsverträge den Anlegern die Weiterveräußerung ihrer Beteiligung.

2.3.1.3 Sanierungsplattformen

Im Verlaufe der letzten Jahre haben sich als weitere Möglichkeit sogenannte „Sanierungsplattformen" etabliert. Hierbei werden die einzelnen Anlageobjekte einer neu gegründeten Plattformgesellschaft übertragen und unterstellt. Dem liegt die Erwägung zugrunde, dass eine größere Gesellschaft, die über mehr als nur ein einzelnes Objekt und möglicherweise zusätzliches operatives Know-how verfügt, diverse Synergieeffekte nutzen kann.

Die Verwendung des Begriffs der „Sanierungsplattform" ist allerdings bislang noch sehr uneinheitlich. Es kursieren mehrere, sich teils erheblich unterscheidende Ansätze (eingehend zu Sanierungsplattformen siehe unten, Abschnitt 5, S. 195 ff).

2.3.2 Schadensersatzklage / Widerruf

Daneben versuchen sich derzeit viele Anleger schlecht laufender Fonds schadlos zu halten, indem sie gegenüber der Bank, die ihnen die Beteiligung vermittelt hat, Beratungsfehler geltend machen und Schadensersatz verlangen. Anknüpfungspunkt für die Schadensersatzforderungen ist seit einem entsprechenden Urteil des BGH aus dem Jahre 2009[126] meist die unzureichende Offenlegung von Rückvergütungen, welche die Banken von den Emissionshäusern erhalten. In jüngerer Zeit werden auch Prospekthaftungsansprüche wegen mangelnder Aufklärung über eine mögliche Rückzahlungspflicht gemäß §§ 30, 31 GmbHG analog diskutiert (siehe hierzu unten 3.1.4.3.4, S. 97).

Eine zweite Möglichkeit der außerplanmäßigen Rückabwicklung ergibt sich durch die Geltendmachung von Widerrufsrechten bei kreditfinanzierten Fondsbeitritten. Handelte es sich bei dem Fondsbeitritt um ein verbundenes

---

124 Allgemein zum Zweitmarkt für Kommanditbeteiligungen siehe Handelsblatt vom 23.04.2015, S. 34, „Letzter Ausweg Börse".

125 Vgl. zu diesem Phänomen Handelsblatt vom 23.04.2015, S. 34, „Privatanleger verkaufen oft zu billig".

126 BGH NJW 2009, 1416.

Verbraucherkreditgeschäft, so steht bei fehlerhafter oder fehlender Widerrufsbelehrung nach §§ 495 Abs. 2 S. 1, 355 Abs. 3 S. 1 BGB dem Verbraucher ein praktisch unendliches Widerrufsrecht zu.[127] Da die finanzierende Bank bei einem solchen verbundenen Vertrag nach § 358 Abs. 4 S. 2 BGB als zentrale Rückabwicklungsstelle fungiert, kann der Anleger von ihr Rückzahlung seiner bisher erbrachten Leistungen (Anzahlung, Tilgungen, Zinsen) Zug um Zug gegen Abtretung seines Abfindungsguthabens bzw. Gesellschaftsanteils verlangen und sich auf diesem Wege schadlos halten.[128] Bei nicht kreditfinanzierten Fondsbeitritten ist die Geltendmachung etwaig bestehender Widerrufsrechte für die Anleger dagegen in der Regel uninteressant, da diese nach Rechtsprechung des BGH[129] im Rahmen der Rückabwicklung nicht ihre ursprüngliche Einlage, sondern gemäß der Lehre von der fehlerhaften Gesellschaft nur ihr aktuelles Abfindungsguthaben erhalten. Dieses ist bei schlecht laufenden Fonds in der Regel faktisch wertlos.

Seit der Neubekanntmachung des KapMuG[130] im Jahr 2012 können – unter den weiteren, dort genannten Voraussetzungen – auf fehlerhafter Anlageberatung oder –vermittlung beruhende Ansprüche auch im Wege eines Musterverfahrens geltend gemacht werden (§ 1 Abs. 1 Nr. 2 KapMuG), was den Aufwand und die Hemmschwelle für den einzelnen klagenden Anleger erheblich senkt.[131]

---

127 Da bei Verbraucherkreditverträgen nach § 495 Abs. 2 S. 2 BGB auch die Einschränkungen des § 355 Abs. 4 S. 1, 3 BGB nicht gelten, führt jegliche Informationspflichtverletzung zu einem zeitlich praktisch unbegrenzten Widerrufsrecht. Kritisch ist das insbesondere für die Zeit zwischen dem Einführung der ersten Musterbelehrung durch Verordnung vom 01.08.2002 (Zweite VO zu Änderung der BGB-InfoV, BGBl. I 2002, 2355) bis zur Erhebung dieser Verordnung in den Stand eines förmlichen Gesetzes mit Wirkung zum 11.06.2010 (durch das Gesetz zur Umsetzung der Verbraucherkreditrichtlinie, des zivilrechtlichen Teils der Zahlungsdienstrichtlinie sowie zur Neuordnung der Vorschriften über das Widerrufs- und Rückgaberecht vom 29.07.2009, BGBl I 2009, 2355), da der in der Praxis häufig verwendete Text der Musterbelehrung vielfach als den gesetzlichen Vorgaben nicht genügend angesehen wurde. Siehe zum Ganzen MüKo BGB/*Schürnbrand* § 495 Rn. 12 f; sehr kritisch zu diesem „ewigen Widerruf" *Scholz/D. Schmidt/Ditté*, ZIP 2015, 605.

128 Eingehend hierzu MüKo BGB/*Habersack* § 358 Rn. 14, 85 f.

129 BGH DStR 2008, 1100 mit Anmerkung Goette; diese Rechtsprechung hat auch der ansonsten sehr verbraucherfreundliche EuGH gebilligt, EuGH DStR 2010, 878 mit Anmerkung Goette.

130 Amtlich: Gesetz über Musterverfahren in kapitalmarktrechtlichen Streitigkeiten vom 19.10.2012, BGBl. I S. 2182.

131 Zu den Absichten des Gesetzgebers vgl. die Regierungsbegründung zum Entwurf des KapMuG, BT-Drucks. 17/8799, S. 16; zu den Auswirkungen auf die Praxis vgl. Handelsblatt vom 17.02.2015, S. 34, „Klagewelle erfasst Fondshäuser".

Solche – bei Anlegern[132] wie Anlegeranwälten[133] gleichwohl sehr beliebten – Strategien, die darauf zielen, sich in der Krise des Fonds durch Geltendmachung formeller Fehler beim Vertrieb eine Art außerordentliches „Reurecht" zu verschaffen, sind jedoch nicht Gegenstand dieser Arbeit und werden daher hier nicht näher beleuchtet.

2.4 Sanierung von Altgesellschaften und KAGB

Das Inkrafttreten des Kapitalanlagegesetzbuches (KAGB) am 22.07.2013 stellt eine wichtige Zäsur für die Anlageklasse der geschlossenen Fonds dar. Noch nie zuvor gab es eine derart umfassende Regulierung in diesem Bereich. Diese Regulierung ist vor allem aufsichtsrechtlicher Natur. Gesellschaftsrechtliche Fragen werden – von gewissen Ausnahmen abgesehen – weitgehend ausgeklammert, das Richterrecht zur Publikumsgesellschaft bleibt ganz überwiegend in Kraft.[134]

Für die Fonds sind die stark erweiterten aufsichtsrechtlichen Anforderungen teils mit erheblichem Mehraufwand verbunden. Die Mehrzahl der bestehenden Fonds wird den nunmehr geltenden Kriterien nicht entsprechen und auch kaum in der Lage sein, im Nachhinein die regulatorischen Vorgaben zu implementieren. Neben dem schwer zu stemmenden zusätzlichen Verwaltungsaufwand liegt das daran, dass viele früher praktizierte Geschäftsmodelle nach Inkrafttreten des KAGB in ihrer bisherigen Form nicht mehr zulässig sind.

Grundsätzlich besteht allerdings auch kein Bedarf für Altgesellschaften, sich den Regelungen des KAGB anzupassen. Schließlich sieht § 353 Abs. 1 KAGB für geschlossene Fonds (im Jargon des KAGB „geschlossene AIF", „Alternative

---

132 Vgl. manager magazin vom 16.10.2013, „Geschlossene Fonds werden für Banken zum Milliardenrisiko", abrufbar unter http://www.manager-magazin.de/finanzen/artikel/geschlossene-fonds-anleger-koennen-von-banken-milliarden-zurueckholen-a-925591.html .

133 Vgl. hierzu Die Welt vom 13.10.2013, „So machen sich Anwälte die Not der Anleger zunutze", abrufbar unter http://www.welt.de/121002270 ; manager magazin vom 27.01.2009, „Falschberatung bei Anlegeranwälten", abrufbar unter http://www.wiwo.de/finanzen/steuern-recht/zweifelhafte-erfolgsaussichten-falschberatung-bei-anlegeranwaelten/5143516.html ; Handelsblatt vom 17.02.2015, S. 34, „Einer für alle, alle für einen".

134 Vgl. hierzu *Wallach*, ZGR 2014, 289, 327; zum Verhältnis der KAGB-Vorschriften einerseits zum gesellschaftsrechtlichen Gesetzesrecht in BGB und HGB sowie andererseits zum Richterrecht der Publikumsgesellschaft vgl. auch *Wiedemann*, NZG 2013, 1041, 1042 ff.

Investment Funds")[135] vor, dass Altgesellschaften, die nach dem 21.07.2013 keine zusätzlichen Anlagen tätigen, weiterhin ohne Erlaubnis und Registrierung nach dem KAGB betrieben werden können.[136]

Problematisch ist allerdings bei der Sanierung von Gesellschaften die Auslegung des Tatbestandsmerkmals „keine zusätzlichen Anlagen".[137] Nach Ansicht der EU-Kommission ist dieses – aus Art. 61 Abs. 3 der AIFM-Richtlinie übernommene – Merkmal möglichst weit auszulegen.[138] Eine Ausnahme gilt nach der Vorstellung der EU-Kommission und der BaFin lediglich für solche werterhaltenden Maßnahmen, die

1. nur einen geringfügigen wertmäßigen Anteil am Fonds-Portfolio ausmachen (in der Regel bis ca. 20%),
2. ausschließlich der Werterhaltung dienen und
3. zu denen die Anleger sich bereits vorab allgemein verpflichtet haben oder zu denen sie aufgrund gesellschaftsrechtlicher Regelungen verpflichtet sind.[139]

Unsicher ist hier zunächst, ob mit werterhaltenden Maßnahmen nur Investitionen zur Instandhaltung oder Instandsetzung der Vermögensgegenstände des Fonds (z.B. Reparatur- oder Renovierungsarbeiten an Gebäuden im Falle eines Immobilienfonds) gemeint sind,[140] oder ob auch eine rein finanzwirtschaftliche Sanierung (siehe oben 1.3.2.1.2, S. 43) erfasst ist. Dafür spricht jedenfalls, dass die EU-Kommission in dem zitierten Dokument „*capital increases required for financial restructuring*" („zur finanziellen Restrukturierung benötigte Kapitalerhöhungen") erwähnt, allerdings ohne näher darauf einzugehen. Der Wortlaut

---

135 Zur Klassifizierung geschlossener Fonds nach dem KAGB siehe oben 1.2.1.4.2.

136 Der Wortlaut der Vorschrift spricht nur von „AIF-Kapitalverwaltungsgesellschaften". Nach dem Inhalt sowie der systematischen Stellung der Vorschrift sowie der amtlichen Überschrift des Unterabschnittes und des Paragraphen („und für geschlossene AIF") ist jedoch unzweifelhaft, dass die Regelungen auch für die geschlossenen Fonds („AIF") selbst gelten. Vgl. hierzu auch *Paul*, in: Weitnauer/Boxberger/Anders, KAGB, § 353 Rn. 2.

137 Vgl. auch *Niewerth/Rybarz*, WM 2013, 1154, 1166; *Voigt/Busse*, BKR 2013, 184, 187.

138 FAQ der EU-Kommission Richtlinie 2011/61/EU, Question ID 1188 (betreffend Art. 61 Abs. 3), abrufbar unter http://ec.europa.eu/yqol/index.cfm?fuseaction=question.show&questionId=1188 .

139 Siehe EU-Kommission aaO; BaFin, Häufige Fragen zu den Übergangsvorschriften nach den §§ 343 ff des KAGB vom 18.06.2013, Geschäftszeichen WA 41-Wp 2137-2013/0343, Abschnitt III 5 a, abrufbar unter http://www.bafin.de/SharedDocs/Veroeffentlichungen/DE/FAQ/faq_kagb_ubergangsvorschriften_130618.html .

140 Siehe hierzu BaFin aaO, Abschnitt III 5 e.

deutet in die gleiche Richtung, denn auch die Aufrechterhaltung des operativen Betriebs bzw. Verhinderung einer Zerschlagung stellt eine den Unternehmenswert erhaltende Maßnahme dar. Das deckt sich mit dem Sinn der Vorschrift: Bestehende Fonds sollen in ihrer bestehenden Form weitergeführt werden können, solange keine Änderungen vorgenommen werden, die Anlegerrechte berühren. Daher spricht vieles dafür, dass auch finanzwirtschaftliche Sanierungsmaßnahmen grundsätzlich umfasst sind.

Stark eingeschränkt wird das allerdings dadurch, dass zusätzliche Beiträge der Gesellschafter nur aufgrund bereits bestehender Verpflichtungen, also gültiger Nachschuss-Klauseln im Gesellschaftsvertrag oder objektiven Gesellschaftsrechts (z.B. aufgrund der Treupflicht), möglich sind. Dabei ist es auch gleichgültig, wer die Anlageentscheidung getroffen hat. Auch eine Neuanlage aufgrund (einstimmigen) Gesellschafterbeschlusses hebt den Bestandsschutz auf.[141]

Demnach würde ausgerechnet die Kapitalerhöhung (zu Begriff und Durchführung siehe eingehend unter 3.2, S. 99 ff) als klassisches und zentrales Sanierungsinstrument den Bestandsschutz stets aufheben, da der Kapitalerhöhungsbeschluss bzw. die Übernahme neuer Anteile eine neue Rechtsgrundlage und gerade keine schon bestehende Verpflichtung darstellt.

Wie oben bereits festgestellt wurde, sind die Spielräume zur Sanierung von Fondsgesellschaften im operativen Bereich sehr eingegrenzt bzw. kaum vorhanden. Sanierung ist daher in aller Regel gleichbedeutend mit dem Einwerben zusätzlicher Mittel, die der Gesellschaft zur Verfügung gestellt werden. Würde eine Sanierung durch Eigenkapitalspritzen den Bestandsschutz des § 353 Abs. 1 KAGB aufheben, wären in der Folge viele Sanierungskonzepte zum Scheitern verurteilt oder jedenfalls erheblich gefährdet, da der zusätzliche Verwaltungsaufwand eine ohnehin sanierungsbedürftige Gesellschaft regelmäßig überfordern dürfte.[142]

Stellungnahme

Das Anliegen der Vorschrift ist es, Anleger bei Neuanlagen ab Inkrafttreten des KAGB umfassend zu schützen und den Bestandsschutz nicht zum Schlupfloch zur Vermeidung der strengeren Vorschriften werden zu lassen. Echte Neuinvestitionen (etwa in zusätzliche Objekte) ziehen daher, auch wenn sie unter dem organisatorischen Dach eines bestehenden Fonds durchgeführt werden,

---

141 Vgl. BaFin aaO, Abschnitt III 5 d.

142 Vgl. *Voigt/Busse*, BKR 2013, 184, 187.

sinnvollerweise das nunmehr gesetzlich vorgesehene Pflichtenprogramm des KAGB nach sich.

Die Interessenlage bei der reinen finanzwirtschaftlichen Sanierung eines in Schieflage geratenen Fonds ist jedoch grundlegend anders. Die grundlegende Anlageentscheidung haben die Anleger bereits bei ihrem Fondsbeitritt getroffen. Es geht nunmehr nur noch darum, mithilfe eines Sanierungskonzeptes den Zusammenbruch des Fonds und damit den drohenden Einlageverlust und etwaige weitere Haftungsfolgen zu verhindern. Eine Einschlägigkeit des KAGB würde solche Maßnahmen erschweren und viele Sanierungskonzepte hinfällig werden lassen.[143]

Vor diesem Hintergrund erscheint es gerade im Interesse der beteiligten Anleger geboten, den Bestandsschutz auch für finanzwirtschaftliche Sanierungsmaßnahmen, insbesondere Kapitalerhöhungen seitens der Altgesellschafter, in vollem Umfang zu gewähren.

Letztlich ist die Rechtslage aber noch nicht abschließend geklärt. Ein umfassendes Sanierungskonzept muss daher diese Problematik berücksichtigen und auch für den Fall einer Anwendbarkeit der KAGB-Normen entsprechende Vorkehrungen vorsehen.

2.5 Mittelbare Beteiligung

2.5.1 Allgemeines

Bei vielen Gesellschaften sind die einzelnen Anleger nicht unmittelbar als Kommanditisten beteiligt, sondern halten ihre Beteiligung mittelbar über einen Treuhänder. Als Treuhänder fungiert üblicherweise eine GmbH, welche als Sammeltreuhänder[144] für eine Vielzahl von Anlegern die Anteile hält. Dieses Beteiligungsmodell über einen „Treuhandkommanditisten" ist auch nach Inkrafttreten des KAGB weiterhin explizit zulässig. § 152 Abs. 1 S. 2 KAGB ordnet insoweit eine Ausnahme von dem ansonsten geltenden Grundsatz der ausschließlichen Zulässigkeit unmittelbarer Beteiligungen an. Typischerweise ist das Treuhandverhältnis so ausgestaltet, dass die Treugeber im Innenverhältnis wie unmittelbar beteiligte Kommanditisten gestellt werden;[145] bei dem KAGB

143 Ähnlich *Paul*, in: Weitnauer/Boxberger/Anders, KAGB, § 353 Rn. 23; *Paul*, GWR 2015, 463, 464; so wohl auch *Voigt/Busse*, BKR 2013, 184, 187.

144 Zum Begriff der Sammeltreuhand *Wiedemann*, ZIP 2012, 1786, 1790.

145 Vgl. zur Ausgestaltung und möglichen Formulierungen *Schäfer*, ZHR 177 (2013), 619, 620 f; *Klöckner*, BB 2009, 1313, 1314 f.

unterfallenden Gesellschaften ist diese Gleichstellung sogar gesetzlich verankert (§ 152 Abs. 1 S. 3 KAGB).

Das Hauptmotiv hinter solchen Gestaltungen besteht darin, dass auf diesem Wege nicht jeder einzelne Kapitalanleger in das Handelsregister eingetragen werden muss. Dadurch werden der ursprüngliche Erwerb sowie die Weiterveräußerung der Beteiligung und Verwaltungshandlungen wie etwa das Abhalten von Gesellschafterversammlungen vereinfacht sowie einem etwaigen Bedürfnis nach Anonymität Rechnung getragen. Zusätzlich dürfte für die starke Verbreitung diese Variante eine Rolle spielen, dass die Treuhandgesellschaften regelmäßig aus dem Kreis der Initiatoren stammen und diesen über die erhobenen Verwaltungsgebühren eine weitere Einnahmequelle erschließen.

2.5.2 Haftung des Treugebers

Tatsächlich ist die Haftung des Treugebers in Publikumspersonengesellschaften ein viel diskutiertes Thema, welches in den letzten Jahren auch vermehrt die Gerichte beschäftigt hat. Dabei geht es sowohl um das Ob als auch um das Wie der Haftung.

Zahlreiche Anleger sind wohl – so scheint es – davon ausgegangen, durch die Treuhandgestaltung einer Haftung für Gesellschaftsschulden gänzlich entgehen zu können.[146] Dieser Hoffnung hat der BGH – spätestens im Jahr 2011 – allerdings eine klare Absage erteilt.[147] Den „Quasi-Gesellschafter"[148] trifft demnach zwar keine direkte Außenhaftung nach § 128 HGB. Er schuldet jedoch dem Treuhänder gemäß §§ 675 Abs. 1, 670, 257 S. 1 BGB Freistellung von allen Aufwendungen und Verbindlichkeiten.[149] Diesen Freistellungsanspruch können sich die Gläubiger bei gerichtlichem Vorgehen gegen den Treuhänder pfänden und überweisen oder – wie in der Praxis häufig geschehen – schlicht abtreten lassen. Somit sieht sich der Anleger zwar keiner rechtlichen (im Sinne des § 128 S. 1 HGB), aber einer ebenso weitreichenden wirtschaftlichen Außenhaftung ausgesetzt. Auch in dieser Haftungskonstellation bleiben ihnen die Einwendungen nach § 129 HGB erhalten. Umstritten ist allerdings die Frage, ob und inwieweit die Anleger eigene Ansprüche gegen Treuhänder – insbesondere solche aus Prospekthaftung – gegen den

146 Zu dieser Erwartungshaltung *Wagner*, NZG 2012, 58, 59.

147 BGH NZG 2011, 1432, 1435; eine Zusammenfassung des aktuellen Haftungsmodells der Rechtsprechung findet sich bei *Stari/Beuster*, DStR 2014, 271.

148 Diesen Terminus verwendet der BGH für solche Konstellationen, vgl. etwa BGH NZG 2011, 1432; 2012, 1345, 1346.

149 Vgl. hierzu auch BGH NJW 2010, 2197.

Freistellungsanspruch aufrechnen und somit ihre wirtschaftliche Außenhaftung verringern können. Der BGH geht gestützt auf § 242 BGB und allgemeine Billigkeitserwägungen davon aus, dass eine solche Aufrechnung in der Regel unzulässig ist, da sie eine systemwidrige Besserstellung mittelbar Beteiligter bedeuten und Risiken auf die Gesellschaftsgläubiger abwälzen würde.[150]

Einige Stimmen in der Literatur sprechen sich auch dafür aus, statt dieser wirtschaftlichen Außenhaftung eine „echte", rechtliche Außenhaftung zur Anwendung zu bringen.[151] An der wirtschaftlichen Haftungslage des einzelnen Anlegers ändert sich dadurch jedoch nichts.

Kommanditisten unterliegen – ob mittelbar oder unmittelbar beteiligt – nach voller Einzahlung ihrer Hafteinlage an sich keiner (wirtschaftlichen) Außenhaftung. Allerdings lebt die Haftung unter bestimmten Umständen, etwa im Falle nicht durch Gewinne gedeckter „Garantie"-Ausschüttungen (siehe hierzu eingehend unten 3.1.1, S. 75 ff), nach § 172 Abs. 4 HGB wieder auf. Im Falle des mittelbar beteiligten „Quasi-Kommanditisten" haftet zwar nach § 172 Abs. 4 HGB unmittelbar nur der Treuhänder, aber es entsteht wiederum ein entsprechender Freistellungsanspruch.[152]

Wirtschaftlich befindet sich der mittelbar beteiligte Anleger also in der gleichen Haftungslage wie ein unmittelbar beteiligter Kommanditist. Das ist insofern auch gewollt, als die steuerlichen Vorteile eine Mitunternehmerschaft im Sinne des § 15 Abs. 1 S. 1 Nr. 2 EStG und damit eine Zurechnung von Gewinn- und Verlustanteilen an den Treugeber voraussetzen.[153] Alleine deswegen müssen die Anleger im Innenverhältnis auch haftungsrechtlich „Quasi-Gesellschafter" sein.

2.5.3 Auskunft über Mitanleger

2.5.3.1 Problemstellung

Der mittelbar beteiligte Anleger kennt in der Regel nur die Gesellschaft selbst und seinen Treuhänder. Wer seine Mitanleger sind, ist ihm hingegen nicht bekannt. Auch das Handelsregister hilft insofern nicht weiter, da hier ja nur der oder die Sammeltreuhänder, nicht jedoch die einzelnen Anleger eingetragen sind.

---

150 BGH ZIP 2012, 1706, 1709; NZG 2011, 588, 591; NJW 2013, 862; vgl. auch BGH NJW 1980, 1162, 1163; kritisch hierzu insbesondere *Klöhn*, in: Gesellschaftsrecht in der Diskussion 2012, S. 148 ff; Überblick zum Meinungsstand bei *Zinger*, BB 2014, 458, 461 ff; *Menkel*, NZG 2014, 1253.

151 So *Kindler*, in: FS K. Schmidt, S. 871, 886 ff; *Schäfer*, ZHR 177 (2013), 619, 634 ff.

152 Vgl. LG Duisburg NZG 2008, 905, 906.

153 *Zinger*, BB 2014, 458; *Schäfer*, ZHR 177 (2013), 619, 620.

Das Wissen um die Identität der Mitanleger ist unter normalen Umständen weitgehend bedeutungslos. Das ändert sich in der Krise der Gesellschaft: Solange die Mitanleger einander nicht kennen, ist es unmöglich, sich untereinander auszutauschen und koordiniert vorzugehen. Die Bildung von Anleger-Interessengemeinschaften wird damit erheblich erschwert. Als Alternative bleiben für die Kontaktaufnahme in der Praxis meist lediglich Anlegerforen im Internet oder die Beratung durch – möglicherweise sogar auf den konkreten Fonds – spezialisierte Anlegeranwälte, welche unter Umständen ihre Mandantschaft zu Informationstreffen zusammenführen. Auf diesen Wegen lässt sich aber immer nur ein Bruchteil der Mitanleger erreichen. Somit sind die Anleger im Ergebnis auf die Initiative der Fondsbetreiber angewiesen.

Neben dieser allgemeinen Interessenlage gibt es auch handfeste gesellschaftsrechtliche Gründe, welche die Kenntnis der Mitanleger erstrebenswert machen: So ist etwa die Stimmkraft vom Umfang der Beteiligung des jeweiligen Gesellschafters oder Treugebers abhängig. Um seine Mitgliedschaftsrechte informiert ausüben zu können, muss der Anleger einer Publikumskommanditgesellschaft wissen, wie die Stimmen und damit die Machtverhältnisse in der Gesellschaft verteilt sind. Auch etwaige Treupflichtverstöße können Gesellschaftern und Mittreugebern, wenn ihnen die Identität der anderen Anleger nicht bekannt ist, bereits deshalb verborgen bleiben.[154]

2.5.3.2 Rechtsprechung des BGH

Der BGH hat entschieden, dass das Recht, die Vertragspartner des Gesellschaftsvertrags zu kennen, als unentziehbares mitgliedschaftliches Recht aus dem durch den Gesellschaftsvertrag begründeten Vertragsverhältnis als solchem folgt.[155] Der BGH leitet dieses Recht in seiner aktuellen Rechtsprechung offensichtlich nicht mehr aus § 716 BGB, her, sondern postuliert es als „selbstverständlich […] unentziehbares mitgliedschaftliches Recht".[156] Das auf Kenntnis seiner Mitgesellschafter (konkret: deren Namen und Anschriften) gerichtete Auskunftsbegehren des

154 Vgl. zu diesen Erwägungen *Wiedemann*, WM 1992, Sonderbeilage Nr. 7, 1, 43; BGH NJW 2013, 2190, 2193 f.

155 Vgl. BGH NJW 2013, 2190, 2191; dies bestätigend BGH ZIP 2015, 319, Rn. 11; insoweit zustimmend *Altmeppen*, NZG 2010, 1321, 1322; *Altmeppen*, ZIP 2011, 322, 328; *Wiedemann*, NZG 2013, 1041, 1045; *Wertenbruch*, in: Ebenroth/Boujong/Joost/Strohn, HGB, § 105 Rn. 159 f.

156 Vgl. BGH NJW 2013, 2190, 2191; ZIP 2015, 319, Rn. 11; anders noch BGH NJW 2010, 439; 2011, 921, 922; kritisch dazu zu Recht MüKo BGB/*Schäfer* § 716 Rn. 12c.

Gesellschafters ist danach lediglich durch das Verbot der unzulässigen Rechtsausübung (§ 242 BGB) und das Schikaneverbot (§ 226 BGB) begrenzt.[157]

Für den mittelbar beteiligten Anleger gilt trotz der Treuhandkonstruktion das Gleiche, da es sich bei den durch Beitritt bzw. Anteilserwerb zu Stande gekommenen Rechtsverhältnissen zwischen den Anlegern und den unmittelbaren Gesellschaftern nicht um bloß schuldrechtliche Rechtsbeziehungen, sondern um von gesellschaftsrechtlichen Bindungen überlagerte Vertragsverhältnisse handelt.[158] Adressaten dieser Auskunftspflicht sind in solchen Konstellationen sowohl die Fondsgesellschaft selbst als auch der Treuhänder.[159]

Dieses Auskunftsrecht kann weder in dem Treuhandvertrag noch im Gesellschaftsvertrag einer Publikums-KG ausgeschlossen werden.[160] Entsprechende vertragliche Anonymitätsklauseln scheitern nach Ansicht des BGH wegen ihres Verstoßes gegen elementare Prinzipien des Personengesellschaftsrechts im Rahmen der – bei Publikumsgesellschaften ja durchzuführenden – Inhaltskontrolle an § 242 BGB.[161]

2.5.3.3 Stellungnahme

Das vom BGH postulierte, nur durch die Grenzen unzulässiger Rechtsausübung und damit praktisch nicht eingeschränkte Auskunftsrecht des (Quasi-)Gesellschafters über die Identität seiner Mitgesellschafter geht in dieser Form zu weit.

Es ist nicht ersichtlich, warum die Privatautonomie der Gesellschafter bzw. Anleger ohne Hinzutreten weiterer Sachgründe so weit eingeschränkt werden sollte, dass sogar explizit vorgesehene Anonymitätsklauseln in Gesellschafts- oder Treuhandverträgen unwirksam sind. Der Anleger erklärt sich bei Beitritt

---

157 BGH NJW 2011, 921, 924; 2013, 2190, 2191; ZIP 2015, 319, Rn. 11.

158 BGH NJW 2013, 2190, 2192; vgl. zu der gesellschaftsrechtlichen Überlagerung des schuldrechtlichen Treuhandverhältnisses BGH NJW-RR 2003, 1392; siehe hierzu auch *Tebben*, ZGR 2001, 586, 610.

159 BGH ZIP 2015, 319, Rn. 20 ff; vgl. zu dieser Problematik auch *Wertenbruch*, in: Ebenroth/Boujong/Joost/Strohn, HGB, § 105 Rn. 161; Baumbach/Hopt HGB/*Hopt* § 105 Rn. 34.

160 Vgl. BGH, NJW 2011, 921, 924; die gegen dieses Urteil eingelegte Verfassungsbeschwerde ist nicht zur Entscheidung angenommen worden, vgl. BVerfG, Beschluss vom 8.2.2012, Az. 1 BvR 623/11, BeckRS 2013, 49859); zuvor schon für ursprünglich anonyme Publikumsgesellschaften in Rechtsform der GbR BGH NJW 2010, 439.

161 BGH 2013, 2190, 2194; kritisch hierzu *Altmeppen*, NZG 2010, 1321, 1327; *Altmeppen*, ZIP 2011, 322, 327 f; *Asmus/Markwardt*, ZIP 2012, 1581, 1588; *Voigt*, NZG 2011, 256, 257 f; *Armbrüster*, in: FS Kanzleiter, S. 31, 40.

schließlich mit solchen Klauseln einverstanden; für viele dürfte der Wunsch nach Anonymität sogar die Auswahl des Investments mitbeeinflusst haben.

Gerade eine Sonderrechtsprechung für Publikumsgesellschaften müsste eigentlich berücksichtigen, dass diese – anders als personalistisch geprägte Gesellschaften – ein reines Kapitalsammelbecken darstellen. Insofern läge eine Parallele zu den Regelungen des Aktienrechts viel näher. Hier hat der Gesetzgeber mit Rücksicht auf Datenschutzerwägungen und das Anonymitätsbedürfnis der Aktionäre die nach § 67 Abs. 5 AktG a.F.[162] noch mögliche Einsicht in das Aktienbuch abgeschafft und auf ein Recht zur Auskunft über die zur eigenen Person gespeicherten Daten beschränkt (§ 67 Abs. 7 S. 1 AktG).[163] Der BGH schiebt diese Erwägung wenig überzeugend mit der lapidaren Aussage beiseite, die Rechtsstellung des mittelbar beteiligten Anlegers sei „nicht mit der eines Aktionärs vergleichbar".[164]

Schwerer wiegt da schon das Argument, auch im Aktienrecht sei die Anonymität des Aktionärs insbesondere bei börsennotierten Aktiengesellschaften aufgrund der bereits bei einer Stimmrechtsbeteiligung von 3 % einsetzenden Mitteilungspflicht (§ 21 Abs. 1 WpHG) stark eingeschränkt.[165] Das spricht aber von der Wertung her weniger für eine praktisch schrankenlose Gewährung des Auskunftsrechtes, sondern eher dafür, die Anonymität (nur) in solchen Fällen einzuschränken, in denen nennenswerte Belange des Einzelnen oder der Allgemeinheit dies erforderlich machen.

Folgerichtig ist daher, das Auskunftsrecht des mittelbar beteiligten Gesellschafters über die Identität seiner Mitanleger davon abhängig zu machen, dass dieser ein konkretes berechtigtes Interesse hieran glaubhaft machen kann.[166]

Das kann etwa der Fall sein, wenn der Gesellschafter erst durch diese Kenntnis in die Lage versetzt wird, seine Mitgliedschaftsrechte – etwa zur Vorbereitung einer Beschlussfassung – informiert auszuüben. In der Sanierungssituation dürften für die Glaubhaftmachung die oben (siehe 2.5.3.1) genannten Erwägungen regelmäßig ausreichend sein.

---

162 Die Vorschrift galt bis zum Inkrafttreten des NaStraG (amtlich: Gesetz zur Namensaktie und zur Erleichterung der Stimmrechtsausübung vom 18.01.2001, BGBl. I 2001, S. 123) am 25.01.2001.

163 Siehe hierzu MüKo AktG/*Bayer* § 67 Rn. 6 ff.

164 Vgl. BGH NJW 2011, 921, 923.

165 So BGH NJW 2013, 2190, 2193.

166 Im Ergebnis ebenso MüKo BGB/*Schäfer* § 716 Rn. 12c.

2.5.3.4 *Datenschutzrecht*

Eine solche Handhabung des Auskunftsrechtes hat auch den Vorteil, dass sie sich weitgehend mit den geltenden Vorschriften des Datenschutzrechtes deckt. So fordert auch § 28 Abs. 2 Nr. 2 a) BDSG für die Übermittlung personenbezogener Daten, dass dies zur Wahrung berechtigter Interessen eines Dritten erforderlich ist und kein Grund zu der Annahme besteht, dass der Betroffene ein schutzwürdiges Interesse an dem Ausschluss der Übermittlung oder Nutzung hat.[167]

Hinsichtlich der - sicherlich realen - Gefahr, dass Anleger-Anwälte die gewonnenen Datensätze zu Akquisezwecken nutzen, verweist der BGH zu Recht auf die standesrechtlichen Regeln für Rechtsanwälte.[168] Dieses Problem ist nicht auf der Ebene des Gesellschaftsrechts zu lösen.

---

167 Ähnlich MüKo BGB/*Schäfer* § 716 Rn. 12c, der allerdings eine Parallele zu § 28 Abs. 1 S. 1 Nr. 1 BDSG zieht. Das ist insofern fragwürdig, als diese Vorschrift nur die Datenübermittlung für die Erfüllung eigener Geschäftszwecke regelt und auch als deutlich niedrigere Hürde nur die Erforderlichkeit für die Durchführung oder Beendigung eines rechtsgeschäftlichen oder rechtsgeschäftsähnlichen Schuldverhältnisses mit dem Betroffenen vorsieht.

168 Vgl. BGH NJW 2013, 2190, 2195; siehe auch *Wertenbruch*, in: Ebenroth/Boujong/Joost/Strohn, HGB, § 105 Rn. 160.

3. Eigenkapitalmaßnahmen zur Sanierung

Die Zufuhr frischen Kapitals bildet das Kernstück einer Unternehmenssanierung. Wie oben festgestellt wurde, gilt dies bei Fondsgesellschaften in gesteigertem Maße, da diesen viele andere Sanierungsmethoden faktisch verwehrt bleiben (siehe oben 1.3.2, S. 41 ff). Auch sind die flankierenden Sanierungsmaßnahmen in der Regel zum Scheitern verurteilt, wenn der angestrebte geschäftliche Neustart nicht durch Deckung des (kurzfristigen) Kapitalbedarfs auf ein sicheres Fundament gestellt wird. Am zweckmäßigsten und nachhaltigsten sind naturgemäß solche Beiträge, die der Gesellschaft dauerhaft zur Verfügung gestellt werden und in deren Vermögen übergehen, da die Gesellschaft so nicht zusätzlich mit Zins- und Tilgungsverpflichtungen belastet wird.[169]

3.1 Rückforderung von „Ausschüttungen"

3.1.1 Allgemeines

Bei geschlossenen Fonds ist es seit jeher üblich, dass im Gesellschaftsvertrag von Beginn an regelmäßige und gewinnunabhängige „Ausschüttungen" an die Gesellschafter vorgenommen werden. Durch versprochene Auszahlungen in Höhe von jährlich 6% oder mehr der ursprünglichen Einlage soll in der Werbung das gegenüber anderen Anlageformen hohe Renditepotenzial solcher Fonds hervorgehoben werden.

Solche Substanzausschüttungen zehren erheblich an der Kapitalbasis des Fonds. Gerade in Krisenzeiten stellen die Ansprüche der Gesellschafter die Fonds vor existentielle Schwierigkeiten, da sie sich die hohen festgeschriebenen Auszahlungen schlicht nicht leisten können. Wesentlicher Bestandteil eines Sanierungskonzeptes ist daher nicht nur die Aussetzung dieser Ausschüttungen für die Zukunft, sondern nach Möglichkeit auch die Rückforderung in der Vergangenheit bereits erfolgter Auszahlungen.[170]

169 Grundlegend zur herausgehobenen Bedeutung der sanierenden Kapitalerhöhung *K. Schmidt*, ZGR 1982, 519; vgl. auch *Eberhard*, in: Prinz/Hoffmann, BeckHdb PersGes, § 11 Rn. 54.

170 Vgl. auch *Lux*, NZG 2013, 1017.

3.1.2 Rechtliche Einordnung

Mit dem handelsrechtlichen Begriff der Ausschüttung haben diese Zahlungen allerdings nichts zu tun. Hier benennt der Begriff der „Ausschüttung" regelmäßig Auszahlungen aus dem Gewinn,[171] wohingegen gewinnunabhängige Auszahlungen als Entnahme bezeichnet werden.[172] Persönlich haftende Gesellschafter haben nach dem gesetzlichen Leitbild ein solches gewinnunabhängiges Entnahmerecht (§ 122 HGB), Kommanditisten dagegen nicht (§ 169 Abs. 1 HGB). Die Regelung des § 169 HGB ist allerdings dispositiv (§ 163 HGB), weswegen durch gesellschaftsvertragliche Regelung von dem gesetzlichen Leitbild abgewichen werden kann. Im Innenverhältnis können daher Ansprüche auf gewinnunabhängige Leistungen der Gesellschaft wirksam vereinbart werden.

Es handelt sich bei den vertraglich regelmäßig vorgesehenen Auszahlungen also um Entnahmen, in Abgrenzung zu tatsächlichen Gewinnausschüttungen auch häufig als „Substanzausschüttungen" bezeichnet. Dieser Eingriff in das Gesellschaftskapital ist deswegen unproblematisch, weil es (auch für Publikumsgesellschaften) kein gesetzliches Kapitalerhaltungsgebot gibt, aus dem sich ein Verbot der Einlagenrückgewähr ergeben könnte. Der Schutz der Gläubiger wird vielmehr dadurch sichergestellt, dass bei Rückgewähr der im Handelsregister eingetragenen (Haft-)Einlage[173] des Kommanditisten nach § 172 Abs. 4 HGB dessen Haftung insoweit wieder auflebt.[174] Daran ändert auch die Ausnahmevorschrift des § 172 Abs. 5 HGB nichts. Diese dem Schutz des Zahlungsempfängers dienende Norm erfasst nämlich nur den guten Glauben an bilanziell ausgewiesene „Scheingewinne" und ist daher auf Substanzausschüttungen nicht anwendbar.[175]

3.1.3 Aussetzen zukünftiger Ausschüttungen

Um die Gesellschaft nach dem Feststellen einer krisenhaften Entwicklung wieder zu stabilisieren, müssen unnötige Ausgaben für die Zukunft verhindert werden.

---

171 Der BGH beruft sich insoweit auf die Verwendung des Begriffs in § 268 Abs. 8 HGB, vgl. BGH NJW 2013, 2278, 2280.

172 Vgl. *Wagner*, DStR 2008, 563, 564; Baumbach/Hopt HGB/*Roth* § 122 Rn. 1 ff.

173 In der Praxis ist häufig die Kommanditeinlage des Kommanditisten betragsmäßig höher als seine im Handelsregister eingetragene Hafteinlage. Haftungsrechtlich relevant ist nur letztere; bis zum Betrag der Hafteinlage bleibt eine Rückgewähr der Kommanditeinlage – jedenfalls im Außenverhältnis – folgenlos.

174 Vgl. hierzu Immobilien Zeitung 35/2012 vom 30.08.2012, S. 15, „Haftungsalptraum für Anleger".

175 Vgl. MüKo HGB/*K. Schmidt* § 172 Rn. 84.

Naheliegender Ansatzpunkt dafür sind selbstverständlich die gewinnunabhängigen Ausschüttungen an die Anleger, die fortlaufend an der Kapitalbasis des Fonds zehren. Mindestens ebenso bedeutsam für die Aussichten eines Sanierungskonzeptes wie die Rückforderung bereits erfolgter Zahlungen ist daher das Aussetzen zukünftiger Ausschüttungen.

3.1.3.1 Aussetzen aufgrund gesellschaftsvertraglicher Vereinbarung

Die Ausschüttungen erfolgen – wie oben dargestellt – aufgrund gesellschaftsvertraglicher Vereinbarungen. Im Gesellschaftsvertrag wird den Anlegern ein Anspruch auf ihre regelmäßigen Ausschüttungen gewährt. Daher liegt der grundsätzliche Maßstab für das Aussetzen dieser Ausschüttungen ebenfalls in den für das Innenverhältnis vertraglich niedergelegten Grundsätzen.

Enthält der Gesellschaftsvertrag – wie es vor allem bei jüngeren Verträgen nicht unüblich ist – eine Klausel, die es erlaubt, in wirtschaftlichen Krisenzeiten die Ausschüttungen auszusetzen, so ist das auf dieser Basis ohne Weiteres möglich. Allerdings ist zu beachten, dass Gesellschaftsverträge von Publikumsgesellschaften in Anlehnung an die Behandlung von allgemeinen Geschäftsbedingungen objektiv nach dem Empfängerhorizont auszulegen sind und Zweifel über uneindeutige Formulierungen zu Lasten des Verwenders – in diesem Fall der Gesellschaft – gehen.[176] Daher muss eine solche Regelung aus Gründen des Anlegerschutzes klar und unzweifelhaft formuliert sein.

Fehlt eine konkrete Vertragsklausel, so wird etwa die Argumentation des Fonds, das Ausschüttungsrechts sei in Krisenzeiten nach dem Gesamtzusammenhang des Vertrages und im Interesse der Gesellschaft unanwendbar, nicht verfangen.

3.1.3.2 Aussetzen wegen Treupflicht

Enthält der Gesellschaftsvertrag keine solche Klausel, so muss die Gesellschaft versuchen, die Verweigerung weiterer Ausschüttungen auf eine objektiv-rechtliche Grundlage zu stellen. Als solche kommt die Treupflicht der Gesellschafter gegenüber der Gesellschaft in Betracht. Danach sind die Gesellschafter gehalten, ihre Rechte nicht ausschließlich eigennützig geltend zu machen sondern auch Rücksicht auf die Belange der Gesellschaft zu nehmen.

So hat der BGH hinsichtlich der Ausschüttungsinteressen des Gesellschafters festgestellt, dass diese nicht in dessen völligem Belieben stehen, sondern

---

176 Vgl. MüKo HGB/*Grunewald* § 161 Rn. 115 ff.

gegenüber den „Bedürfnissen der Selbstfinanzierung und Zukunftssicherung der Gesellschaft abzuwägen" sind.[177] Daraus ergibt sich freilich kein allgemeiner Vorrang der Thesaurierung vor der Ausschüttung. Vielmehr spricht der BGH davon, dass das Ausschüttungs- bzw. Entnahmerecht nur dann aufgrund der Treupflicht eingeschränkt werden, wenn dies erforderlich ist, um das Unternehmen für die Zukunft „lebens- und widerstandsfähig" zu erhalten.[178] Aus ähnlichen Erwägungen wird mitunter bei OHG/GbR-Fonds die Geltendmachung des Regressanspruchs nach § 110 HGB für von Anlegern aufgrund der unmittelbaren Außenhaftung (§ 128 HGB) geleistete Beträge suspendiert.[179]

Dabei ist auch das Interesse des Anlagegesellschafters an der Ausschüttung mit einigem Gewicht in die Abwägung einzustellen. Gerade ein vertraglich verankerter Auszahlungsanspruch kann nur dann aufgrund der Treupflicht ausgesetzt werden, wenn sich die Gesellschaft in akuter Insolvenzgefahr befindet. Dass gewinnunabhängige Ausschüttungen nicht dem gesetzlichen Leitbild (siehe oben 3.1.1, S. 75) entsprechen, ändert daran nichts.[180] Maßgeblich im Verhältnis zwischen Gesellschafter und Gesellschaft ist schließlich gerade nicht das dispositive Gesetzesrecht, sondern der konkrete Gesellschaftsvertrag. Die Anleger dürfen berechtigt darauf vertrauen, dass diese Grundfesten der Gesellschaft nicht schon bei Krisenanzeichen oder aus allgemeinen Wirtschaftlichkeitserwägungen erschüttert werden.

Hier spielt auch das Belastungsverbot des § 707 BGB eine Rolle, da Pflichtenerweiterung (Rückzahlung) und Rechtsverkürzung (Aussetzen der Zahlungen) im wirtschaftlichen Ergebnis für den Anleger einander grundsätzlich entsprechen. Allerdings soll der Gesellschafter nach diesem Grundsatz insbesondere vor unerwarteten und unabsehbaren Zusatzbelastungen geschützt werden. Dieser Aspekt ist bei der Aussetzung von Zahlungen für die Zukunft deutlich weniger relevant als bei Rückforderung bereits erfolgter Zahlungen (siehe hierzu sogleich eingehend 3.1.4.2, S. 84 ff). Schließlich ist es ein bei jeder am Wirtschaftsleben teilnehmenden Gesellschaft erwartbares und natürliches Risiko, dass diese aufgrund wirtschaftlicher Schwierigkeiten keine Gewinnausschüttungen mehr vornehmen

177 Vgl. BGH NJW 1996, 1678, 1681.

178 Vgl. BGH NJW 1996, 1678, 1681.

179 So LG Berlin, Urteil vom 27.06.2012, Az. 13 O 321/11, BeckRS 2014, 07983; vgl. insgesamt zur ähnlich gelagerten Problematik der Einschränkungen des Regressanspruchs im Rahmen der Sanierung von OHG/GbR-Fonds *Neumann*, NZG 2014, 730, 733 ff.

180 AA *Dubois/Schmiegel*, NZI 2013, 913, 916, welche die Aussetzung von Zahlungen wohl insgesamt großzügiger behandeln wollen.

kann, wohingegen eine Rückforderung längst ausgezahlter Ausschüttungen tatsächlich unabsehbar ist.

Obendrein wird eine Gesellschaft, die kurz vor dem finanziellen Zusammenbruch steht, die geschuldeten Ausschüttungen in den seltensten Fällen tatsächlich aus erzielten Gewinnen bestreiten können. Daher ist in der Abwägung auch zugunsten einer Aussetzung der Zahlungen zu berücksichtigen, wenn es sich um eine Substanzausschüttung[181] handeln würde, die eine Haftung nach § 172 Abs. 4 HGB verursacht oder vertieft.[182]

Folglich ist ein Aussetzen der Zahlungen auch vor dem Hintergrund des Belastungsverbotes in den genannten Notsituationen mit der Treupflicht zu rechtfertigen.

Davon zu trennen ist die Frage, ob der einzelne Gesellschafter möglicherweise ebenfalls aufgrund der Treupflicht gehalten ist, eine mehrheitliche Vertragsänderung zu dulden, die im Rahmen eines Sanierungsprogramms die Privilegien der Gesellschafter beschneidet (siehe hierzu eingehend unten 3.2.4, S. 110 ff).[183]

3.1.3.3 Aussetzen wegen Pflichtenkollision der Geschäftsführer

Durch das MoMiG[184] wurde für solche Personenhandelsgesellschaften, bei denen kein persönlich haftender Gesellschafter eine natürliche Person ist, ein neuartiger Haftungstatbestand eingeführt. Aus den §§ 130a Abs. 1 S. 3, Abs. 2 S. 1,[185] 177a S. 1 HGB ergibt sich für Kommanditgesellschaften in Form der GmbH & Co. KG eine so genannte Insolvenzverursachungshaftung für die Geschäftsführer der Gesellschaft. Sanktioniert werden – genau wie bei den Parallelvorschriften des Kapitalgesellschaftsrechts in § 64 S. 3 GmbHG und § 92 Abs. 2 S. 3 AktG – Zahlungen an die Gesellschafter, die zur „Zahlungsunfähigkeit der Gesellschaft führen mussten“, sofern diese nicht mit der Sorgfalt eines ordentlichen und gewissenhaften Geschäftsführers vereinbar waren (§ 130a Abs. 1 S. 2 HGB). Haftungsadressaten sind die Geschäftsführer, bei der Fonds-GmbH & Co. KG mithin die Geschäftsführer der Komplementär-GmbH.[186]

181 Siehe hierzu oben 3.1.1., S. 75.

182 So schon BGH NJW 1985, 972, 973.

183 Vgl. BGH NJW-RR 1989, 993, 994 f.

184 Amtlich: Gesetz zur Modernisierung des GmbH-Rechts und zur Bekämpfung von Missbräuchen vom 23. Oktober 2008, BGBl. I S. 2026.

185 Bei dem Verweis auf „Absatz 2“ in § 130a Abs. 2 S. 1 HGB handelt es sich um ein redaktionelles Versehen; gemeint ist Absatz 1, vgl. Baumbach/Hopt HGB/*Roth* § 130a Rn. 9.

186 Vgl. MüKo HGB/*K. Schmidt* § 130a Rn. 28.

Würde die Auszahlung der Garantieausschüttungen den Haftungstatbestand erfüllen, könnte sich die Gesellschaft zur Verweigerung auf die Pflichtenkollision ihrer Geschäftsführer berufen.[187]

Diese Insolvenzverursachungshaftung dient dem Liquiditätsschutz und soll die Masse bereits im Vorfeld der Insolvenz schützen.[188] Komplex und im Einzelnen umstritten ist der Zahlungsbegriff des § 130a Abs. 1 S. 3 HGB (bzw. des insofern weitgehend inhaltsgleichen § 64 S. 3 GmbHG). Probleme bereitet insbesondere die Frage, ob Zahlungen auf fällige Gesellschafterforderungen haftungsauslösend sein können. Für die Frage der Zahlungsunfähigkeit bzw. deren Auslösung kommt es schließlich auf den Liquiditätsstatus der Gesellschaft an, in den auch fällige Verbindlichkeiten einzustellen sind. Die Erfüllung einer fälligen Verbindlichkeit ändert an diesem Liquiditätsstatus nichts, da zwar auf der Aktivseite Barmittel abfließen, gleichzeitig die Verbindlichkeit auf der Passivseite aber verschwindet. Dadurch wird der Anwendungsbereich der Haftungsnorm erheblich eingeschränkt.

Daher wird in der Literatur teilweise vorgeschlagen, Verbindlichkeiten gegenüber Gesellschaftern aus dem Liquiditätsstatus auszuklammern.[189] Der BGH hat das zu Recht abgelehnt.[190] Anders als behauptet läuft der Anwendungsbereich der Norm dadurch nicht völlig ins Leere.[191] Als Anwendungsfälle verbleiben Zahlungen, auf die kein Rechtsanspruch besteht sowie solche Zahlungen, die eine unwesentliche Deckungslücke (unterhalb der 10%-Schwelle) im Ergebnis vertiefen und somit zum Eintritt der Zahlungsunfähigkeit führen.[192] Außerdem kann eine Nichtberücksichtigung der Gesellschafterverbindlichkeiten zu einer

---

187 Vgl. *Dubois/Schmiegel*, NZI 2013, 913, 915.

188 Vgl. RegE-MoMiG, BT-Drs. 16/6140, S. 51; Staub HGB/*Habersack* § 130a Rn. 2.

189 Vgl. *Dahl/Schmitz*, NZG 2009, 567, 569 f; *Dubois/Schmiegel*, NZI 2013, 913, 915; *Kleindiek*, GWR 2010, 75; *Spliedt*, ZIP 2009, 149, 159 f; *Utsch/Utsch*, ZInsO 2009, 2271, 2274; MüKo GmbHG/*Müller* § 64 Rn. 167; Scholz GmbHG/*K. Schmidt* § 64 Rn. 77; wohl auch LG Berlin GmbHR 2010, 201.

190 BGH DStR 2012, 2608 Rn. 9 ff; im Ergebnis ebenso *Haas/Kolmann/Pauw*, in: Gottwald, Insolvenzrechts-Handbuch, § 92 Rn. 378; *Kolmann*, in: Saenger/Inhester, GmbHG, § 64 Rn. 90; *Altmeppen*, in: Roth/Altmeppen, GmbHG, § 64 Rn. 73; *Desch*, BB 2010, 2586, 2587 f; *Niesert/Hohler*, NZI 2009, 345, 351; *Winstel/Skauradszun*, GmbHR 2011, 185, 187; *Strohn*, NZG 2011, 1161, 1168 (alle zur Parallelnorm § 64 S. 3 GmbHG).

191 *Haas/Kolmann/Pauw*, in: Gottwald, Insolvenzrechts-Handbuch, § 92 Rn. 378 ff.

192 Vgl. *Strohn*, NZG 2011, 1161, 1168 f.

Verzögerung der Insolvenzantragstellung führen, was aus Sicht der Gläubiger nachteilig ist.[193]

Eine Verweigerung der Zahlung unter Berufung auf eine drohende Pflichtenkollision käme daher nur dann in Betracht, wenn feststeht, dass die Zahlung nicht fällig ist oder der Anspruch aufgrund gesellschaftsvertraglicher Regelung oder Treupflicht gar nicht besteht. In diesen Fällen kann die Gesellschaft sich aber auf den jeweiligen Umstand selbst berufen und muss nicht den „Umweg" über die Pflichtenkollision gehen. Dieser Begründungsansatz ist daher für die Praxis irrelevant.[194]

3.1.3.4 Aussetzen wegen § 30 Abs. 1 S. 1 GmbHG analog

Die GmbH-rechtlichen Kapitalerhaltungsvorschriften sind auf die Fonds-KG analog anwendbar (siehe hierzu ausführlich unten 3.1.4.3, S. 92 ff). Daraus ergibt sich unter den dort genannten Voraussetzungen auch ein Auszahlungsverbot gemäß § 30 Abs. 1 S. 1 GmbHG analog, auf das die Gesellschaft sich gegenüber den Anlegern berufen kann.[195]

3.1.4 Rückforderung bereits erfolgter Ausschüttungen

Die Sanierungspraxis der letzten Jahre hat gezeigt, dass das Gelingen einer Sanierung bzw. schon das Zustandekommen eines Sanierungsvereinbarung mit den Gläubigern oftmals entscheidend daran hängt, ob die Gesellschafter (auch gegen ihren Willen) im Wege der Rückforderung von Substanzausschüttungen an den Sanierungsbemühungen beteiligt werden können.

3.1.4.1 Rückforderung aufgrund gesellschaftsvertraglicher Vereinbarung

3.1.4.1.1 Explizite Rückforderungsklausel

Wie oben bereits angesprochen gibt es im eigentlichen Sinne kein Kapitalerhaltungsrecht in der Kommanditgesellschaft. Abgesehen von der wiederauflebenden Außenhaftung gemäß § 172 Abs. 4 HGB bleiben Substanzausschüttungen folgenlos. Eine Erstattungspflicht gegenüber der Gesellschaft, wie sie das GmbH-Recht in §§ 31 Abs. 1, 30 GmbHG vorsieht, kennt das Recht der Kommanditgesellschaft

193 Vgl. *Desch*, BB 2010, 2586, 2287.

194 AA *Dubois/Schmiegel*, NZI 2013, 913, 915.

195 So auch *Dubois/Schmiegel*, NZI 2013, 913, 917.

grundsätzlich nicht (siehe aber zur analogen Anwendung der §§ 30, 31 GmbHG auf die GmbH & Co. KG unten 3.1.4.3, S. 92 ff).[196]

Unstreitig möglich ist eine Rückforderung allerdings dann, wenn der Gesellschaftsvertrag eine unmissverständliche und klare Klausel enthält, die der Gesellschaft Zugriff auf bereits erfolgte Ausschüttungen gewährt. In der Praxis kommt das allerdings faktisch nicht vor. Eine entsprechend eindeutige und korrekt prospektierte Pflicht dieser Art wäre wohl auch für potentielle Anleger zu abschreckend und würde die Vermarktung des Produktes erheblich erschweren.

3.1.4.1.2 Verbuchung auf „Darlehenskonto“

Häufig praktiziert wurden in der Vergangenheit gesellschaftsvertragliche Regelungen, die zwar keine Rückzahlungspflicht im Krisenfall vorsahen, aber wonach die Garantieausschüttungen auf einem so genannten „Darlehenskonto“ verbucht und mitunter auch als „Darlehensverbindlichkeiten“ bezeichnet wurden.

Regelmäßig wollten Fondsbetreiber diese Klausel dahingehend verstanden wissen, dass es sich bei den Ausschüttungen nur um die Gewährung eines Darlehens an den Gesellschafter handelt, das mit der dreimonatigen Frist des § 488 Abs. 3 S. 2 BGB ohne Vorliegen spezieller Gründe kündbar ist und somit eine Rückforderung der verbuchten Beträge möglich macht. Mit dieser Argumentation sind Fondsbetreiber über einige Jahre hinweg vor mehreren Obergerichten durchgedrungen und konnten auf diesem Wege Anleger gegen deren Willen an Sanierungsbemühungen beteiligen.[197]

3.1.4.1.2.1 Rechtsprechung des BGH

Der BGH hat dieser Praxis jedoch in zwei Urteilen einen Riegel vorgeschoben.[198] Die Entscheidungen beruhen auf der Auslegung des Gesellschaftsvertrages, die bei Publikumsgesellschaften nach dem objektiven Empfängerhorizont zu erfolgen hat.

---

196 Vgl. BGH WM 1977, 1446, 1447; 1978, 1228, 1229 f; ZIP 2005, 1552, 1553; NJW 2013, 2278, 2279.

197 Vgl. zu dieser Praxis Handelsblatt vom 18.11.2010, „Schiffsfondsanbieter verprellt die Anleger“, abrufbar unter http://www.handelsblatt.com/finanzen/fonds/nachrichten/emissionshaus-dr-peters-schiffsfondsanbieter-verprellt-die-anleger/3642408.html ; laut Presseberichten sind die Oberlandesgerichte Hamm, Celle und München dieser Argumentation in rund 40 Fällen gefolgt, vgl. Stiftung Warentest vom 13.03.2013, „Schiffsfonds: Rückforderungen nicht immer zulässig“, abrufbar unter http://www.test.de/Schiffsfonds-Rueckforderungen-nicht-immer-zulaessig-4518805-0/ .

198 BGH, Urteile vom 12. März 2013, Az. II ZR 73/11 und II ZR 74/11; ersteres veröffentlicht in NJW 2013, 2278; bestätigt durch BGH ZIP 2016, 518, Rn. 12 ff.

Für den Anleger sei aus der Wahl der Formulierung keinesfalls ersichtlich, dass die angepriesenen Garantieausschüttungen unter einem voraussetzungsfreien Rückforderungsvorbehalt stehen sollen. Der Begriff des Darlehenskontos sei ohnehin schon uneindeutig, da die Gesellschafterkonten gesetzlich nicht geregelt seien und bei Personengesellschaften häufig Darlehenskonten der Gesellschafter geführt werden, bei denen nicht der Gesellschafter, sondern die Gesellschaft Darlehensnehmerin ist. Da Gesellschaftsverträge von Publikumsgesellschaften – unabhängig von der Bereichsausnahme des § 310 Abs. 4 BGB – nach der Rechtsprechung des BGH einer AGB-ähnlichen Auslegung und Inhaltskontrolle unterliegen,[199] gehen solche Zweifel und Uneindeutigkeiten in Anlehnung an § 305c Abs. 2 BGB zu Lasten des Verwenders, also des Fonds.[200]

3.1.4.1.2.2 Stellungnahme

Diese Rechtsprechung des BGH überzeugt. Der bislang häufig verfolgte Ansatz, allein die Bezeichnung als „Darlehenskonto“ als Grundlage für die Rückforderung von Garantieausschüttungen zu verwenden, ist schon nach allgemeinen Auslegungskriterien zumindest zweifelhaft. Vor dem Hintergrund des Anlegerschutzes und der sich daraus ergebenden Besonderheiten bei der Auslegung des Gesellschaftsvertrages ist die ablehnende Haltung des BGH folgerichtig.

Ob die Anleger sich im Einzelfall jedoch einen Gefallen damit tun, die Rückforderungen abzuwehren und damit ein etwaiges Sanierungskonzept zu Fall zu bringen, ist allerdings fraglich. Schließlich ist die (regelmäßig) parallel wieder auflebende Außenhaftung[201] gemäß § 172 Abs. 4 HGB ohnehin unvermeidbar. Für den Anleger ist das Geld dann unwiederbringlich verloren. Denn anders als bei der Rückzahlung im Rahmen eines tauglichen Sanierungskonzeptes (das obendrein typischerweise auch Zugeständnisse der Gläubiger beinhaltet) besteht dann für den Anleger nicht einmal mehr die Chance einer wirtschaftlichen Gesundung der Gesellschaft und einer entsprechenden Rückkehr der Investition in die Gewinnzone.[202]

---

199 Vgl. BGH ZIP 2001, 243, 244; 2004, 2095, 2097 f; ZIP 2012, 117; 2012, 1342.

200 BGH NJW 2013, 2278, 2279 f.; ZIP 2016, 518, Rn. 12 ff.

201 Anders dann, wenn die im Handelsregister eingetragene Hafteinlage geringer ist als die Kommanditeinlage insgesamt und diese auch durch die Substanzausschüttungen nicht berührt wird.

202 Ähnlich *Lux*, NZG 2013, 1017, 1020; *Priester*, DStR 2013, 1786, 1790, die beide von einem „Pyrrhus-Sieg“ der Anleger sprechen.

3.1.4.1.3 Einschränkung durch § 152 Abs. 3 S. 1 KAGB

Das neue Kapitalanlagegesetzbuch KAGB gilt für alle geschlossenen Fonds, die ab dem 22.07.2013 neu aufgelegt wurden oder (wesentliche) Neuanlagen getätigt haben (siehe hierzu oben 2.4, S. 64). § 152 Abs. 3 S. 1 KAGB ordnet für diese Gesellschaften an, dass der Anspruch der Gesellschaft gegen einen Kommanditisten auf Leistung der Einlage erlischt, sobald er seine Kommanditeinlage erbracht hat.

Fraglich ist, was der Gesetzgeber damit meint. Der Grundsatz, dass Ansprüche durch Leistung erlöschen, ergibt sich schon aus § 362 Abs. 1 BGB und bedarf eigentlich keiner expliziten Erwähnung. Ihren Sinn bekommt die Regelung erst durch § 152 Abs. 3 S. 5 KAGB, der sich wohl nicht nur auf S. 4, sondern auf den gesamten Absatz bezieht und bestimmt, dass entgegenstehende Vereinbarungen unwirksam sind. Somit ist § 152 Abs. 3 KAGB offensichtlich im Sinne einer Auflistung von Einschränkungen für die Gestaltungsfreiheit bei Gesellschaftsverträgen der erfassten Gesellschaften zu verstehen.

Diese Regelung könnte dahingehend verstanden werden, dass entgegen der bisherigen Rechtslage (siehe oben 3.1.4.1, S. 81) die Rückforderung von Substanzausschüttungen auch vertraglich nicht mehr wirksam geregelt werden kann. Dagegen spricht allerdings, dass § 152 Abs. 3 KAGB insgesamt vom Gesetzgeber nur dazu bestimmt war, echte Nachschusspflichten – also Leistungspflichten über die ursprüngliche Einlage hinaus – zu verhindern. Den Problemkreis zurückgewährter Einlagen sollte demgegenüber § 152 Abs. 2 KAGB behandeln.[203] Dieser verbietet Substanzausschüttungen nicht gänzlich, sondern verlangt lediglich vor deren Durchführung eine explizite Aufklärung und Zustimmung des Kommanditisten.[204]

Daher sprechen gute Gründe dafür, dass § 152 Abs. 3 KAGB der Wirksamkeit einer vertraglichen Rückforderungsklausel, welche die oben (unter 3.1.4.1.1, S. 81) genannten Kriterien erfüllt, nicht entgegensteht.[205]

3.1.4.2 Rückforderung wegen Treupflicht

In Ermangelung einer entsprechenden gesellschaftsvertraglichen Klausel kommt auch eine Rückforderung ausgezahlter Liquiditätsausschüttungen aufgrund der Treupflicht des Gesellschafters in Betracht.

---

203 Vgl. Regierungsentwurf des AIFM-Umsetzungsgesetzes (AIFM-UmsG), BT-Drucks. 17/12294, S. 250.

204 Allerdings bleibt wiederum unklar, ob bei Ausschüttungsklauseln im ursprünglichen Gesellschaftsvertrag die Aufklärung durch den Prospekt und die Zustimmung durch den Beitritt erfolgen kann oder ob tatsächlich ein Zwischenschritt notwendig ist.

205 Im Ergebnis ähnlich, allerdings ohne Begründung, *Wallach*, ZGR 2014, 289, 316.

3.1.4.2.1 Treupflicht und Sanierung

Diese Treupflicht besteht sowohl gegenüber der Gesellschaft als auch gegenüber den Mitgesellschaftern und gebietet es, eigene Rechte nicht schrankenlos, sondern nur mit Rücksicht auf die Belange der Genannten wahrzunehmen. Die gesellschaftsrechtliche Treupflicht der Gesellschafter untereinander wirkt in zwei Richtungen: Es wird nicht nur die Minderheit vor übervorteilenden Entscheidungen der Mehrheit geschützt,[206] sondern auch die Mehrheit der Gesellschafter vor der eigennützigen Obstruktion objektiv sinnvoller Maßnahmen durch die Minderheit.[207] Die mitgliedschaftliche Treuepflicht gehört zum gesicherten Grundbestand gesellschaftsrechtlicher Dogmatik und geht – ohne dass eine gesonderte Vereinbarung notwendig wäre – als solche aus der Mitgliedschaft selbst hervor. Daher ist sie auch grundsätzlich nicht gesellschaftsvertraglich abdingbar.[208]

In Bezug auf Sanierungssituationen ist dabei zu berücksichtigen, dass die Gesellschaft als solche ihren Gesellschaftern gegenüber keinen Bestandsschutz genießt. Hinsichtlich der Sanierungsentscheidung des einzelnen Gesellschafters kann sich die Treupflicht also nur insoweit auswirken, dass der sanierungsunwillige Gesellschafter in seinen Entscheidungen Rücksicht auf die Interessen seiner (ggf. sogar mehrheitlich sanierungswilligen) Mitgesellschafter nehmen muss. Ein treupflichtrelevantes Eigeninteresse der Gesellschaft an ihrem Fortbestand gibt es dagegen grundsätzlich nicht.[209]

Dennoch kann der einzelne Gesellschafter aufgrund der Treupflicht gegenüber seinen Mitgesellschaftern gehalten sein, am Erhalt der Gesellschaft mitzuwirken. Maßgebender Gesichtspunkt ist insoweit die Treupflicht gegenüber den Mitgesellschaftern hinsichtlich des Erhalts der gemeinsam geschaffenen, in der Gesellschaft verkörperten Werte.

Somit ist eine Verpflichtung zur Rückzahlung erhaltener Ausschüttungen aufgrund von Treupflichtgesichtspunkten grundsätzlich denkbar.

---

206 Vgl. *Zöllner*, Die Schranken mitgliedschaftlicher Stimmrechtsmacht bei den privatrechtlichen Personenverbänden, S. 335 ff; BGH NJW 1988, 1579 („Linotype").

207 Für das Aktienrecht grundlegend BGH NJW 1995, 1739 („Girmes").

208 So auch *Fleischer/Harzmeier* NZG 2015, 1289, die allerdings den vertraglichen Ausschluss bestimmter Konkretisierungen der Treupflicht für denkbar halten.

209 H.M., vgl. BGH NJW 1995, 1739, 1743; *Hennrichs*, AcP 195 (1995), 221, 260; *Henze*, ZHR 162 (1998), 186, 192; *Timm*, WM 1991, 481, 484; so wohl auch *Schäfer*, in: FS Hommelhoff, S. 939, 948, jeweils mit weiteren Nachweisen; aA *Lutter*, ZHR 153 (1989), 446, 468.

3.1.4.2.2 Entgegenstehen des Belastungsverbotes / § 707 BGB

Eine unfreiwillige und nicht im Gesellschaftsvertrag vorgesehene Rückzahlung von Substanzausschüttungen widerspricht jedoch dem allgemeinen Grundsatz des Belastungsverbotes des § 707 BGB. Dieser verbietet es zum Schutz der Gesellschafter vor unerwarteten Belastungen, diesen Nachschussverpflichtungen aufzuerlegen. Eine – anderweitig nicht geschuldete – Rückzahlung ausgeschütteter Gelder wäre schließlich im Endeffekt nichts anderes als ein solcher Nachschuss.[210]

3.1.4.2.3 Überlagerung des § 707 BGB durch die Treupflicht

In Rechtsprechung[211] und Literatur[212] ist dem Grunde nach anerkannt, dass das Belastungsverbot bzw. § 707 BGB punktuell von der Treuepflicht überlagert werden können.

Hieran sind allerdings besonders hohe Anforderungen zu stellen. Der BGH hat speziell im Hinblick auf Publikums-Personengesellschaften mehrfach ausgesprochen, dass eine aus der Treuepflicht abgeleitete Verpflichtung zur Beitragserhöhung zwar strukturell denkbar ist, aber hohen Hürden unterliegt. Der BGH fordert insoweit das Vorliegen „besonderer Umstände".[213] Solche Umstände können vorliegen, wenn die Maßnahme – hier also: die Rückzahlung – „im Interesse der Gesellschaft [...] geboten und [dem Gesellschafter] unter Berücksichtigung seiner eigenen schutzwürdigen Belange zumutbar ist".[214] Der BGH selbst hat dies bislang nur insofern weiter konkretisiert, als weder die drohende Außenhaftung des Gesellschafters noch der Sanierungsbedarf der Gesellschaft für sich genommen einen solchen besonderen Umstand darstellen.[215]

Der von § 707 BGB abgedeckte schutzwürdige Belang des Gesellschafters ist das Interesse, vor wirtschaftlichen Zusatzbelastungen geschützt zu werden.[216] Vor dem Hintergrund des in einer Sanierungssituation drohenden Zusammenbruchs der

---

210 Vgl. zum Begriff des Nachschusses auch *Priester*, DStR 2013, 1786, 1789 sowie unten 3.2.2.2, 107.

211 BGH NJW-RR 2005, 1347, 1348; 2006, 827, Rn. 24 f; 2006, 829, Rn. 24 f; 2009, 1666, Rn. 10 ff; OLG Stuttgart DB 2010, 1058, 1060.

212 *Nentwig*, WM 2011, 2168, 2173 f; *Armbrüster*, ZGR 2009, 1, 21; MüKo BGB/*Schäfer* § 707 Rn. 1; *K. Schmidt* GesR § 5 IV 5 b.

213 So wörtlich BGH NJW-RR 2005, 1347, 1348; 2006, 827, Rn. 25; 2006, 829, Rn. 25.

214 BGH NJW-RR 2009, 1666, Rn. 11.

215 BGH NJW-RR 2006, 829, Rn. 25 f.

216 Vgl. BGH NJW-RR 2006, 827, Rn. 20; 2006, 829, Rn. 21; siehe auch MüKo BGB/*Schäfer* § 707 Rn. 1 ff.

Gesellschaft und dessen haftungsrechtlichen Folgen lautet daher die Frage, inwieweit ein starres Festhalten an diesem Grundsatz dem schutzwürdigen Interesse des Gesellschafters tatsächlich dient.

Dazu bedarf es einer Gegenüberstellung insbesondere der wirtschaftlichen Konsequenzen einer Rückzahlung der erhaltenen Ausschüttungen auf der einen und der – bei Scheitern des Sanierungskonzeptes unausweichlichen – Abwicklung der Gesellschaft auf der anderen Seite.

3.1.4.2.3.1 Grundfall: Persönlich haftender Gesellschafter

Für den persönlich haftenden Gesellschafter eines GbR-Fonds bietet sich der Vergleich des zurückzuzahlenden Ausschüttungsbetrages mit dem anteiligen Liquidationsfehlbetrag an, für den er nach § 735 BGB aufzukommen hätte, wenn die Gesellschaft bei Scheitern des Sanierungskonzeptes liquidiert werden müsste.[217]

Man könnte in loser Anlehnung an die Sanieren-oder-Ausscheiden-Rechtsprechung des BGH[218] argumentieren, dass der Gesellschafter de facto weniger belastet wird, wenn die Rückzahlungsforderung niedriger ist als sein hypothetischer Anteil an dem Liquidationsfehlbetrag.

Diese Erwägung greift jedoch nicht durch. Schießt nämlich der persönlich haftende Gesellschafter in der Krise der Gesellschaft einen Betrag in der Höhe seines (virtuellen) anteiligen Liquidationsfehlbetrages nach, so bleibt das Risiko einer späteren Nachschusspflicht bei Liquidation der Gesellschaft gemäß § 735 BGB erhalten. Die Bejahung einer treupflichtgeleiteten Rückzahlungspflicht in der Krise der Gesellschaft würde im Ergebnis das Belastungsverbot vollständig unterlaufen. Schließlich soll diese Regelung den Gesellschafter ja gerade in der Krise der Gesellschaft davor schützen, Beträge nachschießen zu müssen.

3.1.4.2.3.2 Kommanditisten

Gegenstand der vorliegenden Untersuchungen sind jedoch Fonds in der Rechtsform der GmbH & Co. KG. Auch für Anleger-Kommanditisten solcher Gesellschaften bietet sich ein Vergleich der wirtschaftlichen und rechtlichen Folgen einer Rückzahlung im Rahmen der Sanierung gegenüber denjenigen einer Liquidation bzw. Insolvenz der Gesellschaft an. Soweit hier Haftungsrisiken bestehen und der Gesellschafter bei objektiver Betrachtung im Falle sofortiger

217 Vgl. *Armbrüster*, ZGR 2009, 1, 21; *Nentwig*, WM 2011, 2168, 2173.

218 BGH NJW 2010, 65.

Liquidierung oder Insolvenz der Gesellschaft wirtschaftlich mindestens ebenso stark belastet wird wie durch seinen erneuten Beitrag, kommt eine Ausnahme von dem Grundsatz des § 707 BGB in Betracht.

Die „Drohkulisse" einer unbeschränkten Nachschusspflicht bei Liquidation (§ 735 BGB) existiert in dieser Form selbstverständlich nur für persönlich haftende Gesellschafter einer OHG oder GbR, nicht jedoch für Kommanditisten, die auch in der Liquidation nicht über den Betrag ihrer Einlage hinaus am Verlust teilnehmen (§ 167 Abs. 3 HGB). Diese haben allerdings dennoch bei Liquidation der Gesellschaft negative Folgen zu fürchten. Schließlich lebt bei Rückgewähr der (Haft-)Einlage ihre akzessorische Außenhaftung für Gesellschaftsverbindlichkeiten wieder auf (§§ 161 Abs. 2, 128 S. 1, 171 Abs. 1, 172 Abs. 4 HGB). Bei Publikumsfonds ist das häufig der Fall, da die hier in Rede stehenden vertraglich zugesicherten Ausschüttungen jedenfalls in den ersten Jahren keine Gewinnauszahlungen, sondern Substanzausschüttungen aus der Liquidität der Gesellschaft sind (siehe hierzu oben 3.1.1, S. 75).

Entscheidend bei der Abwägung in der vorliegenden Konstellation ist aber gerade die Tatsache, dass sich der Kommanditist durch ein Wiederauffüllen seiner Hafteinlage unabhängig vom Erfolg der Sanierung von seiner Außenhaftung befreit. Anders als der persönlich haftende Fondgesellschafter, dessen erneute Einzahlung bei Scheitern des Sanierungskonzeptes auch weitgehend wirkungslos verpuffen kann, „gewinnt" der Kommanditist in jedem Fall, also ohne weitere Risiken. Darin liegt der entscheidende und häufig übersehene[219] Unterschied zu der oben erwähnten Haftungslage des persönlich haftenden Gesellschafters.

3.1.4.2.3.3 Folgerung

In solchen Konstellationen, in denen als Alternative zur nachschussartigen Rückzahlung an die Gesellschaft mit an Sicherheit grenzender Wahrscheinlichkeit in gleicher Höhe eine Inanspruchnahme durch die Gläubiger der Gesellschaft (bzw. gemäß § 93 InsO durch den Insolvenzverwalter) droht, der Gesellschafter

---

219 Vgl. *Dubois/Schmiegel*, NZI 2013, 913, 917; ähnlich *Priester*, DStR 2013, 1786, 1790; *Wilde*, NZG 2012, 215, 216, die eine Rückforderung von Ausschüttungen aus Treupflichtgesichtspunkten auch für die Kommanditgesellschaft generell ablehnen, sich dabei aber nur auf die Parallelkonstellation einer Haftung nach § 735 BGB berufen, wie sie den Urteilen BGH NJW 2010, 65 („Sanieren oder Ausscheiden") sowie OLG Celle NZG 2006, 225, 226 zugrunde lag. *Heckschen*, in: Reul/Heckschen/Wienberg, Insolvenzrecht in der Gestaltungspraxis, N. Rn. 266, erkennt den Unterschied, formuliert die hieraus folgende Rückerstattungspflicht aber ohne weitere Argumentation nur als offene Frage.

sich aber gleichzeitig durch die Zahlung an die Gesellschaft dauerhaft von der Haftung befreien kann, entfaltet § 707 BGB hinsichtlich des Individualschutzes wirtschaftlich keine Wirkung.

In einer solchen Situation hat sich die Nachschuss-Problematik in wirtschaftlicher Sicht letztlich auf die Frage verengt, an wen der Gesellschafter zahlt: An die Gesellschaft oder an deren Gläubiger. Vor diesem Hintergrund ist es dem Anleger – gerade bei Vorliegen eines stichhaltigen Sanierungskonzeptes – zumutbar, die betreffende Geldsumme anstelle der Gläubiger der Gesellschaft zukommen zu lassen.

3.1.4.2.4 Grenzen der Rückzahlungspflicht

Aufgrund der besonderen Bedeutung einer solchen echten Nachschusspflicht für den Individualschutz müssen zu der skizzierten Haftungslage noch ein objektiver Sanierungsbedarf der Gesellschaft sowie die Stichhaltigkeit des verfolgten Sanierungskonzeptes hinzutreten. Somit ist es nicht möglich, unter Berufung auf die vorstehenden Erwägungen den allgemeinen Kapitalbedarf der Gesellschaft durch die Rückforderung von Ausschüttungen zu decken.

Die Höhe des Haftungsrisikos stellt dabei auch bei langfristigen Sanierungskonzepten die Obergrenze für solche Nachschussforderungen dar. Die Investitionsentscheidung, in der Hoffnung auf zukünftige Erträge der sanierten Gesellschaft auch höhere Beträge nachzuschießen darf dem Gesellschafter nicht aus der Hand genommen werden.[220] Das Belastungsverbot schützt schließlich im Kern genau diese privatautonome Entscheidungsfreiheit des Gesellschafters und kann nur von Treupflichtgesichtspunkten überlagert werden, soweit eine zusätzlicher wirtschaftlicher Aufwand (etwa in Gestalt von Haftungs- oder Liquidationsfolgen) ohnehin unvermeidlich ist.

3.1.4.2.5 Wiederaufleben des Ausschüttungsanspruches

Trotz der Möglichkeit einer auf die Treupflicht gestützten Rückforderung früherer Ausschüttungen besteht im Grundsatz aufgrund der gesellschaftsvertraglichen Vereinbarung weiterhin ein Ausschüttungsanspruch der Anleger. Soweit

220 AA wohl *Dorka/Derwald*, NZG 2010, 694, 695, die bei Vorliegen eines langfristigen Sanierungskonzeptes mit guten Erfolgsaussichten auch eine „Luxussanierung“ über den Betrag der drohenden Haftung hinaus für durchsetzbar halten; kritisch dagegen auch *Heckschen*, in: Reul/Heckschen/Wienberg, Insolvenzrecht in der Gestaltungspraxis, N. Rn. 268.

nun tatsächlich frühere Ausschüttungen an die Gesellschaft zurückerstattet werden, lebt dieser Anspruch auch für die Vergangenheit wieder auf.

Der Gesellschafter ist jedoch aufgrund der Treupflicht an einer Geltendmachung dieses Anspruchs gehindert, solange die Gesellschaft nicht über ausreichende Mittel zur Zahlung verfügt und gleichzeitig ein objektiv erfolgversprechendes Sanierungskonzept verfolgt. Insoweit greifen die gleichen Erwägungen wie bei der Aussetzung fälliger Ausschüttungszahlungen für die Zukunft (siehe hierzu eingehend oben 3.1.3.2, S. 77).

Für den Fall des Gelingens der Sanierung und der Rückkehr der Fondsgesellschaft in die Ausschüttungsfähigkeit können die Ansprüche wieder geltend gemacht werden.

Im Falle einer späteren Insolvenz der Fondsgesellschaft ist die Geltendmachung dieser Ansprüche im Insolvenzverfahren allerdings nicht möglich,[221] da sich diese aus Mitgliedschaftsrechten ergeben und als solche keine Forderungen im Sinne des § 38 InsO darstellen.[222] Etwas anderes gilt allenfalls dann, wenn die Rückzahlung an die notleidende Gesellschaft freiwillig erfolgte und es sich somit um ein Sonderopfer des Gesellschafters handelte, welches einen gegen die Gesellschaft gerichteten Erstattungsanspruch aus § 110 HGB begründet, der seinerseits zur Insolvenztabelle angemeldet werden kann.[223]

3.1.4.2.6 Gläubigerinteressen

Diese Lösung ist auch aus Sicht der Gläubiger nicht zu beanstanden. Zwar besteht die Gefahr, dass die Sanierungsbemühungen scheitern und die Gesellschaft in deren Verlauf die zurückgeforderten Ausschüttungen in Höhe der bestehenden Außenhaftung der Kommanditisten verwirtschaftet, sodass die Gläubiger schließlich im Ergebnis diese Position verlieren. Der Gläubiger einer Kommanditgesellschaft ist aber nach der gesetzlichen Konzeption nur hinsichtlich der Vollständigkeit der im Handelsregister eingetragenen Hafteinlage geschützt. Der unmittelbare Anspruch gegen die Kommanditisten nach § 172 Abs. 4 HGB ergibt sich nur reflexhaft und im Sinne dieser Schutzrichtung. Ein eigenes, rechtlich geschütztes Interesse des Gläubigers an der Aufrechterhaltung einer solchen Haftungslage besteht nicht.

221 OLG Hamburg ZIP 2015, 1694.

222 Vgl. Braun InsO/*Bäuerle* § 38 Rn. 10.

223 So *Spiekermann*, NZI 2015, 239; aA OLG Hamburg ZIP 2015, 1694, 1696.

Vor einer Ausnutzung der Haftungsprivilegien bei einer GmbH & Co. KG ist der Gläubiger wiederum durch die Insolvenzantragspflicht gemäß § 15a Abs. 1 S. 2 InsO geschützt.

3.1.4.2.7 Übertragbarkeit auf Treuhandkonstellationen

Diese Erwägungen sind auch auf die in der Praxis häufig anzutreffenden Treuhandkonstellationen übertragbar. Wesentliche Punkte sind nach der hier vertretenen Ansicht die Treupflicht des Gesellschafters und seine wirtschaftliche Belastung durch die drohende Haftung. Angesichts der Rechtsprechung des BGH, nach der auch der Treugeber-Kommanditist der gesellschafterlichen Treupflicht unterliegt[224] und die Haftungsrisiken des mittelbar beteiligten „Quasi-Gesellschafters" im wirtschaftlichen Ergebnis denjenigen des unmittelbar beteiligten Kommanditisten entsprechen (siehe hierzu eingehend oben 2.5.2, S. 68), verläuft die Abwägung einer Rückerstattungspflicht analog zu den oben aufgestellten Grundsätzen für direkt beteiligte Kommanditisten.

3.1.4.2.8 Einschränkung durch § 152 Abs. 3 KAGB

§ 152 Abs. 3 S. 4 KAGB ändert an dem gefundenen Ergebnis nichts. Die Vorschrift untersagt lediglich explizit die generelle gesellschaftsvertragliche Abbedingung des § 707 BGB.[225] Eine inhaltliche Änderung des Belastungsverbotes an sich ist damit nicht verbunden.

Die Einschränkung ergibt sich dafür allerdings durch die klare Anordnung des § 152 Abs. 3 S. 3 KAGB, der eine „Nachschusspflicht" des Anlegers kategorisch ausschließt. Erklärtes Ziel der Regelung ist es dabei, den Anleger einer KG ebenso von jeglicher Nachschusspflicht freizustellen, wie das bei allen anderen Investmentvermögen auch der Fall ist.[226] Gemeint sind damit wohl solche Leistungen, zu denen der Gesellschafter nicht schon durch den Gesellschaftsvertrag verpflichtet ist.[227] Ob der Gesetzgeber dabei tatsächlich auch Fälle wie den hier

---

224 So zuletzt explizit BGH NJW 2013, 2190, 2193.

225 Vgl. Regierungsentwurf des AIFM-Umsetzungsgesetzes (AIFM-UmsG), BT-Drucks. 17/12294, S. 250. Da auch nach bisheriger Rechtslage § 707 BGB nicht ohne Weiteres abbedungen werden kann, ist fraglich, ob sich hierdurch überhaupt materielle Änderungen ergeben; vgl. zum Thema Gestaltungsfreiheit und Nachschusspflicht *Armbrüster*, ZGR 2014, 333, 346 ff.

226 Vgl. Regierungsentwurf des AIFM-Umsetzungsgesetzes (AIFM-UmsG), BT-Drucks. 17/12294, S. 250.

227 Zu den sprachlichen und inhaltlichen Verwirrungen angesichts der unterschiedlichen Verwendung des Begriffes „Nachschuss" siehe unten 3.2.2.2, S. 107.

anerkannten, in dem für den einzelnen Anleger wirtschaftlich keine zusätzliche Belastung entsteht, vor Augen hatte, ist zwar zweifelhaft. Angesichts der Eindeutigkeit des Wortlautes und der gesetzgeberischen Intention ist eine Nachschusspflicht wohl dennoch ausgeschlossen.

Anwendbar ist diese Vorschrift allerdings nur auf Fondsgesellschaften, die bereits dem KAGB unterliegen (siehe hierzu oben 2.4, S. 64). Daher betrifft sie nur solche Fonds, die nach dem Inkrafttreten des KAGB aufgesetzt wurden. Wegen der damit ebenfalls einhergehenden strengen Hinweis- bzw. Zustimmungspflichten des § 152 Abs. 2 KAGB hinsichtlich etwaiger Liquiditätsausschüttungen dürften bei solchen Gesellschaften die hier zugrunde gelegten Außenhaftungsrisiken aber ohnehin deutlich seltener auftreten.

3.1.4.2.9 Fazit

Nicht dem KAGB unterfallende Gesellschaften können also in einer existenzbedrohenden Krise früher erfolgte Substanzausschüttungen unter dem Gesichtspunkt der Treupflicht von den Anleger-Kommanditisten zurückverlangen, soweit diese sich hierdurch gleichzeitig von ihrer Haftung nach § 172 Abs. 4 HGB befreien.

Von dem eventuellen Bestehen einer derartigen Nachschusspflicht wiederum zu trennen ist die Frage, ob gegebenenfalls aufgrund der Treupflicht der Gesellschafter untereinander ein von den Gesellschaftern mehrheitlich beschlossenes Sanierungskonzept, das zusätzliche Beiträge der Gesellschafter vorsieht, geduldet werden muss (dazu eingehend unten 3.2.5.7.2, S. 142 ff).[228]

3.1.4.3 Rückforderung nach § 31 Abs. 1 GmbHG analog

Eine weitere Möglichkeit für die Begründung von Rückforderungen besteht in der analogen Anwendung von § 30 Abs. 1 S. 1 GmbHG auf die Fonds-KG. Diese Variante ist allerdings wiederum nur bei Gesellschaften in Form der GmbH & Co. KG denkbar.

3.1.4.3.1 Allgemeines

Wie oben bereits beschrieben gibt es in der Kommanditgesellschaft kein Kapitalerhaltungsrecht im eigentlichen Sinne. Auch bei der GmbH & Co. KG finden §§ 30, 31 GmbHG zunächst nur auf die Komplementär-GmbH Anwendung. Da die Anleger-Kommanditisten an der Komplementär- und Verwaltungs-GmbH

---

228 Vgl. zu dieser Unterscheidung auch *Priester*, DStR 2013, 1786, 1790.

typischerweise ohnehin nicht beteiligt sind, ist eine direkte Anwendung der Normen ausgeschlossen.

Allerdings kommt nach der Rechtsprechung des BGH[229] eine analoge Anwendung des Eigenkapitalrechts der GmbH auf die Fonds-Gesellschaft in Betracht. Anknüpfungspunkt hierfür ist die Frage nach der Werthaltigkeit der Freistellungsansprüche bzw. Ausgleichsforderungen nach §§ 161 Abs. 2, 110 Abs. 1 HGB, welche die Komplementär-GmbH als (einzige) persönlich haftende Gesellschafterin gegen die Gesellschaft erhält, wenn sie von Drittgläubigern für Gesellschaftsverbindlichkeiten in Anspruch genommen wird. Schließlich kann bei der GmbH eine Unterbilanz entstehen oder vertieft werden, wenn sie ihre Haftung für Verbindlichkeiten der Gesellschaft passivieren muss und gleichzeitig ihre Ausgleichsforderung mangels Werthaltigkeit nicht oder nicht in voller Höhe aktivieren kann. Dogmatischer und rechtspolitischer Hintergrund dieser Rechtsprechung ist die Finanzierungsverantwortung des Kommanditisten. Diese gewinnt in der GmbH & Co. KG deswegen eigenständige Bedeutung, weil anders als in der gesetzestypischen KG die natürliche „Bremsfunktion" des persönlich haftenden Gesellschafters fehlt.[230] Die Komplementär-GmbH hat schließlich – anders als eine mit ihrem ganzen Privatvermögen haftende natürliche Person – keinen Anreiz, für eine angemessene Kapitalausstattung der KG zu sorgen. Hierfür bedarf es eines Ausgleichs.

Wird also einem Kommanditisten Vermögen der Kommanditgesellschaft zugewendet und dadurch deren Schuldentragungsfähigkeit so eingeschränkt, dass der Ausgleichsanspruch der GmbH nicht mehr in voller Höhe werthaltig ist, so kann die Kommanditgesellschaft diese Zahlung nach § 31 Abs. 1 GmbHG analog[231] insoweit zurückfordern, als dies zur Wiederherstellung der Werthaltigkeit der Ausgleichsforderung nötig ist.[232] Ist der betroffene Kommanditist auch an

---

229 BGH NJW 1973, 1036; 1978, 160; 1990, 1725, 1728; 1995, 1960, 1961; NZG 2008, 143; 2015, 225.

230 BGHZ 110, 357, 358; *Schlichte*, DB 2006, 1357, 1358.

231 Der Streit, ob es sich hierbei um eine analoge Anwendung der §§ 30, 31 GmbHG oder um eine sich nur bei der KG niederschlagende Anwendung bei der Komplementär-GmbH handelt, ist rein akademischer Natur und braucht hier nicht entschieden zu werden; vgl. dazu zusammenfassend *K. Schmidt* GesR § 57 V 1 b; *Schlichte*, DB 2006, 1357, 1358.

232 Ständige Rechtsprechung; BGH NJW 1973, 1036; 1978, 160; 1990, 1725, 1728; 1995, 1960, 1961; NZG 2008, 143; 2015, 225; OLG Celle NJW-RR 2004, 1040 (ablehnend allerdings OLG Hamburg GmbHR 1986, 232); so auch die überwiegende Ansicht im Schrifttum, vgl. MüKo HGB/*K. Schmidt* § 172 Rn. 128; Baumbach/Hueck GmbHG/*Fastrich* § 30 Rn. 70; *Heidinger*, in: Michalski, GmbHG, § 30 Rn. 169 f; *Hommelhoff*,

der GmbH beteiligt, so gilt das aufgrund seiner Finanzierungsverantwortung selbst dann, wenn neben der GmbH noch eine natürliche Person als zusätzlicher Komplementär vorhanden ist.[233]

3.1.4.3.2 Anwendbarkeit auf Publikums-KG

3.1.4.3.2.1 Problemstellung

Die oben genannte Rechtsprechung zur analogen Anwendbarkeit der §§ 30, 31 GmbHG auf die GmbH & Co. KG wurde ursprünglich für Konstellationen entwickelt, in denen die Kommanditisten ein besonderes Näheverhältnis zu der Komplementär-GmbH haben, das ihnen einen bestimmenden Einfluss auf die Geschäftsführung oder wenigstens Informations- bzw. Einsichtsrechte sichert. Das sind in der Praxis Fälle, in denen die Kommanditisten entweder (meist beteiligungsidentisch zur ihrer KG-Beteiligung) auch direkt an der GmbH beteiligt sind[234] oder in denen das Konstrukt der so genannten Einheitsgesellschaft gewählt wurde, bei dem die KG selbst sämtliche Anteile an der GmbH hält.

Im Gegensatz dazu sind die Anleger bei geschlossenen Publikums-Fonds-GmbH & Co. KGs im Regelfall „Nur-Kommanditisten", also solche, die ausschließlich an der Kommanditgesellschaft und nicht gleichzeitig an der GmbH – auch nicht mittelbar über die „Einheitsgesellschaft" – beteiligt sind. Die Komplementär-GmbH bleibt typischerweise in der Hand des Initiators.

Die Rechtsprechung hat den analogen Anwendungsbereich der §§ 30, 31 GmbHG auch auf solche „Nur-Kommanditisten" erweitert.[235] Problematisch daran ist die Tatsache, dass ein „Nur-Kommanditist" über keinerlei Informationsrechte in der GmbH verfügt. Er hat daher keine effektive Möglichkeit zu überprüfen, ob eine konkrete Auszahlung mit § 30 Abs. 1 GmbHG vereinbar ist. Gewichtige Stimmen in der Literatur haben sich daher für eine Einschränkung der analogen Anwendung jedenfalls auf solche Fälle ausgesprochen, in denen die

---

in: Lutter/Hommelhoff, § 30 Rn. 63 f; Rowedder/K. Schmidt-Leithoff GmbHG/*Pentz* § 30 Rn. 119; Scholz GmbHG/*Verse* § 30 Rn. 131; *Immenga*, ZGR 1975, 487.

233 BGH NZG 2015, 225, Rn. 10; für den Fall lediglich an der KG beteiligter „Nur-Kommanditisten" fordert der BGH jedoch für die analoge Anwendbarkeit der §§ 30, 31 GmbHG nach wie vor, dass keine natürliche Person unbeschränkt haftet, vgl. BGH NZG 2015, 225, Rn. 10 unter Verweis auf BGH NJW 1990, 1725; 1991, 1057. Siehe hierzu auch *Gummert*, DStR 2015, 761, 765 f.

234 So etwa der den Grundsatzentscheidungen BGH NJW 1973, 1036; 1978, 160 zugrunde liegende Fall.

235 BGH NJW 1990, 1725, 1728; 1995, 1960, 1961; ablehnend in jüngerer Zeit allerdings OLG Nürnberg NZG 2015, 226, 227; AG Hamburg NZI 2014, 612.

„Nur-Kommanditisten“ ein dem § 51a GmbHG angenähertes Informationsrecht hinsichtlich der Komplementär-GmbH haben.[236]

Der BGH hat diese Problematik seiner Rechtsprechungserweiterung zwar wohl erkannt, sich aber ohne nähere Begründung darüber hinweggesetzt und festgestellt, dass die Analogie auch dann greift, wenn bei dem Kommanditisten ein reines Anlegerinteresse besteht und ihm ein näherer Einblick oder bestimmender Einfluss auf die Geschäftsführung fehlt.[237]

3.1.4.3.2.2 Stellungnahme

Die Erweiterung der analogen Anwendung der §§ 30, 31 GmbHG auf „Nur-Kommanditisten“ und damit auf Publikums-KGs erscheint im Hinblick auf den Anlegerschutz fragwürdig.

Schließlich haben die Anleger bei typischer Vertragsgestaltung gerade kein dem § 51a GmbHG entsprechendes oder angenähertes, umfassendes Einsichts- oder Informationsrecht bei der Komplementär-KG.[238] Grundsätzlich ist der Nur-Kommanditist auf das Informationsrecht gemäß § 161 Abs. 1 HGB und damit darauf beschränkt, die abschriftliche Mitteilung des Jahresabschlusses zu verlangen und dessen Richtigkeit unter Einsicht der Bücher und Papiere zu prüfen. Darüber hinaus bleibt ihm nur das außerordentliche Informationsrecht des § 166 Abs. 3 HGB. Dieses setzt jedoch das Vorliegen eines wichtiges Grundes voraus, der nicht bei bloßer Auskunftsverweigerung, sondern erst dann vorliegt, wenn der konkrete Verdacht besteht, dass die berechtigten Interessen der Kommanditisten gefährdet sind,[239] wofür der betroffene Kommanditist beweispflichtig ist.[240] Außerdem ist eine gerichtliche Anordnung notwendig, wodurch

236 GroßkommGmbHG/*Habersack* § 30 Rn. 128; MüKo GmbHG/*Ekkenga* § 30 Rn. 192; Baumbach/Hopt HGB (33. A. 2008)/*Hopt* § 172a Rn. 33; zweifelnd Scholz GmbHG/*Verse* § 30 Rn. 131; vgl. auch *Fritsche*, BB 2015, 531; für eine Geltung für Publikums-KGs, aber gegen eine Haftung von Treuhandkommanditisten *Schnelle*, GmbHR 1995, 853, 857; noch weiter gehend *Pöschke/Steenbreker*, NZG 2015, 614, 618 f, die eine Möglichkeit der „rechtlichen und tatsächlichen Einflussnahme“ fordern.

237 BGH NJW 1990, 1725, 1728; fast wortgleich OLG Celle NJW-RR 2004, 1040; kritisch dagegen OLG Nürnberg NZG 2015, 226, 227; AG Hamburg NZI 2014, 612.

238 H.M., vgl. nur BayObLG NZG 2003, 25, 26; Staub HGB/*Casper* § 161 Rn. 201 ff; *Oetker*, in: Oetker, HGB, § 166 Rn. 48 ff; *Römermann*, in: Michalski, GmbHG, § 51a Rn. 43; MüKo GmbHG/*Hillmann* § 51a Rn. 39, jeweils mit weiteren Nachweisen; aA *Kindler*, in: Koller/Kindler/Roth/Morck, HGB, § 166 Rn. 4 (für Publikumsgesellschaften); *Roth*, in: Roth/Altmeppen, GmbHG, § 51a Rn. 44.

239 BGH NJW 84, 2471; ähnlich OLG München NJW-RR 09, 910.

240 OLG München NJW-RR 2011, 906, 907.

das ganze Auskunftsprocedere schwerfällig und für einen Kapitalanleger kaum handhabbar wird.

Im Ergebnis können Nur-Kommanditisten daher – vorbehaltlich abweichender vertraglicher Gestaltungen[241] – nicht effektiv überprüfen, ob Auszahlungen § 30 GmbHG widersprechen. Für nur mittelbar beteiligte Anleger gilt das in noch gesteigertem Maße, da sie für die Rechtsdurchsetzung grundsätzlich auf ihren Treuhänder angewiesen sind.[242]

Diese Erwägung wiegt im Sinne des Anlegerschutzes um so schwerer, als im Rahmen einer Rückforderung nach § 31 GmbHG auch gegenüber Kommanditisten – anders als bei §§ 172, 172 HGB – nicht die Beschränkung auf die im Handelsregister eingetragene Hafteinlage besteht und – natürlich jeweils unter den weiteren Voraussetzungen des § 30 GmbHG analog – die Rückforderungen prinzipiell die Haftsumme sogar übersteigen können.[243]

Daher sprechen gewichtige Gründe gegen eine analoge Anwendung der §§ 30, 31 GmbHG auf Publikumsfonds. Angesichts der bislang klaren Rechtsprechung des BGH[244] muss diese Möglichkeit der Rückforderung jedoch weiterhin beachtet werden.

3.1.4.3.3 Beweislast

Die Geltendmachung einer entsprechenden Rückforderung setzt den Nachweis voraus, dass wegen mangelnder Werthaltigkeit der Ausgleichsansprüche zum Zeitpunkt der jeweiligen Auszahlungen an die Kommanditisten auf Grund der Auszahlungen bei der Komplementär-GmbH wegen notwendiger Rückstellungen eine Unterdeckung hervorgerufen wurde. Dieser Nachweis obliegt der Gesellschaft

---

241 Erweiterungen der gesetzlichen Auskunftsansprüche sind in der Praxis allerdings sehr unüblich. Im Gegenteil wird sogar vielfach zum Schutz vor einer Überflutung mit querulatorischen Anfragen sogar das ordentliche Auskunftsrecht aus § 166 Abs. 1 HGB in Anlehnung an § 131 AktG auf eine Geltendmachung in Gesellschafterversammlungen beschränkt.

242 Auf diesen Umstand zu Recht hinweisend *Baumann/Wagner*, WM 2015, 1370, 1374.

243 Scholz GmbHG/*Verse* § 30 Rn. 132

244 In jüngerer Zeit hat der BGH in einem Nebensatz erwähnt, dass er eine Finanzierungsverantwortung des „Nur-Kommanditisten" nur „im Regelfall" für gegeben erachtet (BGH NZG 2015, 225, Rn. 10) und damit Spielraum für gerechtfertigte Ausnahmen gelassen. Der „Nur-Kommanditist" mit reinem Anlageinteresse käme als eine solche Ausnahme sicher in Betracht (vgl. hierzu auch *Baumann/Wagner*, WM 2015, 1370, 1374). Dem steht allerdings bislang noch die klare Aussage von BGH NJW 1990, 1725, 1728 entgegen.

selbst bzw. im Falle der Insolvenz ihrem Insolvenzverwalter (§ 80 Abs. 1 InsO).[245] In der Praxis wird der Beweis bei den hier untersuchten Fondsmodellen häufig schwer fallen, da die Komplementär-GmbH zumindest in normalen Märkten regelmäßig überwiegend wahrscheinlich davon ausgehen kann, nicht selbst in Anspruch genommen zu werden und daher auch keine Rückstellung bilden muss.[246]

In diesen Schwierigkeiten liegt wohl auch der Grund, warum Rückforderungen der Gesellschaft nach § 31 GmbHG analog bislang praktisch wenig relevant geworden sind.

3.1.4.3.4 Exkurs: Prospekthaftung

Eine größere praktische Bedeutung hat die Analogie zu §§ 30, 31 GmbHG in jüngerer Zeit im Bereich der Prospekthaftung erlangt. Umstritten ist hier die Frage, ob eine mangelnde Aufklärung über mögliche Rückforderungsansprüche nach § 31 GmbHG im Verkaufsprospekt des Fonds zu Prospekthaftungsansprüchen gemäß § 280 Abs. 1 BGB gegen den Vermittler bzw. die beratende Bank führt.

In einer vielbeachteten[247] Entscheidung hat das LG München I dies bejaht.[248] Dieses Urteil hat deswegen besondere Brisanz, weil dieses Rückzahlungsrisiko in dem ganz überwiegenden Teil der bislang verwendeten Verkaufsprospekte nicht erwähnt wird. Daher würde eine konsequente Anwendung dieser Rechtsprechung einer unüberschaubaren Vielzahl von Anlegern die Möglichkeit verschaffen, sich bezüglich ihres Fehlinvestments an den Banken oder Vermittlern im Wege der Prospekthaftung schadlos zu halten.

Die Oberlandesgerichte Köln[249] und Hamm[250] sind dieser Rechtsprechung nicht gefolgt. Unter Hinweis auf die Erwägung, dass Normadressat des § 30 GmbHG gerade nicht der Anleger, sondern die Gesellschaft und damit deren Geschäftsführer sei und etwaige Pflichtwidrigkeiten des Führungspersonals regelmäßig

---

245 Vgl. Scholz GmbHG/*Verse* § 30 Rn. 115 f.

246 Vgl. für Schiffsfonds *Ick*, NZI 2014, 613, 614.

247 Vgl. manager magazin vom 28.01.2015, „Landgericht München lässt tausende Fondsanleger hoffen", abrufbar unter http://www.manager-magazin.de/finanzen/artikel/urteil-landgericht-muenchen-laesst-tausende-fondsanleger-a-1015384.html .

248 LG München I BB 2015, 529 mit Anmerkung *Fritzsche*.

249 OLG Köln BKR 2015, 217 mit Anmerkung *Merk*.

250 Hinweisbeschluss OLG Hamm BB 2015, 1620 mit Anmerkung *Grys*.

gerade kein aufklärungspflichtiges Risiko der Kapitalanlage seien,[251] haben beide Obergerichte eine Informationspflicht abgelehnt.[252]

Bis zu einer endgültigen Klärung dieser Frage sollte jedoch in den Prospekten auf das Rückforderungsrisiko hingewiesen werden.

3.1.4.3.5 Fazit

Auf diesem Wege können unter den gegebenen Umständen erhebliche Beträge von den Gesellschaftern zurückgefordert werden.[253] Allerdings ist zu beachten, dass sich die Beweislage angesichts der bilanzrechtlich komplexen Bedingungen aus Sicht der Gesellschaft schwierig gestaltet.

3.1.5 Ergebnis

Abseits der praktisch schwer handhabbaren Rückforderung nach § 31 Abs. 1 GmbHG analog können in der Vergangenheit erfolgte Liquiditätsausschüttungen nur in engen Grenzen zurückgefordert werden, wenn der Gesellschaftsvertrag dies nicht explizit vorsieht. Jedenfalls in Höhe der den Anlegern drohenden Außenhaftung ist aber eine Rückforderung unter Berufung auf die Treupflicht unter den genannten Voraussetzungen grundsätzlich ein gangbarer Weg.

Das Aussetzen solcher Ausschüttungen für die Zukunft ist dagegen in existenzbedrohenden Krisen möglich.

---

251 So zuletzt BGH NJW-RR 2015, 732.

252 Ablehnend auch *Baumann/Wagner*, WM 2015, 1370, 1375 f; *Dorenkamp*, GWR 2015, 89, 91.

253 Vgl. zum Ganzen auch *Priester*, DStR 2013, 1786, 1790; *Dubois/Schmiegel*, NZI 2013, 913, 916 f.

3.2 Kapitalerhöhung / Kapitalschnitt

Der Erfolg einer Sanierung steht und fällt mit der Zufuhr frischen Eigenkapitals. Dies kann entweder durch erneute Einlageleistungen bisheriger Gesellschafter oder durch die Aufnahme neuer Gesellschafter erfolgen.

Zu einer solchen Einlageleistung werden die neuen Kapitalgeber allerdings nur bereit sein, wenn die Umsetzung dieser Kapitalmaßnahme so gestaltet wird, dass die Investoren als Gegenleistung für das übernommene Sanierungsrisiko auch adäquat von etwaigen Sanierungsgewinnen profitieren. Anderenfalls wäre die erneute Bereitstellung von Finanzmitteln für den potentiellen Investor noch unattraktiver als dies bei in Schieflage geratenen Gesellschaften ohnehin der Fall ist.[254]

Das erfordert zunächst, dass sie entsprechend ihrer Einlage (zusätzliche) Gesellschafterrechte – namentlich Gewinnanteile und Stimmrechte – erhalten, womit unweigerlich eine Verwässerung der Anteilsrechte der nicht sanierungsbeteiligten Altgesellschafter einhergeht. Darüber hinaus sollte sichergestellt sein, dass nicht mit dem Neukapital das bereits aufgezehrte Kapital der (Alt-) Gesellschafter quersubventioniert wird.[255] Außerdem bedarf es einer Gestaltung, die verhindert, dass sanierungsunwillige Altgesellschafter als „Trittbrettfahrer" an den Bemühungen und eingegangenen Risiken anderer ohne eigene Beiträge teilhaben und im Falle einer erfolgreichen Sanierung Gewinne einstreichen, für die sie keine Leistung erbracht haben.[256]

Diesen Bedürfnissen der Geldgeber stehen die Interessen der Altgesellschafter gegenüber, die selbstverständlich auch nicht außer Acht gelassen werden dürfen. So stellt sich einerseits für die sanierungswilligen Altgesellschafter die Frage nach der Möglichkeit der Durchsetzung einer Kapitalerhöhung gegen eine blockierende Minderheit und nach eigenen Bezugsrechten bei der Kapitalerhöhung. Andererseits besteht für die sanierungsunwilligen Gesellschafter das Bedürfnis des Schutzes vor (faktischen) Nachschusspflichten und dem „Hinausdrängen" bzw. dem Ausschluss aus der Gesellschaft.

---

254 Vgl. hierzu *K. Schmidt*, ZGR 1982, 519, 520.

255 Speziell zu Fondskonstellationen *Schäfer*, in: FS Ganter, S. 33, 36; allgemein *K. Schmidt*, in: K. Schmidt/Uhlenbruck, Die GmbH in Krise, Sanierung und Insolvenz, Rn. 2.21.

256 *Schäfer*, in: FS Ganter, S. 33, 35 spricht in diesem Zusammenhang anschaulich von „*windfall profits*". In der Wirtschaftswissenschaft wird dieser Terminus (zu Deutsch: „Marktlagengewinne", „dynamische Differentialgewinne") allerdings für solche „unverdienten" Gewinne verwendet, die auf unvorhersehbaren Änderungen der Marktsituation beruhen, was bei den hier in Rede stehenden Sanierungsgewinnen nicht der Fall ist, vgl. Woll, Wirtschaftslexikon, „dynamische Differentialgewinne".

Die Umsetzung einer sanierenden Kapitalerhöhung bei Publikumspersonengesellschaften erfolgt vor diesem Hintergrund in der Praxis typischerweise in Anlehnung an die kapitalgesellschaftsrechtlichen Maßnahmen der Kapitalerhöhung bzw. des Kapitalschnitts, da diese im Grundsatz gut geeignet sind, den genannten Anforderungen an die Umsetzung gerecht zu werden.

Gleichwohl sind die Mechanismen des Kapitalgesellschaftsrechts nicht ohne Weiteres auf das Personengesellschaftsrecht übertragbar. Die praktische Durchführung wirft angesichts des skizzierten Spannungsfeldes widerstreitender Interessen vielmehr zahlreiche Fragen auf, denen im Folgenden nachgegangen werden soll.

3.2.1 Exkurs: Kapitalgesellschaftsrecht

Wie bereits angesprochen nimmt man sich gerade bei den kapitalistisch geprägten Publikumspersonengesellschaften in nennenswertem Umfang die Kapitalmaßnahmen des Kapitalgesellschaftsrechts, insbesondere solche des Aktien- und GmbH-Gesetzes (AktG bzw. GmbHG), zum Vorbild. Daher sollen die angesprochenen Maßnahmen hier überblicksartig beleuchtet werden.

3.2.1.1 Kapitalerhöhung

Die Aktiengesellschaft und die GmbH verfügen beide über ein satzungsmäßig festgelegtes Gesellschaftskapital, das so genannte Grundkapital (AG) bzw. Stammkapital (GmbH). Dieses (für das „Kapital"-Gesellschaftsrecht namensgebende) Kapital dient als Kreditgrundlage und Haftungsstock für die Gläubiger der Gesellschaft und schafft als solches eine wichtige Voraussetzung für die allgemeine Akzeptanz der Befreiung der Gesellschafter von einer persönlichen Haftung.[257] Dieser starken Ausrichtung auf das Gesellschaftskapital entspricht es, dass die Mitgliedschaft des einzelnen Gesellschafters, verkörpert durch Aktie bzw. Geschäftsanteil, sich in erster Linie als Bruchteil des Garantiekapitals definiert.[258] Dies wird insbesondere in den Regelungen der §§ 1 Abs. 2 AktG, 3 Abs. 1 Nr. 4, 14 GmbHG deutlich. Dementsprechend bemessen sich auch Stimmrecht (§ 134 AktG bzw. § 47 Abs. 2 GmbHG) sowie Gewinnanteil (§ 60 AktG bzw. § 29 Abs. 3 GmbHG) nach der Höhe der Kapitalbeteiligung und nicht etwa nach Köpfen.

Die Garantiefunktion des Gesellschaftskapitals darf allerdings nicht dahingehend missverstanden werden, dass dieses Kapital stets in vollem Umfang auch

257 Vgl. *Raiser/Veil* KapGesR § 1 Rn. 2.
258 Vgl. *Raiser/Veil* KapGesR § 1 Rn. 3.

tatsächlich vorhanden sein muss. Es kann sehr wohl durch Verluste aufgezehrt werden. Der Schutz besteht letztlich darin, dass nur festgestellte Gewinne (bzw. satzungsmäßige Vorschüsse) an die Gesellschafter ausgeschüttet werden dürfen, wobei sich diese Beschränkung bei der AG auf das gesamte Gesellschaftsvermögen[259] (§ 57 Abs. 3 AktG), bei der GmbH lediglich auf das satzungsmäßige Stammkapital bezieht.

Die Erhöhung des Gesellschaftskapitals gegen Einlagen[260] erfolgt nach einem bei beiden Gesellschaftsformen in den Grundzügen ähnlich ausgestalteten, gesetzlich vorgegebenen Verfahren (§§ 182 ff. AktG, 55 ff. GmbHG), welches hier nur überblicksartig wiedergegeben werden kann. Eingeleitet wird dieses Verfahren durch einen satzungsändernden Beschluss der Gesellschafter, der – nach dem gesetzlichen Leitbild – mit einer satzungsändernden Dreiviertelmehrheit zu fassen ist. Dieser Beschluss legt regelmäßig den erhöhten Betrag des Garantiekapitals fest. Anstelle eines unmittelbaren Kapitalerhöhungsbeschlusses kann auch „genehmigtes Kapital“ geschaffen, also die Geschäftsleitung für die Zukunft ermächtigt werden, im Bedarfsfalle das Kapital durch Ausgabe neuer Anteile gegen Einlagen zu erhöhen (§§ 202 ff. AktG, 55a GmbHG).

Den Altgesellschaftern kommt dabei – jedenfalls bei der AG – grundsätzlich ein Bezugsrecht (§ 186 AktG) zu, um sie vor einer ungewollten Verwässerung ihrer Anteilsrechte zu schützen.[261] Der Ausschluss dieses Bezugsrechtes ist möglich und im Aktienrecht auch gesetzlich vorgesehen (§ 186 Abs. 3 – 5 AktG), unterliegt allerdings gewissen materiellen Schranken.[262] Anschließend werden die

259 Vgl. hierzu BGHZ 90, 381, 386; *K. Schmidt* GesR § 29 II 2 a; *Raiser/Veil* KapGesR § 19 Rn. 1.

260 Zur Abgrenzung von der „nominellen“ Kapitalerhöhung aus Gesellschaftsmitteln wird diese häufig als „effektive“ Kapitalerhöhung bezeichnet, vgl. *Raiser/Veil* KapGesR § 20 Rn. 2; § 39 Rn. 1.

261 Für die Aktiengesellschaft folgt das aus dem Gesetz, § 186 AktG. Bei der GmbH ist die Rechtslage dagegen umstritten. Eine starke Meinung wendet § 186 AktG analog auf die GmbH an; vgl. BGH NZG 2005, 551, 552 (ohne Festlegung auf die Rechtsgrundlage); OLG München DStR 2012, 370; *Lutter*, AcP 180 (1980), 84, 123; *Zöllner/Fastrich*, in: Baumbach/Hueck, GmbHG, § 55 Rn. 20; Scholz GmbHG/*Priester* § 55 Rn. 42 ff; *Hermanns*, in: Michalski, GmbHG, § 55 Rn. 39; dagegen jedoch mit beachtlichen Gründen *Ulmer*, in: Ulmer/Habersack/Winter, GmbHG, § 55 Rn. 38, 44 ff; *Roth*, in: Roth/Altmeppen, GmbHG, § 55 Rn. 20; *Schnorbus*, in: Rowedder/K. Schmidt-Leithoff, GmbHG, § 55 Rn. 33 ff.

262 So im Grundsatz bereits RGZ 107, 72, 75; 132, 149, 163; grundlegend in jüngerer Zeit BGH NJW 1978, 1316 („Kali & Salz“); 1982, 2444 („Holzmann“); 1983, 400; 1984, 1410 („Deutsche Bank“); 1997, 2815 („Siemens/Nold“); für die AG vgl. außerdem den

von den Investoren neu geschaffenen Aktien gezeichnet bzw. Geschäftsanteile übernommen und die vereinbarten Einlagen zur freien Verfügung der Gesellschaft einbezahlt.

Auf diesem Wege werden einige der genannten Ziele erreicht: Der Kapitalerhöhungsbeschluss bedarf grundsätzlich nicht der Einstimmigkeit, weshalb die Maßnahme nicht von Minderheitsgesellschaftern blockiert werden kann. Gleichzeitig schützt das Bezugsrecht – soweit es nicht ausgeschlossen ist – die Altgesellschafter vor einer Verwässerung ihrer Anteile. Auch bietet die Rechtsprechung zur materiellen Kontrolle des Bezugsrechtsausschluss ein gut handhabbares Instrument zur Verhinderung von diesbezüglichen Missbräuchen.

Ungelöst bleibt indessen bei der isoliert durchgeführten Kapitalerhöhung das Problem der Quersubventionierung des aufgezehrten Kapitals durch die neuen Einlagen.

3.2.1.2 Kapitalschnitt

Angesichts dieser Problematik behilft man sich im Wege des so genannten „Kapitalschnitts“: Hierbei wird das Kapital der Gesellschaft in einem ersten Schritt entsprechend den aufgelaufenen Verlusten – im Extremfall sogar auf Null[263] – herabgesetzt und anschließend durch die neuen Beiträge wieder erhöht.

Im Recht der Kapitalgesellschaften ist der Kapitalschnitt als Sanierungsmethode seit Langem weit verbreitet und mittlerweile auch im Gesetz verankert. Das Aktiengesetz kennt schon seit der Aktiengesetznovelle 1937[264] eine vereinfachte Form der Kapitalherabsetzung (ursprünglich §§ 182 ff AktG 1937, nunmehr §§ 229 ff AktG). Diese ist nur zum Zwecke des Ausgleichs von Wertminderungen und sonstigen Verlusten sowie zur Bildung oder Erhöhung der Kapitalrücklage zulässig (§ 229 Abs. 1 S. 1 AktG) und verzichtet dafür auf Gläubigerschutzvorschriften, die ansonsten eine Kapitalherabsetzung erschweren.[265] Da die Kapitalherabsetzung für sich genommen nur eine Buchsanierung bewirken kann, tatsächlich aber zur Sanierung in aller Regel frisches Kapital notwendig ist, erlaubt das Gesetz explizit die Durchführung eines

---

Überblick bei MüKo AktG/*Peifer* § 186 Rn. 71 ff; für die GmbH vgl. *Hermanns*, in: Michalski, GmbHG, § 55 Rn. 47 ff; *Zöllner/Fastrich*, in: Baumbach/Hueck, GmbHG, § 55 Rn. 26 f.

263 Zur Kapitalherabsetzung auf Null vgl. BGH NJW 1993, 57; 1999, 3197 (zur AG); vgl. hierzu auch *Krieger*, ZGR 2000, 885, 896 ff.

264 Gesetz über Aktiengesellschaften und Kommanditgesellschaften auf Aktien vom 30. Januar 1937, RGBl. I S. 107.

265 Vgl. MüKo AktG/*Oechsler* § 229 Rn. 4.

Kapitalschnitts, indem es – eine anschließend erfolgende Kapitalerhöhung vorausgesetzt – eine vorübergehende Herabsetzung des Kapitals unter die Stammkapitalziffer zulässt (§§ 229 Abs. 3 iVm. 228 Abs. 1, 235 Abs. 1 AktG).[266] Seit 1994 kennt nun auch das GmbH-Gesetz (§ 58a GmbHG) eine solche vereinfachte Kapitalherabsetzung, die letztlich dem Vorbild aus dem Aktienrecht eng nachempfunden wurde[267] und ebenso auf eine Erleichterung der Sanierung zielt.[268]

3.2.2 Personengesellschaftsrecht

Das Personengesellschaftsrecht kennt anders als das Recht der Kapitalgesellschaften kein eigenständiges, gesetzlich normiertes Verfahren zur Erhöhung des Kapitals der Gesellschaft. Auf den ersten Blick erscheint es auch widersinnig, eine typisch kapitalgesellschaftsrechtliche Maßnahme wie die Kapitalerhöhung oder den Kapitalschnitt in das Recht der Personengesellschaften zu übertragen. Schließlich kennt das Personengesellschaftsrecht in seiner Grundkonzeption weder feste Kapitalkonten der Gesellschafter, noch ein gesetzlich normiertes Verfahren zur Erhöhung des Gesellschaftskapitals oder gar eine Stammkapitalziffer.

3.2.2.1 Kapitalanteil und Kapitalkonten

Dass bei kapitalistisch strukturierten Personengesellschaften wie Fonds-KGs dennoch ein Bedarf nach einer entsprechenden Anwendung solcher Maßnahmen besteht, liegt an deren gesellschaftsvertraglichen Regelungen, die das gesetzlich vorgesehene System ersetzen bzw. ergänzen und dem Kapitalgesellschaftsrecht annähern.

3.2.2.1.1 Gesetzliches Leitbild

Der Kapitalanteil des Gesellschafters wird im Gesetz im Zusammenhang mit der OHG und der KG an mehreren Stellen erwähnt.[269] Das HGB definiert diesen

---

266 Vgl. MüKo AktG/*Oechsler* § 229 Rn. 5.

267 Hierzu kritisch *Zöllner/Haas*, in: Baumbach/Hueck, GmbHG, § 58a Rn. 2.

268 Eingehend *Hirte*, Die vereinfachte Kapitalherabsetzung bei der GmbH S. 1 ff; *K. Schmidt*, in: K. Schmidt/Uhlenbruck, Die GmbH in Krise, Sanierung und Insolvenz, Rn. 2.26 ff.

269 So etwa in §§ 120 Abs. 2, 121 Abs. 1 S. 1 und Abs. 2, 122 Abs. 1 und 2, 155 Abs. 1, 167 Abs. 2 und 3, 168 Abs. 1, 169 Abs. 1 HGB.

Begriff jedoch nicht näher, sondern setzt ihn voraus.[270] Aufgrund der unklaren Gesetzeslage rankt sich um die Rechtsnatur des Kapitalanteils ein Theorienstreit, der sich im Kern darum dreht, ob der Kapitalanteil die rechtliche, die wirtschaftliche oder beide Seiten der Beteiligung des Gesellschafters widerspiegelt[271] und ob es sich hierbei um ein subjektives Recht des Gesellschafters handelt.[272] In Bezug auf personengesellschaftsrechtliche Kapitalmaßnahmen ist dieser wissenschaftliche Streit allerdings bedeutungslos,[273] weswegen er hier außer Betracht bleiben kann.

Jedenfalls kann man zusammenfassen, dass nach wohl herrschender Meinung der Kapitalanteil einen Maßstab für die wirtschaftliche Beteiligung des Gesellschafters an der Gesellschaft darstellt. Nach dem gesetzlichen Leitbild, welches in § 120 Abs. 2 HGB zum Ausdruck kommt, besteht der Kapitalanteil des persönlich haftenden Gesellschafters in dem Saldo seiner Einlagen und Entnahmen sowie der auf ihn entfallenden Gewinn- und Verlustanteile. In der Folge schwankt der Kapitalanteil in Abhängigkeit von der wirtschaftlichen Situation der Gesellschaft und den Einlagen bzw. Entnahmen des Gesellschafters. Ein solcher veränderlicher Kapitalanteil ist nach wohl herrschender Meinung letztlich nur eine Rechenziffer,[274] die mit Anteilen an dem Grund- bzw. Stammkapital einer Kapitalgesellschaft nicht vergleichbar ist. Erst recht besteht keine Garantiefunktion zugunsten der Gläubiger[275], weswegen es folgerichtig im Personengesellschaftsrecht auch keine hierauf zielenden Kapitalschutzvorschriften gibt. Relevant ist er vielmehr im Innenverhältnis, wo das Gesetz mehrfach an den Kapitalanteil als Bemessungsgrundlage für Vermögensrechte der Gesellschafter anknüpft.[276]

---

270 MünchHdb. OHG/*Gummert* § 13 Rn. 18; MünchHdb. KG/*von Falkenhausen/Schneider* § 22 Rn. 2 f.

271 Ausführlich dazu *Huber*, Vermögensanteil, Kapitalanteil und Gesellschaftsanteil an Personalgesellschaften des Handelsrechts S. 224 ff.

272 Vgl. *Huber,* Vermögensanteil, Kapitalanteil und Gesellschaftsanteil an Personalgesellschaften des Handelsrechts S. 216 f; zusammenfassend MünchHdb. KG/*von Falkenhausen/Schneider* § 22 Rn. 4; MünchHdb. OHG/*Gummert* § 13 Rn. 18.

273 Vgl. MünchHdb. KG/*von Falkenhausen/Schneider* § 22 Rn. 5.

274 RGZ 117, 242; BGH NJW 1999, 2438; Staub HGB/*Schäfer* § 120 Rn. 49; Baumbach/Hopt HGB/*Roth* § 120 Rn. 13.

275 Vgl. MünchHdb. KG/*von Falkenhausen/Schneider* § 22 Rn. 6; *Huber,* Vermögensanteil, Kapitalanteil und Gesellschaftsanteil an Personalgesellschaften des Handelsrechts S. 184.

276 Wichtigster Fall ist das Entnahmerecht aus § 122 Abs. 1 HGB; weitere Fälle sind die Vorausdividende (§ 121 Abs. 1 HGB) und die Vermögensverteilung nach Abschluss der Liquidation (§ 155 Abs. 1 HGB).

Der Kapitalanteil des Kommanditisten der KG ist – ebenso wie der des Komplementärs – variabel, § 120 HGB ist über § 167 Abs. 1 HGB ebenfalls anwendbar. Allerdings werden Gewinne dem Kapitalanteil des Kommanditisten gemäß § 167 Abs. 2 HGB nicht über den Betrag der vereinbarten Einlage hinaus gutgeschrieben. Hintergedanke des Gesetzgebers war es, den gesellschaftsferneren Kommanditisten nicht zu erlauben, durch Stehenlassen von Gewinnen ihren Einfluss auf die Gesellschaft zu Ungunsten der persönlich haftenden Gesellschafter auszubauen.[277] Verluste werden dagegen auch bei Kommanditisten vom Kapitalanteil abgeschrieben, auch wenn dieser dadurch negativ wird.[278]

3.2.2.1.2 Gestaltungspraxis: Feste Kapitalanteile

Die gesetzlich vorgesehene Regelung wird vielfach als unbefriedigend empfunden. Der ständig schwankende variable Kapitalanteil ist in der Praxis kein verlässlicher Maßstab für die Stimm-, Verwaltungs- und Vermögensrechte der Gesellschafter. Da die Regelungen der §§ 120, 167 HGB vollständig dispositiv sind, werden sie in der Regel abbedungen und durch ein Mehrkontensystem ersetzt.

Gängig ist es, sämtliche Rechte der Gesellschafter an den Betrag eines gesellschaftsvertraglich fixierten, unbeweglichen („festen") Kapitalanteils zu knüpfen, dessen Höhe typischerweise der ursprünglichen Einlage entspricht.[279] Diese Kapitalanteile werden auf einem festen Kapitalkonto des Gesellschafters gebucht (meist so genanntes „Kapitalkonto I"). Zusätzlich wird in der Regel ein bewegliches Kapitalkonto geführt („Kapitalkonto II"), auf dem Gewinn- und Verlustanteile sowie Entnahmen bzw. Ausschüttungen verbucht werden. Es existieren bei geschlossenen Fonds auch Modelle, in denen dieses variable Kapitalkonto

---

277 MünchHdb. KG/*von Falkenhausen/Schneider* § 22 Rn. 13; *Gummert*, in: Henssler/Strohn, Gesellschaftsrecht, § 167 HGB Rn. 1; Schlegelberger HGB/*Martens* § 167 Rn. 11.

278 Vgl. *Gummert*, in: Henssler/Strohn, Gesellschaftsrecht, § 167 HGB Rn. 7 f; *Knobbe-Keuk*, NJW 1980, 2557; anders MünchHdb. KG/*von Falkenhausen/Schneider* § 22 Rn. 13, die aus § 167 Abs. 2 HGB auf ein festes Kapitalkonto des Kommanditisten schließen.

279 Statt durch einen festen Betrag kann der Kapitalanteil auch durch eine feste Beteiligungsquote festgelegt werden. Dies bringt jedoch einige Schwierigkeiten in der praktischen Umsetzung mit sich und ist daher unüblich. In der Bilanz müssen die Kapitalanteile – auch bei quotenmäßiger Festlegung – ohnehin ziffernmäßig ausgedrückt werden. Vgl. hierzu eingehend *Huber*, Vermögensanteil, Kapitalanteil und Gesellschaftsanteil an Personalgesellschaften des Handelsrechts S. 240; siehe auch MünchHdb. KG/*von Falkenhausen/Schneider* § 22 Rn. 17.

weiter untergliedert wird und etwa Liquiditäts- und Gewinnentnahmen separat auf einem „Kapitalkonto III" gebucht werden.[280] Zusätzlich können je nach Bedarf auch weitere Konten für Forderungen bzw. Verbindlichkeiten der Gesellschafter geführt werden. Der Vorteil eines solchen Systems liegt zum einen in der größeren Transparenz der Forderungsverhältnisse, zum anderen darin, dass es mit dem „Kapitalkonto I" eine verlässliche Bezugsgröße für die Bemessung des Kapitalanteils und damit des Umfangs der Gesellschafterrechte liefert.

Die rechtliche Einordnung der einzelnen Konten – insbesondere die Frage, ob dem „Kapitalkonto II" Eigenkapitalcharakter zukommt – ist in einem solchen System komplex und hängt auch stark von der gesellschaftsvertraglichen Regelung im konkreten Einzelfall ab.[281] Für die hier untersuchte Frage nach der Übertragbarkeit kapitalgesellschaftsrechtlicher Kapitalmaßnahmen ist diese Fragestellung jedoch ohne Bedeutung. Wesentlich ist, dass durch eine solche Festlegung des Kapitalanteils und die Verknüpfung mit den Gesellschafterrechten die Beteiligung an der Kommanditgesellschaft derjenigen an einer GmbH angenähert wird: Allein maßgeblich für den Umfang der Beteiligung ist – entsprechend dem Nominalbetrag des Geschäftsanteils an einer GmbH – das Kapitalkonto I, welches auch durch aufgelaufene Verluste nicht gemindert wird.[282]

Daraus resultiert der Bedarf, bei der Erhöhung des Eigenkapitals in einem ersten Schritt dem Kapitalkonto I der bisherigen Gesellschafter die angehäuften Verluste zuzuschreiben und damit deren Gesellschafterrechte und Anteile entsprechend zu entwerten. Schließlich wird ein Investor anderenfalls kaum zu dem Kapitaleinsatz bereit sein. Somit ist der Ablauf letztlich der gleiche wie bei der sanierenden Kapitalerhöhung in einer Kapitalgesellschaft.[283]

Ein gesondertes gesetzliches Verfahren im Sinne einer „vereinfachten Kapitalerhöhung" wie im Recht der AG oder GmbH (siehe oben 3.2.1, S. 100) ist hierzu nicht notwendig, da anders als dort dem Kapital der Kommanditgesellschaft gerade keine Garantiefunktion zukommt und eine Herabsetzung der festen Kapitalkonten ohne Weiteres durch eine Änderung des Gesellschaftsvertrages

---

280 Eingehend zur Kontensystematik bei geschlossenen Fonds *Bost/Halfpap*, in: Lüdicke/Arndt, Geschlossene Fonds, S. 45 f.

281 Vgl. hierzu *Ehricke*, in: Ebenroth/Boujong/Joost/Strohn, HGB, § 120 Rn. 79; Schlegelberger HGB/*Martens* § 120 Rn. 33; MüKo HGB/*Priester* § 120 Rn. 105.

282 Vgl. *Huber*, Vermögensanteil, Kapitalanteil und Gesellschaftsanteil an Personalgesellschaften des Handelsrechts S. 262.

283 Eingehend zur Übertragung der sanierenden Kapitalerhöhung in das Personengesellschaftsrecht *Schäfer*, in: FS Ganter, S. 33, 37 f.

möglich ist.[284] Anders als die im Handelsregister eingetragene Haftsumme der Kommanditisten, die dem Schutz der Gläubiger dient, beschränkt sich schließlich die Bedeutung des festen Kapitalanteils auf das Innenverhältnis.

3.2.2.2 Begriffsbestimmung / Abgrenzung: Nachschuss – vereinbarter Beitrag – Kapitalerhöhung

Der Themenkreis rund um nachträglich erbrachte Leistungen der Gesellschafter wird – gerade im Bereich der Publikumsgesellschaften – häufig unter dem Oberbegriff „Nachschuss“ bzw. „Nachschusspflichten“ diskutiert.[285] Je nach Autor wird dann oft begrifflich weiter differenziert. Vielfach werden in der Rechtsprechung und Literatur die Begriffe „Nachschuss“, (vereinbarter) „Beitrag“, „nachträgliche Beitragserhöhung“ und „Kapitalerhöhung“ verwendet, bezeichnen aber jeweils mitunter recht unterschiedliche Phänomene.

Das Gesetz selbst liefert wenige Anhaltspunkte zur Begriffsbestimmung. Im Personengesellschaftsrecht erwähnt der Gesetzgeber den Begriff des „Nachschusses“ nur in der Überschrift des § 735 BGB,[286] der über §§ 105 Abs. 3, 161 Abs. 2 HGB auch für die Komplementäre einer Kommanditgesellschaft gilt. Dabei geht es jedoch um die Ausgleichspflicht des Gesellschafters in der Liquidation, nicht um nachträgliche Leistungspflichten in der werbenden Gesellschaft. § 707 BGB, obwohl häufig als zentrale Norm aller Nachschussfragen identifiziert, spricht dagegen von einer „Erhöhung des vereinbarten Beitrags“. Auch hieraus lassen sich keine klaren Abgrenzungskriterien herleiten.

In der Literatur gibt es mitunter Versuche, den personengesellschaftsrechtlichen „Nachschuss“ nach dogmatischen Kriterien von anderen Begriffen abzugrenzen.[287] Eine gängige Begriffsverwendung läuft letztlich darauf hinaus, dass der Begriff „Nachschuss“ nur solche Leistungen erfasst, zu denen ein Gesellschafter gemäß § 707 BGB nicht gezwungen werden kann.[288]

---

284 So auch *Schäfer*, in: FS Ganter, S. 33, 38.

285 So etwa statt vieler *Armbrüster*, ZGR 2009, 1, „Nachschusspflicht im Personengesellschaftsrecht“; *Schäfer*, in: Gesellschaftsrecht in der Diskussion 2007, S. 137 („Nachschusspflichten bei Personengesellschaften“); *Wertenbruch*, DStR 2007, 1680, „Begründung von Nachschusspflichten in der Personengesellschaft“.

286 Seit der Neubekanntmachung des BGB im Jahre 2002 sind diese Überschriften amtlich.

287 So etwa bei *Scherf*, Die Nachschusspflicht im Gesellschaftsrecht, S. 5 ff; *Kaminski*, Nachschusspflichten, S. 2 ff; *Armbrüster*, ZGR 2009, 1, 2 ff.

288 Vgl. *Armbrüster*, ZGR 2009, 1, 7 f; *Nentwig*, WM 2011, 2168, 2169; *Nentwig*, Nachschusspflichten im Verbandsrecht, S. 13 ff; ebenso MünchHdb. KG/*Jaletzke* § 67 Rn. 17 f.

Der BGH spricht in seiner jüngeren Rechtsprechung im Oberbegriff von „nachträglichen Beitragserhöhungen“[289] und differenziert in begrifflicher Anlehnung an das GmbH-Recht zwischen Nachschüssen (§§ 26 ff GmbHG) und Kapitalerhöhungen (§§ 55 ff GmbHG) vornehmlich danach, ob die Einzahlungen die Beteiligungsquoten verändern[290] – was ersichtlich nur bei Gesellschaften sinnvoll ist, die feste Kapitalkonten führen. Nach der Diktion des BGH kann jede dieser Varianten freiwillig oder verpflichtend ausgestaltet sein.

Bei allen Unterschieden in der Begriffsverwendung wird allerdings deutlich, dass nur nachträglich begründete oder konkretisierte Pflichten „Nachschuss“ sein können, was jedenfalls von vornherein feststehende, gespaltene Beitragspflichten ausschließt.[291]

Um Unsicherheiten und Verwirrungen zu vermeiden, spricht jedenfalls insgesamt nichts dagegen, im Personengesellschaftsrecht „Nachschuss“ weiterhin als Oberbegriff für nachträgliche Leistungen von Gesellschaftern zu verwenden. Angesichts der starken Anlehnung der Eigenkapitalmaßnahmen an das Kapitalgesellschaftsrecht (siehe oben) hat es sich bei Publikumsgesellschaften eingebürgert, die dortigen Begrifflichkeiten zu übernehmen. Dem soll auch hier gefolgt werden. Als „Kapitalerhöhung“ wird demnach eine solche nicht erzwungene Kapitalzufuhr durch einen Gesellschafter bezeichnet, die dessen festen Kapitalanteil entsprechend erhöht.

Eine Einengung oder Festlegung der Begriffs oder gar der Rechtsfolgen des „Nachschusses“ oder des „Beitrags“ liegt darin gleichwohl nicht.[292] Es handelt sich lediglich um Definition bzw. Konvention zur sprachlichen Vereinfachung.

3.2.3 Durchführung / Änderung des Gesellschaftsvertrags

Die Durchführung einer Kapitalerhöhung wie oben beschrieben setzt aus mehreren Gründen eine Änderung des Gesellschaftsvertrages voraus.

Das liegt zum einen schon in der Natur der zu treffenden Maßnahmen begründet. Ganz gleich, ob die Kapitalerhöhung im Wege der Einforderung weiterer

289 BGH NJW-RR 2006, 827, Rn. 18 ff; NJW-RR 2007, 757, Rn. 13; NJW-RR 2009, 753, Rn. 14 f; NZG 2014, 1296, Rn. 17.

290 Besonders deutlich in BGH NJW 2010, 65, Rn. 28 („Sanieren oder Ausscheiden“); im Ergebnis ähnlich *Scherf*, Die Nachschusspflicht im Gesellschaftsrecht, S. 11 ff, 181; in Anlehnung hieran *Walch*, Die Sanierung der Immobilienfondsgesellschaft, S. 78 ff;

291 Vgl. etwa BGH WM 2006, 774, Rn. 14; *Nentwig*, WM 2011, 2168, 2169.

292 Darauf zu Recht hinweisend MüKo BGB/*Schäfer* § 707 Rn. 5.

Beiträge der bisherigen Gesellschafter oder durch Aufnahme neuer Gesellschafter umgesetzt wird: Hierbei handelt es sich in beiden Fällen um solche Geschäfte, die Rechtsbeziehungen der Gesellschafter als „Herren der Gesellschaft" untereinander betreffen. Das sind nicht nur außergewöhnliche Geschäfte, sondern so genannte Grundlagengeschäfte.[293] Die Vornahme solcher Geschäfte setzt immer eine entsprechende Änderung des Gesellschaftsvertrages voraus bzw. stellt in sich eine Änderung des Gesellschaftsvertrages dar.[294] Für die Einforderung von Nachschüssen ergibt sich das Erfordernis einer Vertragsänderung auch aus dem allgemeinen Grundsatz des Belastungsverbots und dessen prominentester Ausprägung, § 707 BGB.[295] Falls ein Ausschluss nicht sanierungswilliger Gesellschafter vorgesehen werden soll, gilt hierfür das Gleiche. Zudem sollen die vertraglich niedergelegten festen Kapitalanteile der Gesellschafter entsprechend ihrer erneuten Einlageleistung angepasst werden, was ersichtlich ohne eine Änderung des Gesellschaftsvertrages nicht möglich ist.

Zentrales Mittel zur Gestaltung der Rechtsverhältnisse der Gesellschafter untereinander und zur Gesellschaft ist der Gesellschafterbeschluss.[296] Dementsprechend erfolgt auch die zur Kapitalerhöhung notwendige Vertragsänderung im Wege eines Gesellschafterbeschlusses im Sinne des § 119 HGB.

Für die hier untersuchten Kapitalmaßnahmen sind insbesondere die folgenden denkbaren Beschlussgegenstände von entscheidender Bedeutung:

1. Die freiwillige Kapitalerhöhung (einschließlich Kapitalschnitt und Aufnahme neuer Investoren als Gesellschafter),
2. die Verpflichtung aller Gesellschafter zu Nachschüssen sowie
3. der Ausschluss sanierungsunwilliger Gesellschafter.

---

293 Vgl. hierzu RGZ 151, 327 (Beitragserhöhung); BGHZ 76, 164 (Aufnahme neuer Gesellschafter); Übersicht bei Baumbach/Hopt HGB/*Roth* § 114 Rn. 3.

294 H.M., vgl. statt vieler Baumbach/Hopt HGB/*Roth* § 114 Rn. 3; Staub HGB/*Schäfer* § 114 Rn. 15; MüKo HGB/*Rawert* § 114 Rn. 9; ein grundsätzlich anderes Verständnis von Grundlagengeschäften hat *Schulze-Osterloh*, in: FS Hadding, S. 637, 653, für den Grundlagengeschäfte eine eigene Kategorie zwischen gewöhnlichen Geschäften und Vertragsänderungen darstellen. Daran, dass die genannten Maßnahmen eine Vertragsänderung erfordern, ändert diese Ansicht gleichwohl nichts – sie zählt diese bloß nicht zu den Grundlagengeschäften.

295 MüKo BGB/*Schäfer* § 707 Rn. 1; MüKo HGB/*Enzinger* § 119 Rn. 73.

296 Vgl. MüKo HGB/*Enzinger* § 119 Rn. 1.

3.2.4 Mehrheitsentscheidungen

Gesellschafterbeschlüsse werden, soweit gesellschaftsvertraglich nichts anderes geregelt ist, gemäß § 119 Abs. 1, 161 Abs. 2 HGB einstimmig gefasst. Die einstimmige Beschlussfassung hat allerdings den großen Nachteil, dass ein einzelner Minderheitsgesellschafter mit seinem Votum sämtliche Entscheidungen blockieren kann. Dies ist schon in kleineren, personalistisch geprägten Gesellschaften mit überschaubarem Gesellschafterkreis mitunter problematisch und erschwert die innergesellschaftliche Willensbildung. Eine Publikumsgesellschaft mit ihrer unüberschaubaren Vielzahl von anonymen Gesellschaftern wäre jedoch bei Aufrechterhaltung des Einstimmigkeitsprinzips schlechterdings entscheidungsunfähig.

Angesichts der zahlreichen verschiedenen Interessen der Gesellschafter ist gerade bei komplexeren oder risikobehafteten Beschlussgegenständen ein einstimmiges Abstimmungsergebnis illusorisch. Erschwerend kommt hinzu, dass § 119 Abs. 1 HGB eine einstimmige Entscheidung nicht nur aller abstimmenden, sondern aller in der Gesellschaft vorhandenen Gesellschafter verlangt,[297] was bei größeren Publikumsgesellschaften schon organisatorisch kaum zu bewerkstelligen ist. Daher wäre auch ein Sanierungsbeschluss bzw. dessen Umsetzung durch die genannten Kapitalmaßnahmen zum Scheitern verurteilt.

Die Regelung des § 119 Abs. 1 HGB ist jedoch dispositiv. Schon die Zweifelsfallregelung des § 119 Abs. 2 HGB (Bestimmung der Mehrheit nach Köpfen, falls nicht anders vorgesehen) zeigt schließlich, dass der Gesetzgeber Mehrheitsbeschlüsse vor Augen hatte und auch für grundsätzlich zulässig erachtet.

Demzufolge kann der Gesellschaftsvertrag – abweichend von dem dispositiven Gesetzesrecht – das Mehrheitsprinzip vorsehen. Von einer solchen Mehrheitsklausel erfasste Gegenstände können dann grundsätzlich mit Wirkung für die Minderheit von der Gesellschaftermehrheit durch Gesellschafterentschluss geregelt werden (siehe zu den Grenzen der Mehrheitsherrschaft aber sogleich eingehend 3.2.5, S. 111).[298]

Auch der Maßstab für die Mehrheitsberechnung ist gesetzlich nicht vorgegeben. § 119 Abs. 2 HGB greift nur, wenn der Gesellschaftsvertrag keine eigenen Bestimmungen bereithält. Sind – wie bei Publikumsgesellschaften üblich – feste

297 *Haas*, in: Röhricht/Graf von Westphalen/Haas, HGB, § 119 Rn. 13; Gleiches gilt vorbehaltlich einer abweichenden Regelung nach § 119 Abs. 2 HGB auch für Mehrheitsklauseln, vgl. hierzu auch BGH NZG 2011, 1142, 1143; NJW 1998, 1946, 1948.

298 Das ist im Ergebnis unstrittig, vgl. nur MüKo HGB/*Enzinger* § 119 Rn. 5; *Goette*, in: Ebenroth/Boujong/Joost/Strohn, HGB (2. A. 2008), § 119 Rn. 45; Staub HGB/*Schäfer* § 119 Rn. 31; Baumbach/Hopt HGB/*Roth* § 119 Rn. 34.

Kapitalanteile vereinbart, so wird in aller Regel das Stimmgewicht der einzelnen Gesellschafter nach der Größe ihres Kapitalanteils bestimmt. Häufig gewährt dabei in Anlehnung an § 47 Abs. 2 GmbHG jeder Euro Kapitalanteil eine Stimme. Die Berechnung der notwendigen Mehrheit richtet sich dabei üblicherweise nach den tatsächlich gültig abgegebenen, nicht nach den theoretisch in der Gesellschaft vorhandenen Stimmen.[299] Ist in einer Publikumsgesellschaft eine Mehrheitsklausel vereinbart, der Abstimmungsmodus jedoch offen gelassen, so wendet der BGH § 47 GmbHG analog an.[300] Außerdem ist bei Publikumsgesellschaften die Mehrheit ausschließlich nach der Zahl der abgegebenen gültigen Stimmen unter Außerachtlassung der Enthaltungen zu bestimmen.[301]

Aufgrund des besonderen praktischen Bedarfs wegen der Anonymität und der Vielzahl der Gesellschafter sind solche Mehrheitsklauseln schon seit deren Frühzeit fester Bestandteil der Gesellschaftsverträge von Publikumsgesellschaften. Derartige Klauseln sind im Bereich der Publikumsgesellschaften so selbstverständlich, dass sich mitunter in der Literatur und Rechtsprechung gar die Tendenz erkennen lässt, mehrheitliche Vertragsänderungen sogar ohne besondere Mehrheitsklausel zu erlauben[302] und „impraktikable" Einstimmigkeitsklauseln nachträglich durch Mehrheitsentscheid abzuschaffen (siehe zum Ganzen unten 3.2.7, S. 150).[303]

3.2.5 Grenzen der Mehrheitsherrschaft

Die Einführung von Mehrheitsbeschlüssen ermöglicht eine effiziente innergesellschaftliche Willensbildung, bringt aber erhebliche Probleme im Bereich des Minderheiten- und Individualschutzes mit sich. Das gilt umso mehr, da eine gesetzliche Regulierung der Grenzen der Mehrheitsherrschaft nicht existiert.

Allerdings ist man sich allgemein darin einig, dass aufgrund allgemeiner verbandsrechtlicher Erwägungen des Individual- und Minderheitenschutzes die Mehrheit ihre Macht innerhalb der Gesellschaft nicht schrankenlos ausüben

---

299 Vgl. *Haas*, in: Röhricht/Graf von Westphalen/Haas, HGB, § 119 Rn. 15.

300 Vgl. BGH NZG 2011, 1142, 1143; siehe hierzu auch *Haas*, in: Röhricht/Graf von Westphalen/Haas, HGB, § 119 Rn. 15.

301 Vgl. BGH NJW 1998, 1946, 1948.

302 Vgl. hierzu *Stimpel*, in: FS Fischer, S. 771, 779 f; Staub HGB/*Schäfer* § 119 Rn. 48; Baumbach/Hopt HGB/*Roth* Anh § 177a Rn. 69b; Staub HGB (4. A. 2004)/*Schilling* Anh § 161 Rn. 25; *Reuter*, GmbHR 1981, 129, 131; BGHZ 71, 53, 58 f (die Frage aufwerfend, im Ergebnis jedoch offen lassend); OLG Köln BB 1994, 455; dagegen *K. Schmidt*, ZGR 2008, 1, 13.

303 KG ZIP 2011, 659, bestätigt durch BGH, Urteil vom 16.10.2012, Az. II ZR 70/11.

darf. Daher sind Rechtsprechung und Literatur seit jeher bestrebt, Regeln aufzustellen, die das Interesse an effizienter Entscheidungsfindung einerseits und an einem wirksamen Minderheiten- bzw. Individualschutz andererseits in einen angemessenen Ausgleich bringen.

Im Folgenden sollen zunächst die gängigen Ansätze zur Beschränkung der Mehrheitsherrschaft in Personengesellschaften dargestellt und diskutiert und anschließend – auf diesen Ergebnissen aufbauend – eine eigene Lösung entwickelt werden.

3.2.5.1 Unverzichtbare Rechte

In der Diskussion um die Schranken der Privatautonomie im Personengesellschaftsrecht und der Mehrheitsherrschaft hat sich herauskristallisiert, dass es bestimmte elementare Rechtspositionen gibt, die aus grundlegenden verbandsrechtlichen Erwägungen nicht – und erst recht nicht durch Mehrheitsbeschluss – beschränkt werden können.[304] Diese Rechte machen den absoluten „Kern"[305] der Mitgliedschaft in der Gesellschaft aus. Wird festgestellt, dass ein Beschluss eine solche Rechtsposition beschränkt, erübrigt sich daher eine weitere Prüfung. Die betroffenen Gegenstände sind als zwingendes Recht der privatautonomen Gestaltung gänzlich entzogen, sodass auch eine Zustimmung des Gesellschafters nicht in Betracht kommt. Entsprechende Beschlüsse sind folglich unwirksam bzw. nichtig.[306]

Soweit ersichtlich wird dieser Umstand allgemein anerkannt, unabhängig davon, welcher Mechanismus der Beschluss- bzw. Inhaltskontrolle im Einzelnen vertreten wird.[307] Die unverzichtbaren Rechte bilden somit einen eigenen, vor die Klammer gezogenen Prüfungsschritt im Rahmen der Beschlusskontrolle.

---

304 Hierzu grundlegend *Teichmann*, Gestaltungsfreiheit in Gesellschaftsverträgen, S. 145 ff.

305 Nicht zu verwechseln mit der „Kernbereichslehre", siehe hierzu unten 3.2.5.3, S. 115 ff.

306 Vgl. MüKo HGB/*Enzinger* § 119 Rn. 69.

307 Vgl. MüKo HGB/*Enzinger* § 119 Rn. 69; *Schäfer*, ZGR 2013, 237, 251 ff; *Ulmer*, ZIP 2015, 657, 659; *Altmeppen*, NJW 2015, 2065, 2068 jeweils mit weiteren Nachweisen. Der BGH prüft auch im Rahmen seiner neuen, zweistufigen Beschlusskontrolle (siehe hierzu eingehend unten) vorab, „*ob trotz Zulassung der betreffenden Mehrheitsentscheidung im Gesellschaftsvertrag ein unzulässiger Eingriff in schlechthin unverzichtbare […] Mitgliedschaftsrechte*" vorliegt, BGH NJW 2007, 1685, Rn. 10; Urteil vom 16.10.2012, Az. II ZR 251/10, BeckRS 2012, 25540, Rn. 38; zur Definition dieser „schlechthin unverzichtbaren Rechte" siehe auch BGHZ 20, 363, 368.

Zu dem gesicherten Bestand der unverzichtbaren Rechte gehören die gesetzlich besonders geschützten Positionen wie das außerordentliche Kontrollrecht (Rechtsgedanke der §§ 166 Abs. 3, 118 Abs. 2 HGB, 716 Abs. 2 BGB) und das Austrittsrecht aus wichtigem Grund (§§ 723 Abs. 3 BGB, 105 Abs. 3, 161 Abs. 2 HGB) sowie daneben das Recht zur Teilnahme an der Gesellschafterversammlung einschließlich Rede- und Antragsrecht und das Recht zur Anfechtung rechtswidriger Beschlüsse.[308]

Die Einordnung der *actio pro socio* und des Stimmrechts ist dagegen umstritten. Diese sind aber nach wohl allgemeiner Ansicht jedenfalls insoweit unverzichtbar, als sie der Geltendmachung bzw. Ausübung der vorgenannten Rechtspositionen dienen.[309]

Die Konflikte im Rahmen der Durchführung von Kapital- bzw. allgemein Sanierungsmaßnahmen in Publikumsgesellschaften spielen sich jedoch selten im Bereich der unverzichtbaren Rechte ab, weswegen hier nicht näher darauf einzugehen ist.

3.2.5.2 Bestimmtheitsgrundsatz

Ausgangspunkt der modernen Entwicklung von Schranken der Mehrheitsherrschaft im Personengesellschaftsrecht war die Aufstellung des so genannten Bestimmtheitsgrundsatzes durch den BGH. Dieser machte die Wirksamkeit einer gesellschaftsvertraglichen Mehrheitsklausel davon abhängig, dass diese den Beschlussgegenstand ausreichend präzise umschrieb und bezeichnete.[310] Dogmatisch setzt der Bestimmtheitsgrundsatz damit auf der Ebene der formellen Ermächtigung an. Eine wie auch immer geartete Inhaltskontrolle findet hiernach nicht statt.

Als Instrument des Minderheitenschutzes stellte der Bestimmtheitsgrundsatz sich jedoch als weitgehend ungeeignet heraus, da die Kautelarpraxis alsbald dazu

---

308 Vgl. nur *K. Schmidt* GesR § 16 III 3 a; *Immenga*, ZGR 1974, 385, 403 ff; MüKo HGB/*Enzinger* § 119 Rn. 68; *Haas*, in: Röhricht/Graf von Westphalen/Haas, HGB, § 119 Rn. 21 ff; *Goette*, in: Ebenroth/Boujong/Joost/Strohn, HGB (2. A. 2008), § 119 Rn. 53; Schlegelberger HGB/*Martens* § 119 Rn. 25; siehe auch BGH WM 1988, 753, 755 (zur Beschlussanfechtung); NJW 1973, 1602 (Austritt aus wichtigem Grund).

309 Vgl. MüKo HGB/*Enzinger* § 119 Rn. 68; *Haas*, in: Röhricht/Graf von Westphalen/Haas, HGB, § 119 Rn. 26 f, 28; *Immenga*, ZGR 1974, 385, 412; *Comes*, DB 1974, 2189, 2195. Der BGH lässt die Frage in BGH NJW 1985, 122 offen.

310 Grundlegend BGHZ 8, 35, 41 ff; 48, 251, 253; entsprechende Anklänge finden sich schon in Entscheidungen des Reichsgerichts, vgl. RGZ 91, 166, 168; 114, 393, 395; 151, 321, 327.

überging, die Mehrheitsklauseln mit langen und detaillierten Katalogen möglicher Beschlussgegenstände auszustatten. Aufgrund ihrer Wirkungslosigkeit sah sich diese Rechtsprechung vehementer Kritik aus der Literatur ausgesetzt.[311]

Für Publikums-Gesellschaften hat der BGH den Bestimmtheitsgrundsatz denn auch schon früh fallen lassen.[312] Für die restlichen Personengesellschaften wurde der Bestimmtheitsgrundsatz zunächst modifiziert und dahingehend eingeschränkt, dass das strenge Katalogprinzip nur noch bei für die konkrete Gesellschaft „ungewöhnlichen" Beschlussgegenständen greift.[313] Die endgültige und explizite Abkehr des BGH vom Bestimmtheitsgrundsatz auch für gesetzestypische Personengesellschaften erfolgte erst im Jahr 2014,[314] nachdem er in den vorgehenden Grundsatzentscheidungen „Otto"[315] und „Schutzgemeinschaft II"[316] die Geltung des Bestimmtheitsgrundsatzes zwar schon marginalisiert, den Begriff jedoch weiterhin verwendet hatte.

In der Literatur halten einige Stimmen zumindest begrifflich an dem „Bestimmtheitsgrundsatz" fest.[317] Allerdings verlangt keiner der Autoren mehr die nach früherem Verständnis erforderliche katalogartige Auflistung aller möglichen Beschlussgegenstände. Vielmehr wird der Bestimmtheitsgrundsatz darauf reduziert, eine zweifelsfreie und eindeutige Bestimmung für die Ermächtigung für Mehrheitsentscheidungen im Gesellschaftsvertrag zu fordern, was ihn zu

311 Vgl. statt vieler *Hennerkes/Binz*, BB 1983, 713 mit weiteren Nachweisen, die schon 1983 das endgültige Ende des Bestimmtheitsgrundsatzes ausrufen; eine detaillierte Zusammenfassung der Entwicklung dieser Rechtsprechung findet sich bei *Schäfer*, ZGR 2013, 237, 238 f.

312 In expliziter Abkehr von der bisherigen Rechtsprechung BGH NJW 1978, 1382.

313 Oft so genanntes „Ungewöhnlichkeitskriterium", vgl. BGH 1983, 1056; 1988, 411; 1995, 194.

314 BGH NZG 2014, 1296; vgl. hierzu *Göz/Pauw*, DB 2014, 2759; *Schäfer*, NZG 2014, 1401. Bereits zuvor hatte der BGH in mehreren Entscheidungen – die inhaltlich allerdings Publikumsgesellschaften betrafen – eine generelle Abkehr vom Bestimmtheitsgrundsatz durchblicken lassen; vgl. BGH NZG 2013, 57; 2013, 63; 2014, 302, 304; siehe hierzu auch *Wertenbruch*, NZG 2013, 641. Zur Bedeutung dieses Urteils für die Kernbereichslehre siehe unten 3.2.5.3.5.3, S. 121.

315 BGH NJW 2007, 1685.

316 BGH NJW 2009, 669.

317 Vgl. Baumbach/Hopt HGB/*Roth* § 119 Rn. 37c (jedoch nicht für Publikumsgesellschaften sowie GmbH & Co. KG); *K. Schmidt*, ZHR 158 (1994), 205, 214 ff; *K. Schmidt*, ZGR 2008, 1, 8 f; *K. Schmidt* GesR § 16 II 2c; *K. Schmidt*, ZIP 2009, 737, 738; *Goette*, in: Ebenroth/Boujong/Joost/Strohn, HGB (2. A. 2008), § 119 Rn. 55; *Psaroudakis*, in: Heidel/Schall, HGB, § 119 Rn. 10.

einer Art Auslegungsregel macht.[318] Der BGH hat allerdings klargestellt, dass der Bestimmtheitsgrundsatz auch nicht in Form einer Auslegungsregel weiterlebt, die generell eine restriktive Interpretation gesellschaftsvertraglicher Mehrheitsklauseln gebietet.[319] Übrig bleibt daher nur eine Auslegung nach den allgemeinen für Rechtsgeschäfte geltenden Grundsätzen der §§ 133, 157 BGB. Diese wird aber ohnehin vorgenommen. Der Sinn hinter der Einführung bzw. umdeutenden Aufrechterhaltung des Begriffs „Bestimmtheitsgrundsatz" erschließt sich nicht.[320]

Der Bestimmtheitsgrundsatz ist damit endgültig überholt,[321] weswegen der Begriff zur Vermeidung von Missverständnissen im Folgenden auch in seiner reduzierten Form nicht mehr verwendet wird.

3.2.5.3 Kernbereichslehre

3.2.5.3.1 Allgemeines

Einen weiteren Ansatz zur Begrenzung der Mehrheitsherrschaft liefert die sogenannte Kernbereichslehre, die einen gewissen „Kernbereich der Mitgliedschaftsrechte" definiert, der nicht oder nur unter bestimmten Bedingungen einer Mehrheitsentscheidung unterworfen werden kann. Inhaltlich geht es dabei also nicht um die formelle Ermächtigung, sondern um eine materielle

---

318 Vgl. nur wörtlich *K. Schmidt*, ZIP 2009, 737, 738, „pure Auslegungsfähigkeit der Mehrheitsklausel"; *Goette*, in: Ebenroth/Boujong/Joost/Strohn, HGB (2. A. 2008), § 119 Rn. 55, „In der Feststellung [...] der Auslegung des Gesellschaftsvertrages [...] erschöpft sich der Bestimmtheitsgrundsatz"; Baumbach/Hopt HGB/*Roth* § 119 Rn. 37e, „Der Bestimmtheitsgrundsatz bei einer Mehrheitsklausel [...] verlangt nur Eindeutigkeit der Vertragsregelung"; *Weitemeyer*, in: Oetker, HGB, § 119 Rn. 36, „Es genügt, wenn sich aus dem Gesellschaftsvertrag, wenn auch durch Auslegung, eindeutig ergibt, dass der in Frage stehende Beschlussgegenstand einer Mehrheitsentscheidung unterworfen werden soll."; Staub HGB/*Casper* § 161 Rn. 182, „allgemeines bürgerlich-rechtliches Bestimmtheitsgebot" in Abgrenzung zum „gesellschaftsrechtlichen Bestimmtheitsgrundsatz".

319 Vgl. BGH NZG 2014, 1296, LS. 2; vgl. hierzu *Göz/Pauw*, DB 2014, 2759.

320 Ebenso *Schäfer*, ZGR 2013, 237, 244 ff; *Haas*, in: Röhricht/Graf von Westphalen/Haas, HGB, § 119 Rn. 19b; *Wertenbruch*, NZG 2013, 641, 643.

321 So ganz explizit BGH NZG 2014, 1296, LS. 2; vgl. hierzu auch die Reaktionen der Literatur auf dieses Urteil, *Ulmer*, ZIP 2015, 657; *Schäfer*, NZG 2014, 1401; *Schäfer*, ZIP 2015, 1313; *Wertenbruch*, DB 2014, 2875, 2876; *Heckschen/Bachmann*, NZG 2015, 531; *Priester*, EWiR 2015, 71; *Schiffer*, BB 2015, 584; *Weber*, ZfPW 2015, 123, 126; *Göz/Pauw*, DB 2014, 2759.

Beschlusskontrolle anhand der Intensität des Eingriffs in die Rechtspositionen des einzelnen Gesellschafters.

Genauer Inhalt, Reichweite und Bedeutung der Kernbereichslehre sind allerdings nicht abschließend definiert. In der Rechtsprechung und Literatur wird der Begriff oft wie selbstverständlich verwendet, obwohl die einzelnen Autoren teilweise ein nicht unwesentlich abweichendes Verständnis der Kernbereichslehre haben.[322]

Als Ausgangspunkt der Kernbereichslehre gilt eine Grundsatzentscheidung des Bundesgerichtshofes aus dem Jahr 1956,[323] in der dieser festgestellt hat, dass in gewisse Bereiche der Rechtsstellung des Gesellschafters jedenfalls nicht eingegriffen werden könne, ohne dass dem betroffenen Gesellschafter ein Stimmrecht zukäme. Diese zunächst auf die Grenzen eines Stimmrechtsausschlusses bezogene Rechtsprechung wurde von der Literatur alsbald dahingehend interpretiert bzw. erweitert, dass wirksame Eingriffe in den „Kernbereich der Mitgliedschaft“ nur mit Zustimmung des betroffenen Gesellschafters möglich sind. Im Laufe der Zeit hat sich hierfür der Begriff „Kernbereichslehre“ eingebürgert.[324]

3.2.5.3.2 Umfang des Kernbereichs

Der Kernbereich der Mitgliedschaft ist als solcher gerade nicht allgemeingültig definierbar, sondern unterscheidet sich je nach Art und Struktur der jeweiligen Gesellschaft.[325]

Die Kernbereichslehre trennt zwischen zwei Arten von elementaren Gesellschafterrechten, nämlich den „unverzichtbaren“ Rechten,[326] die nicht beschränkt werden können, und den „unentziehbaren“ Rechten (häufig auch „relativ unverzichtbare“ Rechte genannt), in die nur mit Zustimmung des betroffenen Gesellschafters eingegriffen werden kann. Innerhalb der Vertreter der Kernbereichslehre umstritten ist die Frage, ob unverzichtbare Rechte überhaupt zum

---

322 *Goette*, in: FS Sigle, S. 145, 149 spricht angesichts dessen treffend von einer „geradezu babylonischen Sprachverwirrung“.

323 BGH NJW 1956, 1198.

324 Entscheidend geprägt hat diesen Begriff wohl *Westermann*, Vertragsfreiheit und Typengesetzlichkeit im Recht der Personengesellschaften, S. 351 ff; siehe hierzu auch *Schäfer*, ZGR 2013, 237, 250.

325 Vgl. etwa Staub HGB/*Schäfer* § 119 Rn. 38 ff; *Schäfer*, ZGR 2013, 237, 254 f; Baumbach/Hopt HGB/*Roth* § 119 Rn. 36; *K. Schmidt*, ZIP 2009, 737, 740.

326 Siehe hierzu oben 3.2.5.1, S. 112.

Kernbereich gehören[327] oder eben nicht.[328] Zu unterschiedlichen Ergebnissen führen die beiden Ansichten indes nicht; eine eigenständige Bedeutung entfaltet die Kernbereichslehre ohnehin nur im Bereich der „unentziehbaren" Rechte.

Obwohl der Kernbereich der Mitgliedschaft nicht abschließend definiert werden kann, gibt es doch einen gewissen gesicherten Kanon an Rechtspositionen, die allgemein einbezogen werden. Das betrifft insbesondere Eingriffe in das Stimmrecht, den Gewinnverteilungsschlüssel und die Liquidationsfolgen.[329]

Ebenso wird mittlerweile das Verbot der unfreiwilligen Beitragserhöhung (Belastungsverbot, § 707 BGB) von Vertretern der Kernbereichslehre als unentziehbares Recht gesehen. So können zwar durch Mehrheitsentscheid erzwungene Beitragserhöhungen im Gesellschaftsvertrag vereinbart werden. Der konkrete Beschluss ist auch nicht als solcher nichtig, bleibt jedoch den nicht zustimmenden Gesellschaftern gegenüber unwirksam.[330]

Die Bildung solcher Fallgruppen ist nicht auf Vertreter der Kernbereichslehre beschränkt,[331] findet aber regelmäßig unter deren Etikett statt. Der BGH lehnt sich im Grunde auch an diese Fallgruppen an, wenn er bestimmt, dass ein Eingriff in unentziehbare Rechte regelmäßig einen Treupflichtverstoß darstellt[332] und für die Definition dieser Rechte letztlich auf Erkenntnisse der Kernbereichslehre zurückgreift (zum Verhältnis des BGH zur Kernbereichslehre siehe unten 3.2.5.3.5, S. 119).

3.2.5.3.3 (Antizipierte) Zustimmung

Das zentrale Element der Kernbereichslehre ist das Postulat der Zustimmungsbedürftigkeit mancher Beschlussgegenstände.

Der Kernbereich der Mitgliedschaftsrechte definiert sich nämlich als der Bestand der Rechtspositionen, in die – angeblich – nicht ohne gesonderte Zustimmung der betroffenen Gesellschafter eingegriffen werden kann.[333] Zu Recht wurde daher festgestellt, dass der dogmatische Begriff des „Kernbereichs" der Mitgliedschaftsrechte von dieser Rechtsfolge – nämlich dem

327 So etwa bei *Sigle*, in: FS Hüffer, S. 973, 976 f.

328 So *Schäfer*, ZGR 2013, 237, 257 f.

329 Vgl. etwa MüKo HGB/*Enzinger* § 119 Rn. 72; *Haas*, in: Röhricht/Graf von Westphalen/Haas, HGB, § 119 Rn. 29; MüKo BGB/*Schäfer* § 709 Rn. 93.

330 Vgl. MüKo BGB/*Schäfer* § 709 Rn. 114.

331 Vgl. etwa MüKo HGB/*Enzinger* § 119 Rn. 67; 70 ff.

332 BGH NJW 2009, 669, Rn. 17 („Schutzgemeinschaft II").

333 Vgl. *Wiedemann*, GesR I, S. 362; *Röttger*, Die Kernbereichslehre im Recht der Personenhandelsgesellschaften, S. 100.

Zustimmungserfordernis – her bestimmt wird.[334] Dafür ist es unerheblich, ob man das Verständnis des BGH (siehe oben 3.2.5.3.5, S. 119) oder dasjenige der eigentlichen „Kernbereichslehre“ zugrunde legt. Dieser Zusammenhang ist mit der fortschreitenden Verselbständigung des Zustimmungserfordernisses zunehmend in Vergessenheit geraten. Heute wird sogar häufig eher andersherum argumentiert, also dass die Zustimmungsbedürftigkeit aus der Zugehörigkeit des betroffenen Rechts zum Kernbereich resultiert.[335]

Gemäß der Kernbereichslehre soll ein Eingriff in den Kernbereich der Mitgliedschaftsrechte dann ausnahmsweise doch wirksam sein, wenn es sich um ein „unentziehbares“ Recht handelt und der betroffene Gesellschafter diesem Eingriff zugestimmt hat. Diese Zustimmung ist ein eigenständiges, von der Stimmabgabe bei der Beschlussfassung unabhängiges Rechtsgeschäft Sinne des § 182 BGB.[336]

Eine solche Zustimmung kann auch bereits „antizipiert“ im Gesellschaftsvertrag erklärt werden. Erforderlich und ausreichend hierfür ist eine Mehrheitsklausel, die Art, Umfang und Obergrenze der Maßnahme genau festlegt.

3.2.5.3.4 Zusätzliche Ausübungskontrolle

Auch die Anhänger der Kernbereichslehre verzichten im Rahmen der Inhaltskontrolle nicht auf eine weitere Stufe, auf der die Beschlüsse an der allgemeinen gesellschafterlichen Treupflicht gemessen werden. Inhaltlich entspricht das Prüfprogramm in etwa demjenigen, was auch von Vertretern einer offenen Beschlusskontrolle vorgeschlagen wird (siehe dazu sogleich 3.2.5.4, S. 133).

Mitunter wird dabei die Ansicht vertreten, dass die Ausübungskontrolle bei nur mittelbaren Eingriffen in Kernbereichsrechte im Sinne einer Verhältnismäßigkeitsprüfung ausgestaltet werden muss.[337]

---

334 So *Röttger*, Die Kernbereichslehre im Recht der Personenhandelsgesellschaften, S. 95; *Wiedemann*, GesR I, S. 362; allgemein zur Methodik der rechtsfolgenorientierten Bildung dogmatischer Begriffe vgl. *Wank*, Die juristische Begriffsbildung, S. 77 f; 85 ff.

335 So etwa bei MüKo BGB/*Schäfer* § 709 Rn. 91.

336 Vgl. *Schäfer*, ZGR 2013, 237, 252.

337 So etwa *Schäfer*, ZGR 2013, 237, 267.

3.2.5.3.5 *Kernbereichslehre und BGH*

3.2.5.3.5.1 *Überblick*

Der BGH selbst hat – soweit ersichtlich – bislang keine klare Stellung zur Kernbereichslehre bezogen. Allerdings nimmt er seit längerem eine materielle Beschlusskontrolle vor, die sich keineswegs auf die Zulässigkeit von Stimmrechtsausschlüssen beschränkt, sondern sich stark an die in der Literatur entwickelten Grundsätze anlehnt.[338] So erkennt auch der BGH die Existenz gewisser „Kernbereichsrechte" an, in die nur nach Zustimmung des betroffenen Gesellschafters wirksam eingegriffen werden kann. Eine Übernahme der Kernbereichslehre als solcher kann daraus aber nicht gefolgert werden.[339]

Mit der Herausbildung der zweistufigen Beschlusskontrolle seit der „Otto"-Entscheidung (vgl. hierzu unten 3.2.5.5, S. 134) hat sich der BGH begrifflich und inhaltlich zunehmend von der Kernbereichslehre emanzipiert. Das wird auch daran deutlich, dass der II. Zivilsenat seit dem „Otto"-Urteil[340] stets von der „so genannten ‚Kernbereichslehre'" (einschließlich Anführungszeichen) spricht, was schon sprachlich eine eindeutige Distanzierung ausdrückt.[341]

3.2.5.3.5.2 *Zustimmungspflicht / „Sanieren oder Ausscheiden"*

Der inhaltliche Unterschied zwischen der (neuen) Prüfsystematik des BGH und der Kernbereichslehre zeigt sich am klarsten an der Frage, ob der Gesellschafter unter Treupflichtgesichtspunkten zur Zustimmung in den Kernbereichseingriff bzw. den Eingriff in den „'Kernbereich' der Mitgliedschaftsrechte" (so der aktuelle Sprachgebrauch des BGH)[342] verpflichtet sein kann.[343]

---

338 Vgl. etwa BGH NJW 1985, 974; 1995, 194, 195; 1996, 1678; 2007, 1685 („Otto").

339 Vgl. hierzu auch *Goette*, in: Ebenroth/Boujong/Joost/Strohn, HGB (2. A. 2008), § 119 Rn. 54; *Goette*, in: FS Sigle, S. 145, 154 f, der als ehemaliger Vorsitzender des zuständigen II. Zivilsenats betont, der BGH habe die Kernbereichslehre nie als solche übernommen und die Urteile mindestens „doppelspurig" begründet; ganz anders dagegen etwa *Mecke*, BB 1988, 2258; *Löffler*, NJW 1989, 2656, welche die Rechtsprechung des BGH als vollständige Adaption der Kernbereichslehre auffassen.

340 BGH NJW 2007, 1685.

341 So etwa in BGH NJW 2007, 1685, Rn. 9; 2009, 669, LS 2 und Rn. 17; NZG 2014, 1296, Rn. 10.

342 Vgl. BGH NJW 2009, 669, Rn. 16 f.; NZG 2014, 1296, Rn. 12.

343 Diese Problematik ist nicht zu verwechseln mit einer etwaigen Pflicht zur Herstellung eines bestimmten Abstimmungsergebnisses bei der Beschlussfassung; siehe hierzu unten 3.2.6, S. 148.

Der BGH hatte die Frage in älteren Urteilen schon aufgeworfen und festgestellt, mangels Zustimmung des Gesellschafters könne sich die Legitimation eines entsprechenden Beschlusses auch „aus der Verpflichtung des Gesellschafters ergeben, die in Frage stehende Maßnahme aus dem Gesichtspunkt seiner Treuepflicht im Gesellschaftsinteresse hinzunehmen".[344] Diese Erwägung wurde später sogar auf Fälle des § 707 BGB, also nachträgliche Beitragserhöhungen, erweitert.[345] Für den konkreten Fall wurde eine solche Zustimmungspflicht jedoch stets verneint[346] und auch längere Zeit in der Rechtsprechung nicht mehr aufgegriffen, weswegen die genaue Einordnung dieser Aussagen schwer fällt.

Erneut in die Diskussion gekommen ist die Zustimmungspflicht durch das Urteil „Sanieren oder Ausscheiden".[347] In dem genannten Urteil hat der BGH den Bestand der Gesellschafterstellung als Teil des „Kernbereichs" der Mitgliedschaft bestätigt, in das nur mit Zustimmung des Betroffenen eingegriffen werden darf. Gleichzeitig hat er aber – gleichwohl in engen Grenzen – eine Zustimmungspflicht des Gesellschafters für möglich gehalten und im konkreten Fall sogar bejaht. In dem speziellen Fall ging es um sanierungsunwillige Gesellschafter, die sich an einem (freiwilligen) sanierenden Kapitalschnitt nicht beteiligen, aber dennoch nicht aus der Gesellschaft ausscheiden wollten. Der BGH hat anhand der Treupflicht eine Gesamtabwägung durchgeführt, in deren Ergebnis es für die anderen Gesellschafter nicht zumutbar war, die sanierungsunwilligen Gesellschafter in den Genuss der etwaigen Früchte ihrer Sanierungsbemühungen kommen zu lassen. Diese mussten daher einer mehrheitlich beschlossenen Regelung, die ihren eigenen Ausschluss aus der Gesellschaft vorsah, zustimmen, sofern sie bei Beteiligung an der Sanierung besser gestellt wären als bei Zahlung ihres anteiligen, fiktiven Liquidationsfehlbetrages.

Das Bemerkenswerte daran ist, dass der BGH hier einen großen Schritt in Richtung einer Inhaltskontrolle anhand eines einheitlichen Treupflichtmaßstabs macht, in der die „Kernbereichsrechte" nicht mehr eine eigene Prüfungsstufe, sondern eher eine Fallgruppe der möglichen Treuwidrigkeit darstellen und einer

344 BGH NJW 1995, 194, 195.

345 Vgl. BGH NJW-RR 2005, 1347, 1348: „[…] kann bei Fehlen eines antizipierten Einverständnisses im Gesellschaftsvertrag die gesellschafterliche Treuepflicht in Ausnahmefällen eine Zustimmung der Gesellschafter zu Beitragserhöhungen gebieten mit der Folge, dass § BGB § 707 BGB der Nachforderung nicht entgegensteht."

346 BGH NJW 1995, 194, 195 f; NJW-RR 2005, 1347, 1348 f.

347 BGH NJW 2010, 65 („Sanieren oder Ausscheiden"); fortgeführt und bestätigt durch BGH NJW 2011, 1667; ZIP 2015, 1626; NZG 2015, 995.

wertenden Gesamtabwägung unterworfen sind (siehe hierzu eingehend unten 3.2.5.5.3, S. 136).

Konsequent weitergesponnen ist das Urteil daher so radikal, dass in der Literatur mitunter der Wortlaut des BGH ignoriert und das Urteil im Sinne eines Erhalts der Kernbereichslehre umgedeutet wurde. Vorgeschlagen wurde etwa eine Lösung der Problematik durch Deutung als Ausschließung aus wichtigem Grund im Sinne der §§ 131 Abs. 3 Nr. 5, 140 HGB (Unzumutbarkeit von „Trittbrettfahrern" als wichtiger Grund)[348] oder als „Sanieren oder Absinken der Beteiligungsquote hinnehmen",[349] was bei einem Kapitalschnitt auf Null ebenfalls zu einem Ausscheiden des nicht an der Sanierung teilnehmenden Gesellschafters führen würde, da sein Kapitalanteil auf Null absinke. Beide Erwägungen sind in sich durchaus schlüssig, zeigen aber letztlich nur alternative Wege zur Lösung der Trittbrettfahrer-Problematik bei der Sanierung von Personengesellschaften auf (siehe hierzu auch unten 3.2.5.7.5, S. 145).

3.2.5.3.5.3 Urteil vom 21.10.2014

Der BGH selbst hat in dem Urteil, mit dem endgültig der Bestimmtheitsgrundsatz aufgegeben wurde,[350] die Gelegenheit ergriffen und – obwohl größtenteils nicht entscheidungserheblich – ausführlich sein neues, zweistufiges Prüfungsmodell zusammengefasst. Diese Ausführungen haben in der Literatur eine erneute Diskussion darüber ausgelöst, ob der BGH hiermit auch explizit Stellung gegen die Kernbereichslehre beziehen wollte.[351]

Und tatsächlich lässt sich bei näherer Analyse der dort getätigten Aussagen des BGH eine Bestätigung der bereits in „Sanieren oder Ausscheiden" festgestellten Tendenz konstatieren, die Inhaltskontrolle einheitlich am Maßstab der Treupflicht durchzuführen. So formuliert der BGH wörtlich, „bei Eingriffen in die individuelle Rechtsstellung des Gesellschafters, d.h. in seine rechtliche und vermögensmäßige Position in der Gesellschaft" komme es „letztlich maßgeblich

---

348 *Holler*, ZIP 2010, 1678, 1681 f; *Schäfer*, in: FS Ganter, S. 33, 40; *Schäfer*, ZGR 2013, 237, 261.

349 *Weber*, DStR 2010, 702, 705; im konkreten Fall lässt sich das Ausscheiden der Gesellschafter so allerdings auch nicht erklären, da die Kapitalanteile zwar auf eine sehr geringe Summe, nicht jedoch auf Null abgesenkt wurden.

350 BGH NZG 2014, 1296; siehe hierzu eingehend oben 3.2.5.2, S. 113.

351 *Wertenbruch*, DB 2014, 2875, 2876 f; *Heckschen/Bachmann*, NZG 2015, 531, 537; *Priester*, EWiR 2015, 71; *Priester*, NZG 2015, 529, 530; *Schäfer*, ZIP 2015, 1313, 1314 ff; *Schiffer*, BB 2015, 584, 585; *Ulmer*, ZIP 2015, 657, 658 f; *Weber*, ZfPW 2015, 123, 126 f.

immer darauf an, ob der Eingriff im Interesse der Gesellschaft geboten und dem betroffenen Gesellschafter unter Berücksichtigung seiner eigenen schutzwerten Belange zumutbar ist".[352]

Eine endgültige und ganz explizit formulierte Abkehr des BGH an die Kernbereichslehre stellt dieses Urteil dennoch nicht dar.[353]

Dazu bestand schon im doppelten Sinne kein Anlass: Zunächst besteht kein systematischer Zusammenhang zwischen der endgültigen Aufgabe des Bestimmtheitsgrundsatzes zur Auslegung vertraglicher Mehrheitsklauseln (auf erster Stufe) und der Verdrängung der Kernbereichslehre durch eine treupflichtgeleitete Inhaltskontrolle (auf zweiter Stufe).[354] Das eine ist also keineswegs zwingend mit dem anderen verbunden. Außerdem hatte sich der BGH – wie oben bereits dargestellt – trotz zwischenzeitlich großer inhaltlicher Annäherung die Kernbereichslehre als solche nie zu eigen gemacht. Daher besteht folgerichtig auch kein Bedarf nach einer „amtlichen" Aufgabe der Kernbereichslehre im Sinne einer Rechtsprechungsänderung.

Darüber hinaus hält der BGH auch nach seiner neuen Prüfungssystematik mit der Anerkennung „unentziehbarer" Rechte und einer eigenen Fehlerkategorie „zustimmungsbedürftiger" Beschlussgegenstände an einem ganz zentralen Element der Kernbereichslehre weiterhin fest (siehe eingehend zur neuen, zweistufigen Prüfungssystematik des BGH und der Kritik hieran unten 3.2.5.5, S. 134 ff).[355]

Das Urteil des BGH vom 21.10.2014 ist daher letztlich weit weniger revolutionär, als das Echo in der Literatur teilweise vermuten lässt. Der Senat hat sich mit der Entscheidung im Ergebnis keinen Schritt weiter von der Kernbereichslehre entfernt. Vielmehr handelt es sich um eine Bestätigung der Veränderungen und

---

352 BGH NZG 2014, 1296, Rn. 19.

353 AA *Wertenbruch*, DB 2014, 2875, 2877, der sogar von der „jetzt amtlichen Aufgabe der Kernbereichslehre" spricht und dies befürwortet; im Ergebnis wohl ebenso *Ulmer*, ZIP 2015, 657, 659, der allerdings fordert, der BGH solle „zum Kernbereichseingriff als primärem Kontrollmaßstab für Mehrheitsbeschlüsse zurückkehren"; ähnlich kritisch *Priester*, NZG 2015, 529, 530; gegen eine Interpretation des Urteils als Aufgabe der Kernbereichslehre dagegen *Schäfer*, ZIP 2015, 1313, 1316; *Schiffer*, BB 2015, 584; *Heckschen/Bachmann*, NZG 2015, 531, 537; *Weber*, ZfPW 2015, 123, 126 f.

354 So auch *Ulmer*, ZIP 2015, 657, 659; aA *Wertenbruch*, DB 2014, 2875, 2877, der meint, der „Bestimmtheitsgrundsatz konnte letztlich aufgrund seiner, wenn auch eine andere Ebene betreffenden, sachlichen Verbindung zur Kernbereichslehre nicht zweifelsfrei ohne diese Doktrin aufgegeben werden".

355 Ähnlich *Schäfer*, ZIP 2015, 1313, 1315.

Tendenzen in der Rechtsprechung, die bereits in den Leitentscheidungen „Otto", Schutzgemeinschaft II" und „Sanieren oder Ausscheiden" vollzogen wurde.

Ein erheblicher Einfluss der Kernbereichslehre auf die Prüfsystematik des BGH bleibt jedenfalls auch nach diesem Urteil erhalten.

3.2.5.3.6 Kernbereichslehre und sanierende Kapitalerhöhung / Kapitalschnitt

Nicht alle Beschlussgegenstände, die zur Umsetzung der hier in Rede stehenden Kapitalmaßnahmen nötig sind, fallen in den Anwendungsbereich der Kernbereichslehre. Da die Teilnahme an der Kapitalerhöhung freiwillig ist, stellt sich insoweit grundsätzlich nicht das Problem des § 707 BGB. Allerdings führt eine solche Kapitalmaßnahme dann, wenn neue Gesellschafter aufgenommen werden oder der Altgesellschafter an ihr nicht teilnimmt, zu einer verhältnismäßigen Veränderung des „festen" Kapitalkontos und damit zu einer Änderung der hieran gekoppelten Rechtspositionen. Das betrifft insbesondere das Stimmgewicht sowie die Anteile an Gewinn und Liquidationserlös. Eine solche „Verwässerung" des Anteilsrechts stellt jedoch keinen Eingriff in den Kernbereich dar, da die genannten Rechtspositionen lediglich mittelbar betroffen sind.[356] Ein „Hinausdrängen" mittelloser Gesellschafter, die sich nicht an Kapitalerhöhungen beteiligen können, ist daher nach der Kernbereichslehre kein Problem des Kernbereichseingriffs, sondern ist auf einer separaten Stufe der Beschlusskontrolle im Sinne einer Ausübungskontrolle anhand der Treupflicht zu überprüfen (siehe hierzu oben 3.2.5.3.4, S. 118).

Die – zumindest bei Aufnahme neuer Investoren nötigen – Änderungen im Gesellschafterbestand sind ein typisches Beispiel für die variablen Grenzen des Kernbereichs: Während in gesetzestypischen, auf die persönliche Zusammenarbeit der Mitgesellschafter angelegten Personenhandelsgesellschaften eine Aufnahme neuer Gesellschafter überwiegend als Kernbereichseingriff angesehen wird, stellt dies bei den ohnehin anonymen Publikumsgesellschaften wohl keinen Eingriff in den Kernbereich dar.[357]

Die Durchführung einer Kapitalerhöhung nach kapitalgesellschaftsrechtlichem Muster bringt demnach üblicherweise keine Kernbereichseingriffe mit sich. Gleiches gilt im Grundsatz auch für den Kapitalschnitt, also im Falle einer vorher durchgeführten Kapitalherabsetzung.[358]

---

356 Vgl. Schlegelberger HGB/*Martens* § 119 Rn. 27; *K. Schmidt* GesR § 5 IV 5 b; *Armbrüster*, ZGR 2009, 1, 23 f; *Schäfer*, in: FS Ganter, S. 33, 35.

357 Vgl. *Schäfer*, ZGR 2013, 237, 260.

358 So stellt auch *Schäfer*, in: FS Ganter, S. 33, 38 fest, dass der Kapitalschnitt aus Sicht der Kernbereichslehre die Grenze dessen markiert, „was die nicht nachschussbereiten Gesellschafter hinzunehmen haben".

Problematisch ist in diesem Zusammenhang somit lediglich die Ausschließung nicht sanierungswilliger Gesellschafter. Der Verlust der Gesellschafterstellung durch einen Mehrheitsbeschluss stellt nämlich nach einhelliger Ansicht einen Kernbereichseingriff dar, kann aber unter dem Gesichtspunkt einer Zustimmungspflicht des Betroffenen dennoch gegen dessen Willen durchführbar sein (siehe hierzu unten 3.2.5.7.5, S. 145 ff).

3.2.5.3.7 Stellungnahme

Wie oben (siehe 3.2.5.3.3, S. 117) bereits erörtert wurde, ist die Zustimmungsbedürftigkeit mancher Mehrheitsbeschlüsse der zentrale Inhalt der Kernbereichslehre. Angesichts dessen stellt sich für die Beurteilung der Kernbereichslehre die Frage, woher dieses postulierte Zustimmungserfordernis – dessen Existenz regelmäßig einfach ohne weitere Begründung behauptet wird – kommt und womit sich diese Sonderbehandlung rechtfertigt.

3.2.5.3.7.1 Zustimmungserfordernis wegen Individualschutz?

Zuvörderst geht es den Anhängern der Kernbereichslehre (wie insoweit auch dem BGH, der ja bei aller Distanzierung an dem Zustimmungserfordernis festhält, siehe oben 3.2.5.3.5, S. 119) um Belange des Individualschutzes. Die Gewährung eines Zustimmungsrechtes gilt dabei schlicht als „sachgerechter Ansatzpunkt“ zur Wahrung dieser Belange.[359]

Und tatsächlich bietet diese Lösung gewisse Vorteile für den Individualschutz: Sie sichert dem betroffenen Gesellschafter – unabhängig von den Gegebenheiten bei der Beschlussfassung – die Möglichkeit, selbst darüber zu entscheiden, ob der betreffende Beschluss ihm gegenüber wirksam sein soll, ohne damit direkt den Beschluss als solchen zu Fall zu bringen.

Entbehrlichkeit wegen Individualschutz durch Inhaltskontrolle

Allerdings stammen die dieser Lösung zugrunde liegenden Erwägungen aus einer Zeit, zu der noch keine hinreichenden dogmatischen und kasuistischen Grundlagen für eine effektive Inhaltskontrolle von Mehrheitsbeschlüssen bestanden. Die zutreffende Erkenntnis, dass eine schrankenlose Selbstentmachtung durch gesellschaftsvertragliche Mehrheitsregelungen nicht möglich ist,[360]

---

359 So wörtlich *Röttger*, Die Kernbereichslehre im Recht der Personenhandelsgesellschaften, S. 129; auch das Gesetz sieht einen solchen Mechanismus für bestimmte Einzelfälle explizit vor, siehe hierzu sogleich unten 3.2.5.3.7.2.

360 Grundlegend BGH NJW 1956, 1198, 1200: Alles andere würde mit dem „allgemeinen Rechtsgrundsatz, der letzten Endes auch der Vorschrift des § 53 Abs. 3 GmbHG

führte in der Folge zur extensiven Anwendung des Bestimmtheitsgrundsatzes und zur Entwicklung der Kernbereichslehre.[361]

Dieses System der Beschlusskontrolle ist jedoch nach der Weiterentwicklung der Rechtsprechung überkommen. Die treupflichtgeleitete Inhaltskontrolle nach heutigem Verständnis umfasst nicht nur Aspekte des Minderheitenschutzes im engeren Sinne – also dem Schutz der Minderheitsgesellschafter vor übervorteilenden Entscheidungen der Mehrheit – sondern auch solche des Individualschutzes.[362] Anstelle des unflexiblen, formalistisch-abstrakten Ansatzes der Kernbereichslehre (Beschluss unwirksam bzw. zustimmungsbedürftig, weil Kernbereichsrechte betroffen), tritt im Rahmen der Inhaltskontrolle eine konkrete Interessenabwägung, in die Gesichtspunkte des Individualschutzes einfließen.[363] Dieser ureigene Schutzzweck des „Kernbereichs der Mitgliedschaftsrechte" ist damit mittlerweile hierdurch vollumfänglich abgedeckt.

Damit ist auch keine Absenkung des Schutzniveaus verbunden. Im materiell-rechtlichen Ergebnis bestehen keinerlei Unterschiede, da – wie oben aufgezeigt – die aktuelle Rechtsprechung des BGH Eingriffe in diesen „Kernbereich" ohnehin schon einheitlich mit der sonstigen Inhaltskontrolle anhand der Treupflicht prüft.[364]

3.2.5.3.7.2 Zustimmungserfordernis aufgrund zwingenden Rechts?

Im Mittelpunkt der Diskussion um die Notwendigkeit der Zustimmung steht regelmäßig das Belastungsverbot bzw. Verbot erzwungener Nachschüsse, verankert in § 707 BGB. Hierin wird regelmäßig ein mitgliedschaftliches „Grundrecht" des

---

zugrunde liegt, dass nämlich eine sachlich unbegrenzte Einschränkung der wirtschaftlichen und damit auch der persönlichen Freiheit eines Einzelnen nicht gebilligt werden kann, in Widerspruch stehen."; vgl. hierzu auch *Mecke*, BB 1988, 2258, 2263.

361 Ein Überblick über das damalige Schutzkonzept findet sich bei *Mecke*, BB 1988, 2258, 2263.

362 AA *Schäfer*, ZGR 2013, 237, 249, nach dessen Ansicht sich die treupflichtgeleitete Inhaltskontrolle auf einen reinen Minderheitenschutz im engeren Sinne („treuwidrige Ausübung von Mehrheitsmacht") beschränkt und der folglich zwischen der Inhaltskontrolle und der Prüfung auf „Eingriffe in den Kernbereich" keine „dogmatischen Gemeinsamkeiten" zu erblicken vermag.

363 Vgl. zum Umfang der treupflichtbezogenen Inhaltskontrolle *Psaroudakis*, in: Heidel/Schall, HGB, § 119 Rn. 12.

364 Zum Verhältnis des BGH zur Kernbereichslehre vgl. oben 3.2.5.3.5, S. 119; zur neuen, zweistufigen Prüfung des BGH siehe unten 3.2.5.5, S. 134.

Gesellschafters[365] erblickt, in das nur bei Vorliegen einer gesonderten Zustimmung des Gesellschafters eingegriffen werden kann.[366]

Der Wortlaut des § 707 BGB stützt diese These zunächst nicht. Hier heißt es lediglich, dass der Gesellschafter „zur Erhöhung des vereinbarten Beitrags oder zur Ergänzung der durch Verlust verminderten Einlage [...] nicht verpflichtet" ist.

Die Parallelnormen des Kapitalgesellschaftsrechts – §§ 53 Abs. 3 GmbHG, 180 Abs. 1 AktG – ordnen das hier diskutierte Zustimmungserfordernis explizit an. Die Erwähnung im Gesetzestext hängt wohl damit zusammen, dass im Kapitalgesellschaftsrecht im Unterschied zum Personengesellschaftsrecht schon nach der gesetzlichen Konzeption das Mehrheitsprinzip greift,[367] und der Gesetzgeber das von ihm gewollte Schutzinstrument des Zustimmungserfordernisses bei Mehrheitsentscheidungen hier – anders als bei § 707 BGB – explizit anordnen musste. Auf diesem Wege kann man mit guten Gründen auf den Willen des Gesetzgebers schließen und auch in § 707 BGB das „fehlende" Zustimmungserfordernis hineinlesen.

Für eine zwingende Geltung der Zustimmungslösung der Kernbereichslehre spricht das gleichwohl nicht. Hieraus lässt sich für das Personengesellschaftsrecht lediglich die Einsicht gewinnen, dass der Gesetzgeber grundsätzlich ein verbandsrechtliches Belastungsverbot vorsieht, welches den Gesellschafter vor unerwarteten und unkalkulierbaren (Nach-)Forderungen der Gesellschaft schützt.

Vor dem Hintergrund dieser Schutzrichtung wird das Belastungsverbot allgemein dahingehend verstanden, dass eine gesellschaftsvertragliche Abweichung hiervon zwar möglich ist, aber entsprechende Mehrheitsbeschlüsse einer in irgendeiner Form qualifizierten materiellen Kontrolle bzw. Rechtfertigung bedürfen. Daraus folgt aber konsequenterweise eben nicht, dass es eine explizite Zustimmung geben muss, sondern nur, dass bei der Prüfung einer das Belastungsverbot berührenden Maßnahme besondere Anforderungen zu stellen sind.

---

365 Geprägt wurde dieser Begriff wohl von *Wiedemann*, GesR I, S. 357 f, 393 f.

366 Vgl. etwa *Holler*, ZIP 2010, 1678, 1683 f; *Goette*, DStR 2007, 773; *K. Schmidt*, ZIP 2009, 737, 739; *Priester*, ZIP 2010, 497.

367 Allgemein zur Prägung des kapitalgesellschaftsrechtlichen Individual- und Minderheitenschutzes durch das dort prävalente Mehrheitsprinzip vgl. Schlegelberger HGB/*Martens* § 119 Rn. 31 f.

Diesbezüglich wurden in Rechtsprechung[368] und Literatur[369] – zurecht – immer sehr hohe Hürden angenommen.[370] Was das für die einzelnen Maßnahmen im Detail bedeutet, wird an anderer Stelle eingehend erörtert (für die Rückforderung von Ausschüttungen aufgrund der Treupflicht siehe 3.1.4.2, S. 84 ff; für durch Mehrheitsbeschluss angeordnete Nachschüsse siehe 3.2.5.7.2, S. 142 ff).

Folgerung
Jedenfalls ist das Belastungsverbot bzw. § 707 BGB demnach zwar nur eingeschränkt dispositiv, zieht aber jedenfalls kein unbedingtes Zustimmungserfordernis nach sich. Das „Grundrecht" des Gesellschafters wirkt sich in der Form aus, dass die Anforderungen im Rahmen der Treupflichtabwägung erheblich angehoben werden. Die Notwendigkeit einer eigenen Prüfungsstufe bzw. einer eigenen Fehlerkategorie[371] besteht folglich auch für Fälle des § 707 BGB nicht. Erst recht ist nicht ersichtlich, aus welchen Rechtsnormen sich für die anderen von der Kernbereichslehre regelmäßig benannten Beschlussgegenstände ein zwingendes Zustimmungsrecht des Betroffenen ergeben soll.

Die Notwendigkeit eines Zustimmungserfordernisses im Sinne der Kernbereichslehre folgt daher also auch nicht aus zwingendem Recht.

Ausnahme: Echte Sonderrechte / § 35 BGB
Nach wie vor erforderlich ist eine Zustimmung des Gesellschafters, wenn durch den Mehrheitsbeschluss dessen gesellschaftsvertragliche Sonderrechte betroffen sind.

Die vereinsrechtliche Vorschrift des § 35 BGB gilt als allgemeiner Grundsatz auch für das Personengesellschaftsrecht. Sie erfasst allerdings nur echte, im Gesellschaftsvertrag verankerte Sonderrechte, die eine individuelle Privilegierung gegenüber den Mitgesellschaftern beinhalten (wie etwa erhöhte Stimmrechte,

---

368 Vgl. BGH NJW-RR 2005, 1347, 1348; 2006, 827, Rn. 25; 2006, 829, Rn. 25; 2009, 1666, Rn. 11.

369 *Armbrüster*, ZGR 2009, 1, 21; *Nentwig*, WM 2011, 2168, 2173; *Wertenbruch*, DStR 2007, 1680, 1682 f; MüKo BGB/*Schäfer* § 707 Rn. 1; Erman BGB/*Westermann* § 707 Rn. 1.

370 Entsprechendes dürfte im Übrigen – trotz der expliziten Erwähnung des Zustimmungsvorbehaltes im Gesetzestext – in ähnlicher Weise sogar auch für die genannten Kapitalgesellschaften gelten; vgl. etwa zur „Zustimmungspflicht" und der Überlagerung des Zustimmungsrechts durch Treupflichterwägungen im GmbH-Recht BGH NJW 1987, 189; 3192, 3193; *Winter*, Mitgliedschaftliche Treubindungen im GmbH-Recht, S. 63 ff, 175 ff; *Hoffmann*, in: Michalski, GmbHG, § 53 Rn. 110.

371 So etwa dargestellt bei *K. Schmidt*, ZIP 2009, 737, 739.

Recht auf Bestellung als Organ, etc.), nicht jedoch andere, allgemeine Positionen wie Minderheitsrechte oder das Mitgliedschaftsrecht an sich.[372]

Vermittelt eine gesellschaftsvertragliche Bestimmung eine Rechtsstellung, die allgemein mit der Mitgliedschaft verbunden ist, so bleibt für die Annahme eines echten Sonderrechts kein Raum.[373] Obwohl er individuell im Gesellschaftsvertrag geregelt wird, ist der vereinbarte Beitrag des einzelnen Gesellschafters – wie sich schon aus der Formulierung des § 705 BGB ergibt – elementarer Teil der Mitgliedschaft als solcher und daher gerade kein Sonderrecht im Sinne des § 35 BGB. Für ein solches Verständnis des Gesetzgebers spricht auch die Tatsache, dass dieser zum Schutz des Gesellschafters vor erzwungenen Beitragserhöhungen die Sondervorschrift des § 707 BGB geschaffen hat: Wäre der Fall der Beitragserhöhung von § 35 BGB umfasst, hätte es einer personengesellschaftsrechtlichen Sondernorm wie § 707 BGB schlicht nicht bedurft.

Dass demgegenüber die echten Sonderrechte einen besonderen Schutz genießen, ergibt sich aus der besonderen Bedeutung des Gesellschaftsvertrages: Die Minderheits- und Individualrechte werden hauptsächlich da relevant, wo der Gesellschafter sich durch Unterschrift unter einen das Mehrheitsprinzip vorsehenden Gesellschaftsvertrag insoweit seiner Dispositionsbefugnis gerade willentlich beraubt hat. Demgegenüber ist er im Falle eines echten Sonderrechtes den Gesellschaftsvertrag nur unter der Prämisse der Geltung eben dieser speziellen Privilegierung gegenüber seinen Mitgesellschaftern eingegangen. Daraus rechtfertigt sich eine unterschiedliche Behandlung.

Allerdings spielen solche Sonderrechte im Sinne des § 35 BGB in der Praxis der Publikumsgesellschaften keine Rolle, weswegen es hierauf letztlich fast nie ankommen wird.

3.2.5.3.7.3 Zustimmungserfordernis aus prozessualen Gründen?

Schließlich hat das Zustimmungserfordernis auch insoweit Bedeutung, als sich die hierdurch eingeführte eigene Fehlerkategorie prozessual bzw. allgemein bei der Geltendmachung fehlerhafter Beschlüsse auswirkt. Der betroffene Gesellschafter wird durch Anerkennung einer gesonderten Kategorie des „zustimmungsbedürftigen Beschlusses" prinzipiell in mehrerlei Hinsicht privilegiert:

372 Vgl. MüKo BGB/*Arnold* § 35 Rn. 4 f.

373 Grundlegend BGH NJW 1984, 1038, 1040; für den Fall eines geschlossenen Publikumsfonds BGH, Urteil vom 16.10.2012, Az. II ZR 70/11, Rn. 37 f.

Ausschlussfristen
Zum Ersten unterliegt, wie oben erwähnt, der Streit über die mangelnde Zustimmung des Gesellschafter nicht dem häufig durch Regelung im Gesellschaftsvertrag aus dem Kapitalgesellschaftsrecht übernommenen Beschlussmängelrecht und daher auch keinen Ausschlussfristen für die Geltendmachung. Dieser Effekt ist aber im Sinne einer Sanierung der Gesellschaft äußerst nachteilig: Wenn keine vertraglich vereinbarten Ausschlussfristen greifen, bleibt ein mehrheitlich gefasster Beschluss, der (mutmaßlich) eine Zustimmungspflicht auslöst, hinsichtlich seiner Wirksamkeit gegenüber der dissentierenden Minderheit in der Schwebe.

Klageinitiativlast
Zum Zweiten liegt die Klageinitiativlast bei der Gesellschaft, die auf Feststellung der Zustimmungspflicht klagen muss. Das bürdet ihr – also letztlich der mit der Umsetzung der Sanierungsmaßnahmen betrauten Geschäftsführung – die schwierige Entscheidung auf, ob bzw. unter welchen Voraussetzungen die dissentierende Minderheit auf Erklärung der Zustimmung (§ 894 ZPO) verklagt werden muss.[374]

Eine solche Handhabung ist jedoch im Sinne des Schutzes der Gesellschafter keineswegs notwendig. Es spricht nichts dagegen, dass der betroffene Gesellschafter nach dem gesellschaftsvertraglich vorgesehenen Verfahren den Beschluss angreifen muss. Schließlich greifen etwaige Erleichterungen wie eine nachgebildete Anfechtungsklage einschließlich Ausschlussfristen nur, wenn tatsächlich im Gesellschaftsvertrag Entsprechendes vereinbart wurde und die Gesellschafter mit dessen Unterzeichnung nicht nur ausreichend informiert wurden, sondern sich sogar explizit damit einverstanden erklärt haben. Zudem spricht auch bei Zugrundelegung des Zustimmungsvorbehalts einiges dafür, dass die Gesellschaft zur Behebung des Schwebezustandes analog §§ 108 Abs. 2, 177 Abs. 2 BGB dem Gesellschafter eine Frist zur Zustimmung setzen kann.[375] Insoweit wird der betroffene Gesellschafter auch nicht wesentlich schlechter gestellt, die Abläufe aber gestrafft und beschleunigt.

Trifft der Gesellschaftsvertrag hingegen keine gesonderten Regelungen zum Beschlussmängelrecht, so greifen diese Erleichterungen aus Sicht der Gesellschaft selbstverständlich nicht. Es gilt in diesen Fällen die allgemeine Rechtslage, da auch auf Publikumsgesellschaften trotz ihrer körperschaftlich-kapitalistischen Ausgestaltung das kapitalgesellschaftsrechtliche Beschlussmängelrecht (bzw.

374 Vgl. *Holler*, ZIP 2010, 1678, 1683.
375 Vgl. *Löffler*, NJW 1989, 2656, 2161; so wohl auch *Weber*, DStR 2010, 702, 706.

dessen Fristenregelungen) nicht analog anzuwenden ist.[376] Die Klageinitiativlast liegt in diesen Fällen auch ohne Annahme eines Zustimmungsvorbehaltes typischerweise bei der Gesellschaft, die eine bestimmte Sanierungsmaßnahme umsetzen will. Sie muss dann nach § 256 ZPO Feststellungsklage hinsichtlich des Eintretens der durch den Beschluss angestrebten Rechtsfolgen für den Gesellschafter erheben. Ob es sich dogmatisch um einen Zustimmungsvorbehalt handelt ist dann für den Gesellschafter letztlich bedeutungslos.

In der Praxis ist der Vorteil für den ohnehin Betroffenen eingeschränkt: Meist wird sich *de facto* der Gesellschafter regen müssen, wenn er gegen einen aus seiner Sicht rechtswidrigen Mehrheitsbeschluss vorgehen möchte. Schließlich ist ja bei vielen Beschlussgegenständen zum Zeitpunkt der Beschlussfassung gerade nicht eindeutig, ob diese (nach Kernbereichslehre bzw. BGH) eine Zustimmung erfordern oder nicht, weswegen sie von der Geschäftsführung einfach umgesetzt werden.

Hinzu kommt, dass es im Gegensatz zu personalistisch geprägten Gesellschaften mit überschaubarem Gesellschafterkreis bei Publikumsgesellschaften mit hunderten oder tausenden Anlegern ohnehin kaum praktikabel erscheint, alle opponierenden Gesellschafter einzeln auf Zustimmung zu verklagen. In Anbetracht dieser Problematik wird selbst von Vertretern der Kernbereichslehre vorgeschlagen, in Publikumsgesellschaften potentiell treuwidrige Nein-Stimmen nicht zu zählen und damit im Ergebnis die Klageinitiativlast doch den Anlegern aufzubürden.[377]

3.2.5.3.7.4 Probleme der antizipierten Zustimmung

Die Zustimmungslösung birgt obendrein das Problem, dass sich hiernach den „Kernbereich der Mitgliedschaft" berührende Gegenstände nicht verbindlich im Gesellschaftsvertrag einer Mehrheitsentscheidung unterwerfen lassen, selbst wenn die Gesellschafter dies zum Zeitpunkt des Vertragsschlusses wollen. Daraus ergibt sich die Schwierigkeit, dass die Gesellschaft gerade in eilbedürftigen Krisensituationen mangels der Möglichkeit effektiver Mehrheitsentscheidungen manövrierunfähig zu werden droht. Die Kernbereichslehre reagiert auf das Bedürfnis, für solche Beschlussgegenstände das Mehrheitsprinzip vorzusehen, mit der Konstruktion der „antizipierten Zustimmung".

---

376 Vgl. *Finckh*, in: Henssler/Strohn, Gesellschaftsrecht, § 119 HGB Rn. 59 ff.

377 Staub HGB/*Casper* § 161 Rn. 193; *Schäfer*, in: FS Hommelhoff, S. 939, 956 f.

Danach gilt die Zustimmung der betroffenen Gesellschafter schon vorab als erklärt, wenn die Mehrheitsklausel im Gesellschaftsvertrag schon die konkrete Maßnahme benennt und Art, Ausmaß und Umfang erkennen lässt.

Dogmatisch ist gegen das Konzept der antizipierten Zustimmung grundsätzlich nichts einzuwenden. Das teilweise vorgebrachte Argument, die Abgabe von Zustimmungserklärungen „auf Vorrat" sei nach allgemeinen Grundsätzen schon unzulässig, da es sich um eine empfangsbedürftige Willenserklärung handele,[378] trifft nicht zu. Einwilligungen im Sinne des § 182 BGB können anerkanntermaßen auch für ganze Gruppen oder Gattungen von Geschäften im Vorhinein erklärt werden,[379] und genau das geschieht hier.

Das Konstrukt der antizipierten Zustimmung zu einem Kernbereichseingriff begegnet dennoch gewichtigen Bedenken. Insbesondere weist diese Lösung erhebliche Parallelen zu dem Katalogprinzip des mittlerweile aufgegebenen Bestimmtheitsgrundsatzes auf. An die präzise Formulierung der konkreten Mehrheitsbefugnis mögen zwar höhere Anforderungen gestellt werden als an die Definition des Beschlussgegenstands im Sinne des Bestimmtheitsgrundsatzes.[380] Letzten Endes ist der Unterschied zwischen Kernbereichslehre und Bestimmtheitsgrundsatz insoweit dennoch eher begrifflicher als inhaltlicher Natur.[381] Die Prüfung ähnelt derjenigen des durch das Ungewöhnlichkeitskriterium modifizierten Bestimmtheitsgrundsatzes (siehe oben 3.2.5.2, S. 113): An die Stelle der Frage, ob eine Maßnahme für die konkrete Gesellschaft als ungewöhnlich anzusehen ist, tritt die Erwägung, ob sie zum Kernbereich gehört. Daran anschließend muss festgestellt werden, ob die Ermächtigung – bzw. die hineininterpretierte Zustimmungserklärung – präzise genug ist. Der Unterschied zwischen Bestimmtheitsgrundsatz und Kernbereichslehre liegt damit vor allem in der Rechtsfolge: Eine nach dem Bestimmtheitsgrundsatz nicht ausreichende Mehrheitsklausel führt mangels Ermächtigungsgrundlage zur Nichtigkeit des gesamten Beschlusses, wohingegen die fehlende Zustimmung des einzelnen Gesellschafters zum Kernbereichseingriff den Beschluss ihm gegenüber unwirksam bleiben lässt, ihn jedoch als solchen nicht beseitigt.

Die gegen den Bestimmtheitsgrundsatz vorgebrachte Kritik, dass sich solche formellen Schutzmaßnahmen durch geschickte Vertragsgestaltung leicht

---

378 So MüKo HGB/*Enzinger* § 119 Rn. 66.

379 Vgl. nur MüKo BGB/*Bayreuther* § 182 Rn. 9.

380 *Schäfer*, ZGR 2013, 237, 253 f.

381 Ähnlich kritisch *Weitemeyer*, in: Oetker, HGB, § 119 Rn. 34; *Goette*, in: Ebenroth/Boujong/Joost/Strohn, HGB (2. A. 2008), § 119 Rn. 53; *Goette*, in: FS Sigle, S. 145, 153; Schlegelberger HGB/*Martens* § 119 Rn. 21; *Giedinghagen/Fahl*, DStR 2007, 1965, 1968; *Wiedemann*, GesR II, S. 303.

aushebeln lassen, lässt sich daher auf diesen Ansatz übertragen. Durch derartige Kataloge kann gerade nicht sichergestellt werden, dass der einzelne Gesellschafter sich die künftigen Belastungen und die Tragweite der erfassten Entscheidungen ausreichend vergegenwärtigt.[382] Das Katalogprinzip hat einer geschickten kautelarjuristischen Gestaltung im Bezug auf den Minderheitenschutz erfahrungsgemäß wenig entgegenzusetzen.

Reagiert man hierauf mit einer besonders hohen Anforderungen an die Bestimmtheit der betreffenden Klauseln, so engt man wiederum den Einsatzbereich zu stark ein. Schließlich lassen sich die in einer Krisensituation nötigen Beschlüsse wohl in den seltensten Fällen schon bei Vertragsschluss so präzise skizzieren. Auch ist die Warnfunktion derartiger Klauseln bei Vertragsschluss typischerweise gering, erst recht wenn es sich bei den Gesellschaftern um Privatanleger handelt.

Obendrein werden hier Elemente der formellen Ermächtigung und des Individualschutzes miteinander vermengt, was sich schon bei dem Bestimmtheitsgrundsatz als problematisch erwiesen hat.

Daher ist äußerst fraglich, ob der – durchaus pragmatische – Ansatz der antizipierten Zustimmung zu Kernbereichseingriffen ein taugliches Instrument des Minderheitenschutzes ist.

3.2.5.3.7.5 Folgerung

Die individuelle Zustimmungsbedürftigkeit bestimmter Gesellschafterbeschlüsse als dogmatischer Dreh- und Angelpunkt der Kernbereichslehre ergibt sich weder aus zwingendem Recht (abseits des selten einschlägigen § 35 BGB), noch ist sie zum Zwecke des Individual- und Minderheitenschutzes dringend notwendig. Auch das Konstrukt der antizipierten Zustimmung begegnet im Hinblick auf den verfolgten Zweck des Minderheitenschutzes Bedenken.

Die – mitunter sogar als besondere Errungenschaft der Kernbereichslehre gepriesene[383] – Zweispurigkeit der Fehlerfolgen ist in ihren Auswirkungen tendenziell sanierungsfeindlich, für einen effektiven Schutz der Minderheit aber keineswegs notwendig. Auch das spricht im Ergebnis gegen die Zustimmungslösung.

Konsequent ist daher eine Aufgabe der Zustimmungslösung und damit im Ergebnis auch der Kernbereichslehre als solcher.

---

382 Vgl. auch *Reuter*, in: FS K. Schmidt, S. 1357, 1368; MüKo HGB/*Enzinger* § 119 Rn. 66.

383 Vgl. *Schäfer*, ZIP 2015, 1313, 1315 f.

Möchte der betroffene Gesellschafter *freiwillig* einer ihn beeinträchtigenden Mehrheitsentscheidung zur Wirksamkeit verhelfen, so bedarf es auch hierzu der Konstruktion eines Zustimmungsvorbehaltes nicht; es genügt dafür die Stimmabgabe bei der Beschlussfassung.

3.2.5.4 Ausübungskontrolle / Offene Inhaltskontrolle

Es gibt neben den Verfechtern des Bestimmtheitsgrundsatzes und der Kernbereichslehre schon seit Beginn der Diskussion um Mehrheitsbefugnisse in Personengesellschaften Stimmen in der Literatur, die (ergänzend) den Minderheitenschutz im Wege einer offenen, gerichtlichen Inhaltskontrolle bewerkstelligen wollen.[384]

Als Kontrollmaßstab werden einerseits § 138 BGB[385], vor allem aber die gesellschafterliche Treuepflicht[386] vorgeschlagen. Die Argumente für eine offene Kontrolle von Mehrheitsbeschlüssen liegen auf der Hand: Wie schon die Ausführungen zur Kernbereichslehre deutlich machen, sind die möglichen Konstellationen gerade bei Publikumsgesellschaften so vielgestaltig, dass man ihnen mit einer schematischen Lösung nicht universell gerecht werden kann. Das Spannungsfeld zwischen den Interessen Einzelner und Interessen der Mehrheit, zwischen privatautonomer Gestaltungsfreiheit und objektivrechtlichen Grenzen muss in jedem Einzelfall neu ausgelotet werden. Daher erscheint es durchaus plausibel, von vorneherein auf den Anschein absoluter Grenzen zu verzichten und eine offene Inhaltskontrolle der konkreten Beschlüsse vorzunehmen.

Inhaltlich soll eine so verstandene Treupflicht dafür sorgen, dass die Mehrheit die ihr eingeräumten Befugnisse auch tatsächlich nur im Interesse der Gesellschaft und nicht zu Durchsetzung von Partikularinteressen ausübt.

Eine offene Inhaltskontrolle hat allerdings den unbestreitbaren Nachteil, dass durch die Berufung auf konturlose Rechtsbegriffe wie Sitten- oder Treuwidrigkeit für den Rechtsanwender zunächst kaum feststellbar ist, welches Verhalten nun zulässig ist. Die Beurteilung obliegt nach dieser Ansicht vor allem

384 Vgl. *Authenried*, DB 1983, 1034; *Fischer*, in: FS Barz, S. 33, 45 ff; *Hadding*, ZGR 1979, 636, 647; Soergel BGB/*Hadding/Kießling* § 709 Rn. 41; *Hennerkes/Binz*, BB 1983, 713, 715 f; *Leenen*, in: 2. FS Larenz, S. 371, 393; in jüngerer Zeit *Ulmer*, ZIP 2015, 657, der auf die „Vorzüge der offenen Inhaltskontrolle" hinweist; siehe zum Ganzen auch *Goette*, in: Ebenroth/Boujong/Joost/Strohn, HGB (2. A. 2008), § 119 Rn. 51; *Weitemeyer*, in: Oetker, HGB, § 119 Rn. 33.

385 *Hadding*, ZGR 1979, 636, 647; Soergel BGB/*Hadding/Kießling* § 709 Rn. 41.

386 *Authenried*, DB 1983, 1034; *Fischer*, in: FS Barz, S. 33, 45 ff; *Hennerkes/Binz*, BB 1983, 713, 715 f; *Leenen*, in: 2. FS Larenz, S. 371, 392 f.

den erkennenden Gerichten, denen somit ein weiter Beurteilungsspielraum zukommt. Für die Rechtspraxis wäre das ein äußerst unbefriedigender Zustand. Es bestünde die Gefahr, dass am Ende richterliches Billigkeitsrecht den von den Gesellschaftern beschlossenen Gesellschaftsvertrag verdrängt und damit einen bedenklichen Eingriff in die Privatautonomie vornimmt.[387]

Angesichts dieser Schwierigkeiten ist es nur folgerichtig, dass die Vertreter der offenen Inhaltskontrolle ihr Konzept regelmäßig als Auftrag an die Rechtsprechung formulieren, Fallgruppen herauszubilden, welche die offenen Rechtsbegriffe in der Praxis als Maßstab handhabbar machen.[388]

3.2.5.5 Zweistufige Prüfung (BGH)

3.2.5.5.1 Überblick

Der BGH verfolgt seit den Grundsatzentscheidungen „Otto"[389] und „Schutzgemeinschaft II"[390] nunmehr ein zweistufiges Schutzsystem.

Auf der ersten Stufe wird lediglich geprüft, ob der Gesellschaftsvertrag eine hinreichende Ermächtigungsgrundlage für den Mehrheitsbeschluss enthält („formelle Rechtmäßigkeit"). Weitere Anforderungen an die Ausgestaltung einer solchen Mehrheitsklausel ergeben sich – nach der Aufgabe des Bestimmtheitsgrundsatzes[391] – auf der ersten Stufe nicht. Damit ist es grundsätzlich möglich, durch eine generelle Ermächtigungsklausel sämtliche Beschlussgegenstände dem Mehrheitsprinzip zu unterstellen. Selbst qualifizierte Mehrheitserfordernisse für besonders intensive Maßnahmen, wie sie das Kapitalgesellschaftsrecht kennt,[392] sind nicht erforderlich.[393]

---

387 Davor zu Recht warnend *Fischer*, NJW 1954, 777, 780; *Flume*, in: FS Rittner, S. 119, 129; in jüngerer Zeit *Altmeppen*, NJW 2015, 2065, 2068.

388 So explizit schon früh *Hennerkes/Binz*, BB 1983, 713, 715 f; *Leenen*, in: 2. FS Larenz, S. 371, 393.

389 BGH NJW 2007, 1685.

390 BGH NJW 2009, 669.

391 Siehe hierzu eingehend oben 3.2.5.2, S. 113.

392 So verlangen etwa § 53 Abs. 2 S. 1 GmbHG und § 179 Abs. 2 S. 1 AktG für Satzungsänderungen eine Dreiviertelmehrheit.

393 Vgl. hierzu BGH NJW 2009, 669 („Schutzgemeinschaft II") worin der BGH deutlich macht, dass aktienrechtliche Beschlussquoren nicht einmal bei als GbR organisierten Schutzgemeinschaften unter Aktionären in das Personengesellschaftsrecht ausstrahlen. Für solche Personengesellschaften, die keinerlei Bezug zum Kapitalgesellschaftsrecht haben, gilt das erst recht. BGH NJW 1978, 1382 hatte dagegen eine

Die eigentliche, inhaltliche Beschlusskontrolle findet dann auf der zweiten Prüfungsstufe statt. Hier vereint der BGH den Schutz unentziehbarer Rechte durch Zustimmungsvorbehalt mit einer allgemeinen, treupflichtgeleiteten Inhaltskontrolle. Die genaue Abgrenzung zwischen beiden Bereichen bleibt in den bisherigen Urteilen schwammig. Nach der Sichtweise des BGH ist die Vereinheitlichung aber durchaus folgerichtig: Er erkennt zwar gewisse Kernbereichsrechte an, für die ein Zustimmungsvorbehalt gilt, hält aber gleichzeitig eine Zustimmungspflicht der betroffenen Gesellschafter aufgrund der Treupflicht für möglich. Damit sind auch die Kernbereichsrechte einer allgemeinen Treupflichtabwägung unterworfen (siehe hierzu schon eingehend oben 3.2.5.3.5.2, S. 119). Dem „Kernbereich" kommt somit letztlich nur die Rolle als Fallgruppe innerhalb einer einheitlichen Inhaltskontrolle anhand der Treupflicht zu.[394] Der BGH betont in diesem Zusammenhang, dass es bei Eingriffen in die individuelle Rechtsstellung des Gesellschafters letztlich immer maßgeblich darauf ankomme, ob der Eingriff im Interesse der Gesellschaft geboten und dem betroffenen Gesellschafter unter Berücksichtigung seiner eigenen schutzwerten Belange zumutbar ist.[395]

3.2.5.5.2 *Fehlerfolgen*

Dennoch bleibt auch in der aktuellen Rechtsprechung des BGH diese „zweite Stufe" inhomogen.[396] In Übereinstimmung mit der Kernbereichslehre differenziert der BGH nämlich hinsichtlich der Rechtsfolgen eines Verstoßes. Beschlüsse, die inhaltlich gegen die Treupflicht verstoßen, sind fehlerhaft und als solche entweder nichtig oder – bei gesellschaftsvertraglicher Adaption des kapitalgesellschaftsrechtlichen Beschlussmängelrechts – anfechtbar. Berührt der Beschluss hingegen „Kernbereichsrechte", so ist er nur gegenüber dem individuellen Gesellschafter, der seine Zustimmung nicht erklärt hat, unwirksam. Das ist insbesondere für die prozessuale Geltendmachung des Verstoßes bedeutsam, etwa wenn der Gesellschaftsvertrag für „anfechtbare" Beschlüsse eine Frist zur

Ausstrahlungswirkung von § 179 Abs. 2 S. 1 AktG noch für möglich gehalten, im Ergebnis aber offen gelassen.

394 Vgl. auch *Haas*, in: Röhricht/Graf von Westphalen/Haas, HGB, § 119 Rn. 20.

395 Vgl. BGH NZG 2014, 1296, Rn. 19.

396 Vgl. hierzu *Schäfer*, ZGR 2009, 768, 777; *K. Schmidt*, ZIP 2009, 737, 739; *Weber*, DStR 2010, 702, 703.

Geltendmachung setzt, welche dann für die Feststellung der Zustimmungsbedürftigkeit gerade nicht gilt.[397]

Schließlich profitieren die widersprechenden Gesellschafter nach der Lösung des BGH auch von einer günstigeren Beweislastverteilung: Grundsätzlich sind auf der zweiten Stufe nach „Otto" die überstimmten Gesellschafter beweispflichtig für einen treupflichtwidrigen Gebrauch der Mehrheitsmacht.[398] Ist jedoch ein „Kernbereichsrecht" betroffen, wird diese Beweislast umgekehrt und die Treuwidrigkeit des Beschlusses vermutet.[399]

3.2.5.5.3 Stellungnahme

Der BGH hat in „Otto" und „Schutzgemeinschaft II" einen Schritt in die richtige Richtung gemacht, aber noch davor zurückgeschreckt, Eingriffe in den so genannten Kernbereich der Mitgliedschaft vollständig in den Tatbestand der Treuwidrigkeit zu integrieren. Spätestens mit dem Urteil „Sanieren oder Ausscheiden" hat der BGH aber auch diesen Übergang eingeleitet. Denn durch die Anerkennung einer Zustimmungspflicht aufgrund von Treupflichtgesichtspunkten verliert die „Zustimmung" als zentrales Element der Kernbereichslehre ihre wesentliche Funktion. Auch der Akt der Zustimmung ist damit letztlich der Treupflicht untergeordnet.

Unbefriedigend an der Rechtsprechung des BGH ist allerdings die unterschiedliche Handhabung von Verstößen. Denn der BGH prüft zwar faktisch einen einheitlichen Treuwidrigkeitstatbestand, hält aber dennoch an der Notwendigkeit einer Zustimmung für „kernbereichsrelevante" Beschlussgegenstände fest. Diese Linie führt zu einer Mehrgleisigkeit der Rechtsfolgen: Beschlüsse, die ohne die Zustimmung der Betroffenen in un*entziehbare* Rechte eingreifen, sind aufgrund der fehlenden Zustimmung nur ihm gegenüber schwebend unwirksam.[400] Sonstige Treupflichtverstöße und Eingriffe in un*verzichtbare* Rechte sind dagegen – je nach gesellschaftsvertraglicher Regelung zum Beschlussmängelrecht – nichtig oder anfechtbar.

---

397 Vgl. BGH NJW 2010, 65, 66 („Sanieren oder Ausscheiden"); *Weber*, DStR 2010, 702, 703.

398 BGH NJW 2007, 1685 Rn. 10; vgl. hierzu auch Goette, in: FS Sigle, S. 145, 160; Goette, in: Ebenroth/Boujong/Joost/Strohn, HGB (2. A. 2008), § 119 Rn. 59; die Beweislast für das Vorliegen einer wirksamen Mehrheitsklausel liegt dagegen in jedem Fall bei der sich darauf berufenden Gesellschaft.

399 BGH NJW 2009, 669 Rn. 17; siehe auch *Weber*, DStR 2010, 702, 703.

400 Vgl. dazu *Bohlken/Sprenger*, DB 2010, 263, 266.

Dieser Unterschied ist keineswegs nur akademische Haarspalterei, sondern wirkt sich ganz konkret insofern aus: Die schwebende Unwirksamkeit ist im Wege einer allgemeinen Feststellungsklage im Sinne des § 256 ZPO geltend zu machen,[401] sonstige nichtige und anfechtbare Beschlüsse nach dem gesellschaftsvertraglich vorgesehenen Procedere[402] (in der Regel durch Erhebung einer dem Kapitalgesellschaftsrecht nachempfundenen „Anfechtungsklage“).[403] Damit fallen Streitigkeiten über die Wirksamkeit von „kernbereichsrelevanten“ Beschlüssen insbesondere nicht in den Anwendungsbereich gesellschaftsvertraglich vorgesehener Ausschlussfristen zur Geltendmachung fehlerhafter Beschlüsse. Solche - nicht zufällig aus dem Aktienrecht übernommenen - Fristen dienen der Rechtssicherheit sowie der Vereinfachung und Beschleunigung bei Mehrheitsentscheidungsprozessen. Gesellschaften in Sanierungssituationen sind auf solche Erleichterungen ganz besonders angewiesen.

Gerade im Sinne der Rechtssicherheit wirken sich diese mehrspurigen Fehlerfolgen negativ aus. Schließlich belastet diese Konstruktion die Geltendmachung von Beschlussmängeln mit der - häufig nicht trivialen - Vorfrage, ob im konkreten Fall in ein „kernbereichsrelevantes“ Recht eingegriffen wurde.

Dadurch wird die Gesellschaft mit dem Beweis belastet, was wiederum nicht im Sinne einer einfachen und zügigen Sanierung ist.

3.2.5.6 Eigene Lösung

3.2.5.6.1 Grundsätze

Für die Prüfung der Wirksamkeit von Mehrheitsbeschlüssen empfiehlt sich eine zweistufige Beschlusskontrolle. Insoweit ist dem BGH zuzustimmen.

Der Bestimmtheitsgrundsatz ist als Instrument des Minderheitenschutzes ungeeignet und zu Recht von der Rechtsprechung mittlerweile vollständig aufgegeben worden, spielte aber für Publikumsgesellschaften ohnehin seit langem keine Rolle mehr. Zur Ermächtigung zu Mehrheitsentscheidungen genügt daher nunmehr prinzipiell eine Generalklausel im Gesellschaftsvertrag der Publikumsgesellschaft, die für alle denkbaren Beschlussgegenstände die Beschlussfassung mit einfacher Mehrheit anordnet. In der Praxis dürfte es sich allerdings häufig als zweckmäßig erweisen, für Beschlussgegenstände unterschiedlicher Bedeutung gestufte Mehrheitserfordernisse oder Mindestquoren - etwa in Anlehnung

---

401 Vgl. BGH NJW 2010, 65, 66 („Sanieren oder Ausscheiden“); siehe auch BGH NJW-RR 2007, 757; 2007, 1477; 2009, 753; 2009, 1264.

402 Vgl. hierzu nur BGH NJW 1977, 1292; 1995, 1218; NJW 2006, 2854.

403 Siehe hierzu auch *Weber*, DStR 2010, 702, 703.

an das Kapitalgesellschaftsrecht – zu vereinbaren. Notwendig ist das allerdings nicht.

Unwirksam sein kann im Sinne der Beschlusskontrolle immer nur der konkrete Beschluss, nicht hingegen – wie früher gelegentlich angenommen – die ganze Mehrheitsklausel.

Die erste Prüfungsstufe beschränkt sich also auf die Feststellung einer vertraglichen Mehrheitsklausel für den jeweiligen Beschlussgegenstand. Im anschließenden zweiten Schritt findet die eigentliche Inhaltskontrolle statt.

Dabei ist als Vorfrage[404] zu prüfen, ob der Beschluss in ein absolutes, unverzichtbares Recht (siehe dazu oben 3.2.5.1, S. 112) eingreift. Diese stehen, wie festgestellt, von vorneherein nicht zur Disposition der Gesellschafter. Daher ist eine eingehende Inhaltskontrolle müßig – entsprechende Beschlüsse sind immer fehlerhaft. In der Praxis spielen diese Rechte allerdings selten eine Rolle.

Kernelement der zweiten Stufe ist nach hier vertretener Ansicht eine rein treupflichtgeleitete Inhaltskontrolle. Der durch das Zustimmungsrecht angestrebte Individualschutz wird in vollem Umfang durch die Inhaltskontrolle gewährleistet.

Es gibt mit der Treupflicht einen einheitlichen inhaltlichen Prüfungsmaßstab für Mehrheitsbeschlüsse und folglich auch eine einheitliche Rechtsfolge bei Beschlussmängeln.

3.2.5.6.2 Bedeutung gesellschaftsvertraglicher Klauseln

Das Institut der antizipierten Zustimmung gibt es nach der hier vorgeschlagenen Lösung als solches nicht mehr.

Dennoch gibt es selbstverständlich auch unter dem Regime der hier vertretenen Ansicht einen Bedarf für eine legitimierende Willensbetätigung des betroffenen Gesellschafters. Eine Inhaltskontrolle am Maßstab der Treupflicht heißt schließlich nicht, dass alle Mehrheitsentscheidungen im Nachhinein nach Gutdünken der Gerichte im „luftleeren Raum" beurteilt werden müssen. Vielmehr bildet der Gesellschaftsvertrag die Grundlage der gesellschafterlichen Treuepflicht und bestimmt damit auch deren Inhalt und Umfang.[405]

---

404 Statt einer Vorfrage der Inhaltskontrolle könnte man in dieser Prüfung auch einen eigenen, zweiten Prüfungsschritt sehen.

405 Ebenso definiert auch der BGH die Rolle und Bedeutung gesellschaftsvertraglicher Klauseln für die treupflichtgeleitete Inhaltskontrolle; vgl. BGH ZIP 2011, 768, Rn. 21 („Sanieren oder Ausscheiden II"); ZIP 2015, 1626, Rn. 23 („Sanieren oder Ausscheiden III").

Anders als eine einfache Generalklausel, die zu Mehrheitsbeschlüssen ermächtigt, verschiebt eine auf einen konkreten Beschlussgegenstand gerichtete Klausel diesbezüglich den Maßstab der Inhaltskontrolle. Ein Gesellschafter, der durch Mehrheitsbeschluss einer einschneidenden Maßnahme ausgesetzt wird, ist insoweit schlicht weniger schutzwürdig, wenn sich die Möglichkeit solcher Mehrheitsbeschlüsse bereits konkret aus dem Gesellschaftsvertrag ergibt. Das gilt um so mehr, wenn die jeweilige Klausel sogar festgelegte Einsatzzwecke oder Obergrenzen enthält.

Demgegenüber werden ohne solche Konkretisierungen schwerwiegende Eingriffe in die vermögens- oder gesellschaftsrechtliche Position des Gesellschafters nur unter hohen weiteren Voraussetzungen „treupflichtfest" sein. Was das für sanierungstypische Beschlussgegenstände konkret bedeutet, wird im folgenden Abschnitt (3.2.5.7, S. 141 ff) erörtert.

Diese Lösung bietet den Vorteil, dass bestehende Gesellschaftsverträge interessengerecht behandelt werden, und zwar unabhängig davon, ob sich diese in ihrer Ausgestaltung an der Doktrin der „antizipierten Zustimmung" oder sogar noch an dem – für Publikumsgesellschaften ja schon seit langer Zeit bedeutungslosen – Bestimmtheitsgrundsatz orientieren.

Eine explizite, von der Beschlussfassung gesondert erklärte nachträgliche Zustimmung im Sinne des § 182 BGB ist strukturell nach wie vor denkbar, wird aber in der Praxis keine Rolle spielen. Der einverstandene Gesellschafter kann schließlich erstens sein Stimmrecht entsprechend ausüben oder zweitens schlicht auf ein Vorgehen gegen den Beschluss verzichten bzw. an dessen Umsetzung mitwirken.

3.2.5.6.3 Fehlerfolgen

3.2.5.6.3.1 Erste Stufe

Mehrheitsbeschlüsse, die schon auf der ersten, formellen Stufe der Beschlusskontrolle mangels passender Mehrheitsklausel scheitern, sind nichtig.

Missachtet nämlich ein Rechtsgeschäft gesellschaftsrechtliche Grundprinzipien, so ist es nicht nach § 134 BGB und damit nicht nur dann nichtig, wenn Sinn und Zweck der verletzten Norm diese Sanktion fordern. Es ist vielmehr nach allgemeinen gesellschaftsrechtlichen Grundsätzen stets nichtig, weil den Beteiligten die Regelungskompetenz fehlt.[406]

406 Vgl. MüKo BGB/*Armbrüster* § 134 Rn. 5.

3.2.5.6.3.2 Zweite Stufe

Einheitlicher Maßstab der zweiten Stufe der Beschlusskontrolle ist die Treupflicht, daher gibt es auch im Falle von Treupflichtverstößen eine einheitliche Rechtsfolge. Wegen eines Eingriffs in den Kernbereich der Mitgliedschaft zustimmungsbedürftige Beschlüsse als eigene Kategorie gibt es – anders als vom BGH bislang praktiziert – nicht mehr.[407]

Ein gegen die Treupflicht verstoßender Gesellschafterbeschluss ist nichtig. Diese Nichtigkeit ergibt sich wiederum aus originär gesellschaftsrechtlichen Erwägungen, und nicht etwa aus § 138 Abs. 1 BGB. Die Sittenwidrigkeit als Maßstab des mitunter herangezogenen § 138 Abs. 1 BGB[408] passt nämlich insoweit nicht vollumfänglich. Schließlich ist anerkannt, dass die (in § 242 BGB verankerte) Treuwidrigkeit grundsätzlich ein Minus in Relation zur Sittenwidrigkeit ist.[409] Besonders schwerwiegende Verstöße können allerdings parallel auch zur Nichtigkeit nach § 138 BGB führen.[410]

In besonders gelagerten Fällen ist auch eine Teilnichtigkeit des Beschlusses denkbar. Insoweit kann die allgemeine Regelung des § 139 BGB zur Anwendung gebracht werden.[411] Diese ist nämlich nicht nur auf die Fälle der vorangehenden §§ 134 ff. BGB, sondern auf sämtliche nichtigen Rechtsgeschäfte anwendbar. Rechtsgeschäft im Sinne der Vorschrift können anerkanntermaßen auch Beschlüsse sein.[412] Ist der Beschluss seinem Inhalt nach teilbar und die Geltung bzw. Nichtigkeit für einzelne Gesellschafter oder Gesellschaftergruppen auch gewollt, so kommt ausnahmsweise eine Teilnichtigkeit in Betracht. Das ist jedoch keineswegs der Standard, sondern muss auf Fälle beschränkt bleiben, in denen der Wortlaut oder die Umstände des Beschlusses einen entsprechenden Willen der Gesellschafter klar anzeigen.

---

407 Die wirksame Aufhebung echter gesellschaftsvertraglicher Sonderrechte setzt nach wie vor gemäß § 35 BGB analog eine Zustimmung des Betroffenen voraus, vgl. hierzu die Ausführungen unter 3.2.5.3.7.2.

408 So insbesondere *Hadding*, ZGR 1979, 636, 647; Soergel BGB/*Hadding/Kießling* § 709 Rn. 41.

409 Vgl. MüKo BGB/*Armbrüster* § 138 Rn. 5 mit weiteren Nachweisen.

410 Dass bei besonders schwerwiegenden Verstößen auch eine Nichtigkeit von Gesellschafterbeschlüssen nach § 138 Abs. 1 BGB in Betracht kommt, ist schon seit langem anerkannt; vgl. RGZ 131, 141, 145; BGH NJW 1955, 221.

411 Ähnlich *Ulmer*, ZIP 2015, 657, 661 f.

412 BGH NJW 1998, 3713; 2012, 2648 Rn. 10; MüKo BGB/*Busche* § 139 Rn. 8; *K. Schmidt* GesR § 15 I 2; *Ulmer*, in: FS Niederländer, S. 415.

Denkbar wäre beispielsweise der Fall, dass ein zunächst allgemein verpflichtender Kapitalerhöhungsbeschluss erkennen lässt, dass er auch ohne die Teilnahme sich sperrender Gesellschafter gelten und durchgeführt werden soll.

3.2.5.7 Fazit / Folgerungen für die Sanierungspraxis

Das Problem des zunächst schwammigen Rechtsbegriffs der Treupflicht bleibt auch nach der hier vorgeschlagenen Lösung selbstverständlich erhalten. Die damit unvermeidbar einhergehende Rechtsunsicherheit ist die Kehrseite der Vorteile, die ein solch offenes System der Beschlusskontrolle bietet, nämlich allen voran die Möglichkeit individueller Abwägungen unter Berücksichtigung der konkreten Gegebenheiten.

Das Verdienst der Kernbereichslehre und insbesondere der daran angelehnten Rechtsprechung des BGH besteht darin, Fallgruppen herausgebildet zu haben, die diesen Rechtsbegriff auszufüllen helfen und in der Praxis handhabbar machen. So sind mittlerweile Entscheidungen zu einigen typischen Konstellationen krisengebeutelter Publikumsfonds ergangen. Auf dieser Basis können schon jetzt in Gesellschafterrechte eingreifende Sanierungskonzepte entworfen werden, die mit hoher Wahrscheinlichkeit „treupflichtfest" sind.

3.2.5.7.1 Sanierungsbeschlüsse allgemein

Die Treupflicht des Publikumsgesellschafters gebietet es in Sanierungssituationen grundsätzlich, Maßnahmen hinzunehmen, wenn diese zur Erhaltung des gemeinsam Geschaffenen – also der Gesellschaft – dringend erforderlich und dem Gesellschafter selbst unter Berücksichtigung seiner eigenen schutzwerten Belange zumutbar ist (siehe zu Gegenstand und Reichweite der Treupflicht in Sanierungssituationen schon oben 3.1.4.2.1, S. 85).[413]

Verallgemeinert wird es dabei immer auf ähnliche Fragen ankommen, nämlich:[414]

- Wäre der Zusammenbruch der Gesellschaft bei Scheitern der beabsichtigten Sanierungsmaßnahme unvermeidlich?

---

413 Vgl. BGH NJW 2010, 65 Rn. 23; 2011, 1667, Rn. 20.

414 So grundlegend *K. Schmidt*, ZIP 1980, 328, 336; vgl. auch *K. Schmidt* GesR § 5 IV 5 a; *K. Schmidt*, ZGR 1982, 519, 524 f; *Häsemeyer*, ZHR 160 (1996), 109; *Marsch-Barner*, ZIP 1996, 853.

- Ist ein Sanierungserfolg gemäß dem Sanierungskonzept aus objektiver ex-ante-Betrachtung zu erwarten?[415]
- Ist die beabsichtigte Maßnahme verhältnismäßig hinsichtlich der Relation der Schwere des Eingriffs zu den Vorteilen der Mehrheit?
- Stünde der Gesellschafter bei Zusammenbruch der Gesellschaft mindestens ebenso ungünstig wie bei einem sofortigen Austritt aus der fortbestehenden Gesellschaft?

Von dem Problem der Wirksamkeit einer Mehrheitsentscheidung zu trennen ist die Frage, in welchen Fällen der Gesellschafter möglicherweise aufgrund der Treupflicht gehalten ist, sein Stimmrecht in einer bestimmten Weise auszuüben, um damit eine gewisse Mehrheit überhaupt erst herzustellen (siehe hierzu unten 3.2.6, S. 148).

Für die zur Realisierung einer sanierenden Kapitalerhöhung nötigen Beschlussgegenstände bedeutet das im Einzelnen:

3.2.5.7.2 Nachschusspflicht

Wie oben bereits dargestellt ist die Verpflichtung aller Gesellschafter zu weiteren Beiträgen durchaus möglicher Gegenstand einer Mehrheitsentscheidung. Die Hürden im Rahmen der Inhaltskontrolle sind jedoch besonders hoch.

Tatsächlich hat der BGH aber in der Vergangenheit schon anklingen lassen, dass er unter gewissen Voraussetzungen eine Zustimmungspflicht des Gesellschafters sogar zu Beitragserhöhungen für möglich hält.[416]

Die Rechtsprechung fordert insoweit das Vorliegen „besonderer Umstände“,[417] welche dann vorliegen können, wenn die Maßnahme „im Interesse der Gesellschaft [...] geboten und [dem Gesellschafter] unter Berücksichtigung seiner

---

415 Dem BGH reicht es mitunter schon, wenn das Sanierungskonzept „nicht von vornherein sinnlos" erscheint, vgl. BGH NJW 2010, 65, 68 – „Sanieren oder Ausscheiden“; BGH NJW 1995, 1739 – „Girmes“ fordert dagegen ein Sanierungskonzept, das nachhaltigen Erfolg verspricht. Im Ergebnis steckt dahinter wohl keine unterschiedliche Ansicht, sondern die allgemeine Erkenntnis, dass bei verständiger Würdigung die Chancen die Risiken überwiegen müssen; vgl. auch *Schäfer*, in: FS Hommelhoff, S. 939, 952.

416 Vgl. BGH NJW-RR 2005, 1347, 1348; 2006, 827, Rn. 25; 2006, 829, Rn. 25; 2009, 1666, Rn. 11; ähnlich für den im wirtschaftlichen Endergebnis vergleichbaren, dauerhaften Verzicht auf Entnahmeansprüche BGH NJW 1985, 974; bestätigt durch NJW-RR 1989, 993; vgl. außerdem OLG Celle NZG 2006, 17; 2006, 225.

417 So wörtlich BGH NJW-RR 2005, 1347, 1348; 2006, 827, Rn. 25; 2006, 829, Rn. 25.

eigenen schutzwürdigen Belange zumutbar ist".[418] Aus Gründen des Individualschutzes und wegen der besonderen Bedeutung des Belastungsverbotes setzt diese Zumutbarkeit neben der dringenden Sanierungsbedürftigkeit der Gesellschaft ein konkretes wirtschaftliches Eigeninteresse des Gesellschafters voraus.

Im Einklang mit dieser Rechtsprechung sind nach der hier vertretenen Auffassung erzwungene Nachschüsse nur dann zulässig, wenn den betroffenen Gesellschafter im wirtschaftlichen Endergebnis keine zusätzliche Belastung trifft. Praxisrelevanter Fall ist die schon im Rahmen der Rückforderung von Ausschüttungen (siehe dazu oben 3.1.4.2, S. 84 ff) eingehend erörterte Konstellation der drohenden Außenhaftung nach § 172 Abs. 4 HGB, derer sich der Kommanditist durch Zahlungen an die Gesellschaft bis zur Höhe seiner Hafteinlage dauerhaft entledigen kann. Insoweit kann auf die dort stehenden Ausführungen verwiesen werden. Solche Zahlungen können selbstverständlich nicht nur – wie oben bereits erläutert – von der Geschäftsführung des Fonds eingefordert werden, sondern auch Teil eines (mehrheitlich beschlossenen) Sanierungskonzeptes sein.

Dabei darf eine mehrheitliche Zustimmung der Mitgesellschafter zu einem Sanierungskonzept durchaus als Plausibilitätstest für die Stichhaltigkeit der Sanierungschancen gelten, was bei einer Geltendmachung der gleichen Zahlungen seitens der Geschäftsführung nicht gegeben ist. Auch das spielt in der Abwägung eine Rolle.

Soweit daher eine Inanspruchnahme durch Gesellschaftsgläubiger im Falle der Liquidation der Gesellschaft überwiegend wahrscheinlich ist, gebietet es die Treupflicht unter den weiteren, oben genannten Voraussetzungen, eine Nachschusspflicht in entsprechender Höhe zu dulden.

Eine Verpflichtung zur Zahlung darüber hinaus gehender Beträge widerspräche dagegen den elementaren Grundkonzepten der Kommanditgesellschaft und insbesondere dem Belastungsverbot (§ 707 BGB). Ein hierauf gerichteter Mehrheitsbeschluss wäre demnach treuwidrig.

3.2.5.7.3 Kapitalerhöhung

Der Kapitalerhöhungsbeschluss in dem hier verstandenen Sinne (siehe oben 3.2.2.2, S. 107) stellt die Mehrheit unter Treupflichtgesichtspunkten vor deutlich geringere Anforderungen, da die Teilnahme an der Kapitalerhöhung durch Zeichnung neuer „Kapitalanteile" freiwillig ist. Die grundsätzliche Investitionsentscheidung bleibt bei jedem einzelnen Gesellschafter. Die einzige Einbuße besteht für den nicht teilnehmenden Gesellschafter darin, eine Senkung seiner

418 BGH NJW-RR 2009, 1666, Rn. 11.

Kapitalquote – und damit Verwässerung seiner Anteilsrechte – hinnehmen zu müssen, die sich aus den gestiegenen Kapitalanteilen der teilnehmenden Gesellschafter ergibt.

Vor diesem Hintergrund darf das Instrument aus Treupflichtgesichtspunkten nicht willkürlich eingesetzt werden, etwa um finanzschwache Minderheitsgesellschafter zu entmachten oder aus der Gesellschaft zu drängen. Vielmehr bedarf es eines sinnvollen Grundes. Als solcher genügt aber der erhöhte Kapitalbedarf der Gesellschaft, auch außerhalb existenzbedrohender Krisen. Schließlich entspricht die grundsätzliche Möglichkeit einer (unbegrenzten) Kapitalerhöhung der Eigenart der Publikums-KG als Kapitalsammelbecken, wie auch der BGH schon früh festgestellt hat.[419]

Im Falle der Aufnahme neuer Gesellschafter muss er auch eine Veränderung des Gesellschafterkreises hinnehmen. Dies stellt bei einer körperschaftlich strukturierten, kapitalistisch ausgerichteten und völlig anonymen Publikumsgesellschaft allerdings keinerlei Beeinträchtigung dar, weshalb eine Veränderung des Gesellschafterbestandes hier grundsätzlich keine Rechtfertigung erfordert.

Als Ausfluss des Gleichbehandlungsgrundsatzes steht den Altgesellschaftern – auch ohne gesetzliche Regelung hierzu – im Falle einer Kapitalerhöhung ein Bezugsrecht zu. Ein mehrheitlich beschlossener Bezugsrechtsausschluss kann zwar wohl auch unter Treupflichtgesichtspunkten gerechtfertigt werden.[420] Praktisch ist das allerdings kaum relevant. Schließlich dient ein solcher Bezugsrechtsausschluss vor allem dazu, neuen Investoren das Erreichen bestimmter Beteiligungsquoten zu ermöglichen. Das spielt jedoch bei in Schieflage geratenen geschlossenen Fonds keine Rolle. Vielmehr ist man froh um jeden, der frisches Kapital in die Gesellschaft investiert.

3.2.5.7.4 Kapitalschnitt

Prinzipiell gelten für die Durchführung eines Kapitalschnitts die gleichen Erwägungen wie bei der (isolierten) Kapitalerhöhung. Allerdings hat ein Kapitalschnitt potentiell deutlich gravierendere Folgen: Es wird nicht nur weiteres Kapital aufgenommen und mittelbar in die Gesellschafterrechte eingegriffen (Verwässerung), sondern es wird der bestehende Kapitalanteil – im drastischsten Falle auf Null – herabgesetzt.

Vor diesem Hintergrund erlaubt die Treupflicht die Zuschreibung von Verlusten zu den bestehenden Kapitalkonten nicht schon immer dann, wenn überhaupt

---

419 Vgl. BGH NJW 1976, 958, 959.

420 Vgl. hierzu *Walch*, Die Sanierung der Immobilienfondsgesellschaft, S. 87 f.

Verluste aufgelaufen sind. Vielmehr muss dies auf Situationen beschränkt bleiben, in denen die Sanierung der Gesellschaft anderweitig nicht möglich wäre. Hier spielt die Reziprozität der Treupflicht[421] eine gewichtige Rolle: Genauso wenig, wie der sanierungsunwillige Gesellschafter einen willkürlichen Kapitalschnitt hinnehmen muss, müssen die sanierungswilligen Gesellschafter mit ihrem Kapitaleinsatz in Sanierungssituationen das von Verlusten aufgezehrte Altkapital quersubventionieren (siehe dazu auch oben 3.2.1.2, S. 102). Die „Sanieren-oder-Ausscheiden"-Entscheidung des BGH[422] kann diesbezüglich auch im Sinne von „Sanieren oder Absinken der Beteiligungsquote hinnehmen" verstanden werden.[423]

3.2.5.7.5 Ausschluss

3.2.5.7.5.1 Allgemein

Oft sehen Sanierungsbeschlüsse vor, dass nicht an einer sanierenden Kapitalerhöhung teilnehmende Gesellschafter aus der Gesellschaft ausscheiden. So soll verhindert werden, dass diese als „Trittbrettfahrer" im Falle des Gelingens der Sanierung hiervon profitieren, ohne eigene Beiträge geleistet zu haben und Risiken eingegangen zu sein.

Wesentlich für die Bewertung eines solchen Beschlusses unter Treupflichtgesichtspunkten ist zunächst, dass die Androhung eines Ausschlusses im Falle der Nichtbeteiligung an Sanierungsmaßnahmen keine versteckte Nachschusspflicht darstellt. Der Ausschluss rechtfertigt sich nämlich gerade nicht daraus, dass die Betroffenen keine neuen Beiträge leisten, sondern vielmehr umgekehrt daraus, dass den sanierenden Gesellschaftern ein Verbleib der Nicht-Sanierer unzumutbar ist.[424] Die Treupflicht ist schließlich kein spezifisches Instrument des Individual- oder Minderheitenschutzes, sondern dient auch dem Schutz der Mehrheit.[425] Sie wirkt somit wiederum in beide Richtungen.

Ist jedoch die Möglichkeit, nicht an der Sanierung teilzunehmen und eine Verwässerung der Kapitalquote hinzunehmen, schon im Gesellschaftsvertrag angelegt, fehlt es an der Unzumutbarkeit für die sanierenden Mitgesellschafter.[426] Der Grund dafür ist darin zu erblicken, dass die Treupflicht ihrem Inhalt nach

---

421 Hierzu grundlegend BGH NJW 1995, 1739 („Girmes").
422 BGH NJW 2010, 65.
423 So sehr treffend *Weber*, DStR 2010, 702, 705.
424 Vgl. *Weber*, DStR 2010, 702, 705; aA wohl *Wagner*, NZG 2009, 1378, 1380.
425 Vgl. BGH NJW 1995, 1739 („Girmes").
426 So zurecht BGH NJW 2011, 1667, 1670.

immer von dem Inhalt des Gesellschaftsvertrages und den sich daraus ergebenden berechtigten Erwartungen der einzelnen Gesellschafter abhängt. Ist eine Nichtteilnahme an Sanierungsmaßnahmen gesellschaftsvertraglich schon angelegt, besteht daher insoweit keine Treubindung. Schließlich rechtfertigt der Gesichtspunkt der gesellschafterlichen Treuepflicht es nicht, in eine sachlich nicht unvertretbare gesellschaftsrechtliche Regelung ändernd einzugreifen, nur weil dies für angemessener erachtet wird.[427]

Da es sich also wertungsmäßig um keine versteckte Nachschusspflicht handelt, sind entsprechend die Anforderungen im Rahmen der Treupflichtabwägung niedriger anzusetzen als für Nachschüsse.

Erforderlich ist unter Treupflichtgesichtspunkten aber nach wie vor, dass die Gesellschaft ohne Durchführung der Sanierungsmaßnahme vor dem Zusammenbruch stünde, der ausscheidende Kommanditist wirtschaftlich nicht schlechter steht als dies bei sofortiger Liquidation der Gesellschaft der Fall wäre und ein Verbleib der sanierungsunwilligen Mitgesellschafter den sanierenden Gesellschaftern gegenüber unzumutbar ist. Diese Einschränkungen ergeben sich aus den oben bereits umfassend erörterten, allgemeinen Erwägungen zu den Schranken der aufgrund der Treupflicht gebotenen Sanierungsbeiträge der Gesellschafter (siehe insbesondere Abschnitte 3.1.4.2, S. 84 ff und 3.2.5.7.1, S. 141 ff). Folgerichtig zieht auch der Bundesgerichtshof in seiner „Sanieren-oder-Ausscheiden"-Rechtsprechung diese Kriterien heran.[428]

Dabei ist zu berücksichtigen, dass der Kommanditist bei Ausscheiden grundsätzlich Anspruch auf eine Abfindung hat (§§ 161 Abs. 2, 105 Abs. 3 HGB, 738 Abs. 1 S. 2 BGB), auch wenn dieser Anspruch bei dringend sanierungsbedürftigen Gesellschaften entweder aufgrund vertraglicher Abfindungsregelungen oder schlicht wegen der Wertlosigkeit des Anteils[429] regelmäßig leerläuft. Außerdem besteht für Kommanditisten – anders als für persönlich haftende Fondsgesellschafter bei anderen Konstruktionen – auch keine Gefahr der (durchaus

---

427 Vgl. BGHZ 44, 40, 42; BGH NJW 2011, 1667, 1669; OLG Düsseldorf ZIP 2014, 2183, 2185.

428 Vgl. BGH NJW 2010, 65, Leitsatz und Rn. 31 f.; bestätigt durch BGH NZG 2015, 995; vgl. zum Ganzen auch *Westermann* NZG 2016, 9; Dass der BGH auf Grundlage dieser Erwägungen den argumentativen Umweg nimmt und eine Zustimmungspflicht der sanierungsunwilligen Gesellschafter zu einem ihren eigenen Ausschluss anordnenden Gesellschafterbeschluss konstruiert, wurde oben bereits erörtert und kritisiert, siehe oben 3.2.5.3.5.2, S. 119 ff und 3.2.5.5.3, S. 136 ff.

429 Vgl. zur Bewertung der Anteile an sanierungsbedürftigen (Immobilien-)Fonds *Wagner*, BKR 2008, 189; *Wagner*, DS 2009, 98; *Schäfer*, in: FS Ganter, S. 33, 43 ff.

fragwürdigen) Geltendmachung fiktiver Liquidationsfehlbeträge im Sinne des § 739 BGB.[430] Hinsichtlich einer etwaigen Außenhaftung für Gesellschaftsverbindlichkeiten aus §§ 161 Abs. 2, 128 S. 1, 171 Abs. 1, 172 Abs. 4 HGB (siehe auch oben 3.1.4.2) steht der Kommanditist bei Ausscheiden auch nicht schlechter als bei sofortiger Liquidation. Im Gegenteil besteht sogar die Chance, dass bei Gelingen der Sanierung der bei Befriedigung der Drittgläubiger entstehende Regressanspruch gegen die Gesellschaft aus § 670 BGB[431] wieder werthaltig wird.

Vereinzelt wird die Übertragbarkeit der „Sanieren-oder-Ausscheiden"-Rechtsprechung des BGH auf Kommanditgesellschaften mit dem Argument angezweifelt, dass es hier an der Unzumutbarkeit für die Mitgesellschafter mangele. Schließlich dürften die sanierenden Gesellschafter wegen der Beschränkung der Kommanditistenhaftung auf die Hafteinlage nicht darauf vertrauen, dass in der Krise der Gesellschaft weitergehende Zahlungen seitens ihrer Mitgesellschafter erfolgen.[432] Diese Argumentation hinkt im doppelten Sinne: Erstens ist auch der persönlich haftende Anleger-Gesellschafter einer GbR oder OHG aufgrund des Belastungsverbotes (§ 707 BGB) in der Krise der Gesellschaft im Innenverhältnis nicht zu weiteren Zahlungen verpflichtet. Und zweitens beruht die Zumutbarkeit des Ausschlusses gerade nicht auf einem Verstoß gegen eine – eben gerade nicht vorhandene – Nachschussverpflichtung, sondern auf der Unzumutbarkeit des Profitierens von den Früchten der Sanierung ohne Teilnahme an deren Risiken.

Diese Interessenlage ist aber bei der KG nicht grundsätzlich anders als bei GbR und OHG: Der sanierende Gesellschafter riskiert den Verlust seiner neuerlichen Einlage, während der Sanierungsverweigerer – wenn auch aufgrund der Verwässerung seiner Beteiligung häufig in geringem Maße[433] – von etwaigen späteren Sanierungsgewinnen profitiert. Insofern ist die Rechtslage bei der KG nicht anders.[434]

---

430 Dazu kritisch *K. Schmidt*, JZ 2010, 125, 129; *Schäfer*, in: FS Ganter, S. 33, 41 ff.

431 Für ausgeschiedene Gesellschafter ergibt sich dieser Anspruch nicht aus § 110 HGB; vgl. BGHZ 39, 324; BGH WM 1978, 114; siehe auch Baumbach/Hopt HGB/*Roth* § 110 Rn. 2.

432 So etwa *Heckschen*, in: Reul/Heckschen/Wienberg, Insolvenzrecht in der Gestaltungspraxis, N. Rn. 269.

433 Der BGH betont auch in seinem Urteil ganz klar, dass es auf die Höhe der etwaigen Sanierungsgewinne nicht ankommt, indem er schon die „Abgabe eines nur geringen Gewinnanteils" als unzumutbar wertet, vgl. BGH NJW 2010, 65, 68.

434 Ähnlich *Dorka/Derwald*, NZG 2010, 694, 695 f; *Paul*, GWR 2015, 419, 423; *Wertenbruch*, in: Ebenroth/Boujong/Joost/Strohn, HGB, § 105 Rn. 105; zurückhaltender *Stupp*, DB 2010, 489; aA *Heckschen*, in: Reul/Heckschen/Wienberg, Insolvenzrecht in der Gestaltungspraxis, N. Rn. 269.

Somit ist ein Mehrheitsbeschluss, der den Ausschluss sanierungsunwilliger Gesellschafter vorsieht, unter den genannten Voraussetzungen nicht als treuwidrig anzusehen.

3.2.5.7.5.2 Ausscheiden durch Kapitalschnitt „auf Null“

Ein Sonderfall ist der Kapitalschnitt „auf Null“: Wird das Kapital im Falle einer Überschuldung der Gesellschaft „auf Null“ herabgesetzt, wird das Kapitalkonto der Gesellschafter, die nicht anschließend an der Kapitalerhöhung teilnehmen, ebenfalls dauerhaft auf Null gesetzt. Deren Beteiligung ist damit – entsprechend ihrem derzeitigen wirtschaftlichen Wert – vollkommen entwertet. Die Gesellschafter können trotzdem theoretisch in der Gesellschaft verbleiben, da bei Personengesellschaften auch eine kapitalanteilslose Mitgliedschaft möglich ist.[435] In einer solchen Konstellation besteht eigentlich kein Bedarf nach einem Ausschluss, da eine solche Mitgliedschaft auch im Falle des Gelingens der Sanierung keinerlei wirtschaftliche Vorteile bringt und somit den sanierenden Gesellschaftern zumutbar wäre. Andererseits ist diese „entkernte“ Mitgliedschaft an einer reinen Kapitalanlagegesellschaft auch für den betroffenen Gesellschafter völlig sinnlos, weswegen eine Ausschließung keinen Treupflichtverstoß darstellt.[436] Ein Absinken seiner Kapitalquote infolge eines Kapitalschnittes hat der nicht an der Sanierung teilnehmende Gesellschafter schließlich – unter den genannten Voraussetzungen – hinzunehmen (siehe oben 3.2.5.7.4, S. 144).

3.2.6 Abstimmungspflicht

Von der Abwägung, welche Mehrheitsbeschlüsse ein nicht an der Sanierung teilnehmender Gesellschafter hinnehmen muss, ist die Frage zu unterscheiden, unter welchem Umständen er sogar gehalten ist, die benötigte Mehrheit für die Sanierungsmaßnahme durch sein Abstimmungsverhalten überhaupt erst herzustellen.

---

435 Vgl. *K. Schmidt* GesR § 47 III 1 b.

436 So auch *Schäfer*, in: FS Ganter, S. 33, 38; *Weber*, DStR 2010, 702, 705 spricht sich daher in diesen Fällen sogar für ein automatisches Ausscheiden aus. Bezogen auf den konkreten Fall, der der besprochenen Entscheidung zugrunde lag, ist das allerdings zumindest fragwürdig, da das Kapital hier nur um 99,9 % herabgesetzt wurde und den Gesellschaftern somit ein – wenn auch verschwindend kleiner – Kapitalanteil verblieb. Ein ganz ähnlicher Gedanke findet sich schon bei *Wiedemann,* GesR I, S. 386, wonach „dem Anlagegesellschafter […] nicht die Mitgliedschaft, sondern nur der – meist geminderte – Vermögenswert garantiert“ wird.

Der BGH hat in einer vielbeachteten Entscheidung[437] judiziert, dass sich die Treupflicht des Minderheitsgesellschafters unter bestimmten Umständen zu einer Pflicht konkretisiert, das Stimmrecht auf eine konkrete Art und Weise auszuüben.

Da diese Pflicht im Grundsatz nicht gegenüber der Gesellschaft, sondern nur gegenüber den Mitgesellschaftern in Betracht kommt (siehe hierzu oben 3.2.5.7.1, S. 141), stellt sich die Frage, ob für das Bestehen dieser Stimmpflicht schon wenigstens die einfache Mehrheit der Gesellschafter für die Maßnahme sein muss. Dann würde eine Abstimmungspflicht nur in solchen Konstellationen greifen, in denen gesellschaftsvertraglich eine qualifizierte Mehrheit für die angestrebte Maßnahme vorgesehen ist, aber nur die einfache Mehrheit der Gesellschafter dafür stimmt. Genau diese Situation hatte der BGH vor Augen, als er im „Girmes"-Urteil festgestellt hat, die Sanierungsmaßnahme müsse „mehrheitlich angestrebt"[438] werden, um eine Stimmpflicht auszulösen.

Aus dieser Sichtweise ergibt sich eine offensichtliche Schwierigkeit: Wenn die Pflicht, für ein Sanierungskonzept zu stimmen, davon abhängt, dass sich bei eben jener Abstimmung eine Mehrheit für dieses Konzept findet, so kann diese Pflicht immer erst im Nachhinein festgestellt werden.[439] Eine solche Lösung wäre daher in der Praxis aufgrund der erheblichen Rechtsunsicherheit kaum handhabbar.

Verzichtet man folgerichtig auf das Kriterium, dass die Maßnahme mehrheitlich angestrebt werden muss, folgt daraus ein weiteres Problem: So ist nicht konsistent begründbar, wann und warum sich die Treupflicht gegenüber den Mitgesellschaftern im Sinne einer Abstimmung für die Maßnahme auswirken sollte, wenn deren Haltung hierzu noch unklar ist und diese unter Umständen sogar mehrheitlich die Sanierungsmaßnahme ablehnen. Ohne ein feststehendes mehrheitliches Interesse der Mitgesellschafter an der Sanierung fehlt es schlicht an einem Anknüpfungspunkt für die Treupflicht, da – wie oben erwähnt – ein Interesse der Allgemeinheit, der Gläubiger oder ein Eigeninteresse der Gesellschaft an ihrem Fortbestand nicht in Betracht kommt.

Anderenfalls wäre die absurde Situation denkbar, dass alle Gesellschafter eine Liquidation bevorzugen, aber aufgrund der Treupflicht zur Gesellschaft

---

437 BGH NJW 1995, 1739 – „Girmes"; dieses Urteil erging zwar zum Aktienrecht, ist jedoch in seinen Grundzügen für alle Gesellschaftsformen gültig. Die enge Verwandtschaft der verschiedenen Gesellschaftsformen im Bereich der Treupflicht wird schon daran deutlich, dass der BGH sich in der Begründung des Urteils auf seine Rechtsprechung zur GmbH und Publikums-KG beruft, NJW 1995, 1739, 1743.

438 BGH NJW 1995, 1739, 1743.

439 Vgl. auch *Schäfer*, in: FS Hommelhoff, S. 939, 952.

gezwungen sind, für eine Sanierung zu stimmen. Selbst wenn dies wirtschaftlich noch so sinnvoll sein sollte, darf den Gesellschaftern diese privatautonome Entscheidung nicht aus der Hand genommen werden.

Aufgrund dieser Erwägungen ist eine treupflichtveranlasste Stimmpflicht abzulehnen. Der einzelne Gesellschafter muss gegebenenfalls eine mit der notwendigen Mehrheit getroffene Entscheidung dulden, ist jedoch nicht verpflichtet, diese Mehrheit durch sein Abstimmungsverhalten herzustellen.[440]

3.2.7 Mehrheitsentscheidung ohne (passende) Mehrheitsklausel

Vielfach finden sich – gerade in älteren Gesellschaftsverträgen – keine für die diskutierten Maßnahmen geeigneten Mehrheitsklauseln. Typisch sind mehrere Szenarien: Entweder fehlt eine Mehrheitsklausel ganz, oder die vorhandene Mehrheitsklausel ist auf bestimmte, nicht sanierungsrelevante Gegenstände beschränkt oder sieht hohe Beschlussquoren oder Mehrheiten vor, die sich *de facto* kaum erreichen lassen.

In allen diesen Fällen stellt sich die Frage, ob und wenn ja wie das gewünschte Sanierungskonzept durch einen Mehrheitsbeschluss beschlossen und umgesetzt werden kann.

3.2.7.1 Absenkung Mehrheitserfordernis

Es sind Fälle denkbar, in denen der Gesellschaftsvertrag zwar an sich das Mehrheitsprinzip vorsieht, für bestimmte Beschlussgegenstände aber qualifizierte Mehrheiten (also etwa eine ⅔- oder ¾-Mehrheit oder gar eine einstimmige Entscheidung) fordert. Die Gesellschafter sind nämlich insoweit frei in der Gestaltung des Gesellschaftsvertrages; kapitalgesellschaftsrechtliche Mehrheitserfordernisse haben bei Personengesellschaften keinerlei Bedeutung.[441]

Vertraglich vereinbarte Mehrheitserfordernisse stellen keine individuelle Rechtsposition der von ihnen im Einzelfall profitierenden Gesellschafter dar: Minderheitsrechte und Individualrechte sind grundlegend verschieden und dürfen daher nicht verwechselt werden.[442] Daher können neue Mehrheitserfordernisse

---

440 So auch für Publikumsgesellschaften BGH NJW-RR 1989, 993, 994 f; vgl. auch *K. Schmidt* GesR 5 IV 5 a; ähnlich *Schäfer*, in: FS Hommelhoff, S. 939, 954.

441 Vgl. MüKo BGB/*Schäfer* § 709 Rn. 82. Das gilt sogar dann, wenn es – wie bei als Personengesellschaften ausgestalteten Schutzgemeinschaften von Aktionären – einen konkreten Anknüpfungspunkt für einen Durchgriff der kapitalgesellschaftlichen Regeln gäbe, vgl. BGH NJW 2009, 669, LS. 1 („Schutzgemeinschaft II“).

442 So zutreffend MüKo BGB/*Schäfer* § 709 Rn. 82.

für beliebige Beschlussgegenstände mit den allgemein für solche Vertragsänderungen geltenden Mehrheitsverhältnissen beschlossen werden, selbst wenn bis dato für den betroffenen Beschlussgegenstand strengere Mehrheitserfordernisse oder sonstige Anforderungen galten.[443]

Somit lassen sich die für einen Beschluss notwendigen Mehrheiten unter den genannten Voraussetzungen zwecks einer leichteren Umsetzung von Sanierungsmaßnahmen herabsetzen.

3.2.7.2 Keine Mehrheitsklausel

Mehrheitsklauseln finden sich mittlerweile in fast allen Verträgen von Publikumsgesellschaften. Dennoch kommt es – gerade bei älteren Gesellschaften – durchaus vor, dass der Vertrag eine solche Regelung nicht vorsieht.

3.2.7.2.1 Ansichten in Rechtsprechung und Literatur

Der BGH hat schon früh in einer Entscheidung anklingen lassen, dass er es bei Publikumsgesellschaften für möglich hält, auch ohne entsprechende Vertragsklausel sogar bei Vertragsänderungen Mehrheitsentscheidungen zuzulassen, und eine Anlehnung an § 179 Abs. 2 AktG vorgeschlagen.[444] In eine ähnliche Richtung ging das OLG Köln, das in einem konkreten Fall eine allgemein gehaltene Mehrheitsklausel auch für den Ausschluss von Gesellschaftern hat ausreichen lassen.[445] Diese Erwägungen sind in der Literatur größtenteils auf Zustimmung gestoßen.[446] Verankert wird die Zulassung von Mehrheitsentscheidungen ohne passende gesellschaftsvertragliche Klausel einerseits bei der Inhaltskontrolle des Gesellschaftsvertrages gemäß § 242 BGB[447], bei einer ergänzenden Vertragsauslegung[448], einer Parallele zum Aktienrecht[449] sowie einer teleologischen Reduktion

443 BGH, Urteil vom 16.10.2012, Az. II ZR 70/11, Rn. 24 ff; vorgehend KG ZIP 2011, 659.

444 BGH NJW 1978, 1382, allerdings mangels Anknüpfungspunkt im konkreten Fall letztlich offen lassend.

445 OLG Köln BB 1994, 455.

446 Vgl. *Stimpel*, in: FS Fischer, S. 771, 779; MüKo BGB/*Schäfer* § 709 Rn. 94; Baumbach/Hopt HGB/*Roth* Anh § 177a Rn. 69b; *Priester*, DStR 2008, 1388; *Reuter*, GmbHR 1981, 129, 131; MüKo HGB/*Grunewald* § 161 Rn. 120; Staub HGB/*Casper* § 161 Rn. 144.

447 So Baumbach/Hopt HGB/*Roth* Anh § 177a Rn. 69b.

448 Staub HGB (4. A. 2004)/*Schilling* Anh § 161 Rn. 25; *Stimpel*, in: FS Fischer, S. 771, 779; *K. Schmidt*, ZGR 2008, 1, 12 f.

449 *Reuter*, GmbHR 1981, 129, 131.

des § 119 Abs. 1 HGB.[450] Argumentiert wird allerdings insoweit jeweils vor allen Dingen pragmatisch.

3.2.7.2.2 Stellungnahme

Die Annahme des Mehrheitsprinzips auch für Vertragsänderungen ohne jegliche Erwähnung im Gesellschaftsvertrag erscheint zu weitgehend. Erwägungen der Praktikabilität und des Anlegerschutzes genügen nicht, um über den Gesellschaftsvertrag sowie die gesetzlichen Regelungen hinwegzugehen und eine universelle Geltung des Mehrheitsprinzips anzunehmen. Gerade die teleologische Reduktion des personengesellschaftsrechtlichen Einstimmigkeitsgrundsatzes für Publikumsgesellschaften erscheint fragwürdig. Wäre es tatsächlich der Wille des Gesetzgebers, Publikumsgesellschaften generell dem Mehrheitsprinzip und sogar der mehrheitlichen Vertragsänderung zu unterwerfen, so hätte er dies bei der Einführung des KAGB für geschlossene Publikums-Investment-Kommanditgesellschaften anordnen können. Gerade hinsichtlich des Einstimmigkeitsprinzips bleibt es aber bei einer Verweisung auf die Vorschriften des HGB (§ 149 Abs. 1 S. 2 KAGB), während in anderen Punkten Abweichungen von den allgemeinen Regelungen angeordnet werden.[451]

Allerdings dürfte man in der Regel im Wege der ergänzenden Vertragsauslegung zu ähnlichen Ergebnissen kommen: Sind Mehrheitsentscheidungen generell gesellschaftsvertraglich angelegt, so lässt sich die dahinter stehende Intention bei großzügiger Auslegung auch auf Vertragsänderungen übertragen.[452]

3.2.8 Besonderheiten bei mittelbarer Beteiligung (Treuhandkonstellationen)

Im Bereich der geschlossenen Fonds sind die Anleger vielfach nur mittelbar beteiligt. Daher stellt sich die Frage, ob die erörterten Lösungsansätze (siehe insbesondere oben 3.1.4.2 und 3.2.5.7, S. 84 ff) auch in solchen Treuhandkonstellationen greifen. Besonders relevant für die Frage nach deren Übertragbarkeit ist die Haftungssituation des Treugebers – also des Anlegers – in solchen Treuhandkonstellationen. Schließlich spielen im Zusammenhang mit der Treupflicht die eigenen Haftungsrisiken der Anleger eine erhebliche Rolle (siehe zu den jeweiligen Konstellationen oben 3.2.5.7, S. 141 ff).

---

450 Staub HGB/*Casper* § 161 Rn. 144.

451 Siehe hierzu oben 2.4, S. 64; vgl. auch die Übersicht bei Staub HGB/*Casper* § 161 Rn. 266 ff.

452 Ähnlich *K. Schmidt*, ZGR 2008, 1, 12 f.

Wie bereits erörtert (siehe hierzu eingehend oben 2.5.2, S. 68) unterliegen – rein wirtschaftlich betrachtet – mittelbar und unmittelbar beteiligte Anleger den gleichen Haftungsrisiken. Da die auf persönliche Haftungsrisiken des Anleger-Kommanditisten gestützten Treupflicht-Erwägungen nur an das wirtschaftliche Risiko, nicht jedoch an die rechtliche Konstruktion anknüpfen, lassen sie sich in vollem Umfang auf mittelbar beteiligte Anleger übertragen.

Die entwickelten Lösungsansätze greifen also auch in Treuhandkonstellationen.

3.3 Sachkapitalerhöhung durch Tausch von Fremd- in Eigenkapital

3.3.1 Allgemeines

Die bislang genannten Maßnahmen beziehen sich alle auf eine Zufuhr frischer Barmittel. Daneben besteht aber auch die Möglichkeit, der Gesellschaft im Wege einer so genannten Sachkapitalerhöhung andere Vermögensgegenstände zuzuwenden.

Anders als bei den Kapitalgesellschaften, für die das Gesetz in §§ 183, 27 AktG bzw. §§ 56, 9, 19 GmbHG diesbezüglich eigene Vorschriften vorsieht, ist die Sachkapitalerhöhung – ebenso wie die Kapitalerhöhung im Allgemeinen (siehe hierzu oben 3.2.2, S. 103 ff) – im Personengesellschaftsrecht gesetzlich nicht geregelt. Wenn aber – wie bei Fondsgesellschaften üblich – das kapitalgesellschaftsrechtliche Repertoire an Eigenkapitalmaßnahmen durch Führung fester Kapitalkonten und sonstige gesellschaftsvertragliche Regelungen abgebildet ist, spricht grundsätzlich nichts dagegen, innerhalb dieses Rahmens auch Sachkapitalerhöhungen durchzuführen. Einlagefähig sind im Recht der Personengesellschaften schließlich alle bewertbaren und bilanziell darstellbaren Vermögenswerte, die in das Gesellschaftsvermögen übertragen werden können.[453]

Neben beweglichen und unbeweglichen Sachen sind (schuldrechtliche) Forderungen klassischer Gegenstand einer Sacheinlage. Somit steht einer Sachkapitalerhöhung auch bei einer (Publikums-)Kommanditgesellschaft nichts im Wege.[454]

Allgemein spielen Sacheinlagen bei Publikumsgesellschaften keine Rolle. Als klassische Kapitalanlagegesellschaften sind sie schließlich ein Kapitalsammelbecken, das die von einer Vielzahl anonymer (Klein-) Anleger bereitgestellten Mittel zur Investition in das Anlageobjekt nutzt. Dieses standardisierte Massenverfahren verträgt sich nicht mit den Eigenheiten von Sacheinlagen, die erstens

---

453 MüKo HGB/*K. Schmidt* § 105 Rn. 179.

454 So auch *K. Schmidt*, ZGR 2012, 566, 569 f.

individuell vereinbart und geprüft werden müssen und zweitens gerade nicht sofort liquide zur Verfügung der Gesellschaft stehen.

Ähnliche Erwägungen gelten auch in einer Sanierungssituation. Grundsätzlich kommen daher bei sanierenden Kapitalerhöhungen durch die Gesellschafter nur Bareinlagen in Betracht.

3.3.2 Umwandlung von Fremd- in Eigenkapital (Debt-Equity-Swap)

Dennoch gibt es Situationen, in denen eine Sacheinlage sinnvoll sein kann. Relevant wird diese Form der Kapitalerhöhung insbesondere bei der Umwandlung von Fremd- in Eigenkapital (so genannter Debt-Equity-Swap). Dieser Tausch vollzieht sich analog zu einer herkömmlichen Barkapitalerhöhung. Anstelle einer Bareinlage werden dabei jedoch Forderungen des Inferenten gegen die Gesellschaft eingebracht. Diese Forderungen erlöschen in der Folge durch Konfusion. In der Krise der Gesellschaft wird diese Kapitalerhöhung situationstypisch häufig mit einer vorhergehenden Herabsetzung des nominellen Kapitals zu einem Kapitalschnitt verbunden werden (siehe oben 3.2.1.2, S. 102).

3.3.2.1 Wirtschaftliche Bedeutung

Eine solcher Tausch von Fremd- gegen Eigenkapital ist – bilanziell betrachtet – ein reiner Passivtausch. Der Gesellschaft fließt keine Liquidität zu, es wird lediglich vorhandenes Aktivvermögen bilanziell freigesetzt.[455] Wesentliche neue finanzielle Spielräume ergeben sich also nicht.

Dennoch bietet ein derartiger Tausch einige Vorteile: Durch die Reduzierung des verzinslichen Fremdkapitals sinken die Finanzierungskosten der Gesellschaft, was sich positiv auf die Ertragskraft auswirkt. Außerdem steigt in Folge des Tausches die Eigenkapitalquote der Gesellschaft, wodurch eine etwaige Überschuldung vermindert oder im besten Falle ganz beseitigt werden kann.[456] Grundsätzlich wird aber die Alternative, Forderungen gegen unternehmerisches Verantwortung einzutauschen, auch für schlecht besicherte Gläubiger selten eine attraktive Alternative darstellen.

---

455 Vgl. *Ekkenga*, ZGR 2009, 581, 593; *Redeker*, BB 2007, 673, 674; *Wansleben*, WM 2012, 2083.

456 Vgl. zu wirtschaftlichen Hintergründen eines Debt-Equity-Swaps *Knecht/Haghani*, in: Buth/Hermanns, § 18 Rn. 45.

3.3.2.2 *Praktische Anwendungsfälle*

Damit kommen für geschlossene Fonds grundsätzlich zwei Anwendungsszenarien eines Debt-Equity-Swap in Betracht:

3.3.2.2.1 *Abwendung der Überschuldung*

Zunächst können die Altgesellschafter ihre eigenen Forderungen gegen die Gesellschaft in zusätzliche Anteile umwandeln.[457] Die Gesellschafter haben schließlich regelmäßig wegen ausstehender (Garantie-)Ausschüttungen (zur Rechtsnatur und zum Bestand dieser Ansprüche in der Krise siehe oben 3.1) selbst Forderungen gegen die Fondsgesellschaft. Besteht nun die Gefahr, dass die Gesellschaft unkontrolliert in eine Insolvenz wegen Überschuldung (§ 19 Abs. 3 S. 1, Abs. 1 InsO) rutscht und damit eine wertvernichtende Liquidation droht, können die Gesellschafter durch den impliziten Verzicht auf ihre Forderungen vielfach die Überschuldung jedenfalls vorübergehend abwenden.[458]

Dies kann zum Einen entweder durch einen schlichten Erlass oder – als weniger einschneidende Alternative – durch eine Nachrangvereinbarung im Sinne des § 39 Abs. 2 InsO geschehen. Schließlich müssen gemäß § 19 Abs. 2 S. 2 InsO nicht nur Gesellschafterdarlehen im technischen Sinne, sondern auch Forderungen aus wirtschaftlich entsprechenden Rechtshandlungen nicht im Überschuldungsstatus berücksichtigt werden, soweit hierfür ein Rangrücktritt im Sinne des § 39 Abs. 2 InsO erklärt wurde. Der Tatbestand der „wirtschaftlich entsprechenden Rechtshandlung" erfordert keine explizite Vereinbarung zwischen Gesellschaft und Gesellschafter, sondern kann schon bei schlichter Nichtgeltendmachung fälliger Forderungen gegeben sein.[459]

Allerdings werden bei einer solchen Lösung die hieran teilnehmenden Gesellschafter gegenüber den Sanierungsverweigerern einseitig benachteiligt, was sich

---

457 Zur Sacheinlagefähigkeit von Gesellschafterforderungen und weiteren Problemen bei der Beteiligung von (Alt-)Gesellschaftern an einem Debt-Equity-Swap siehe sogleich 3.3.2.3.3, S. 164 ff.

458 Versucht wurde dies in der Praxis – mangels Zustimmung der Gesellschafter im Ergebnis allerdings erfolglos – bei einigen Schiffsfonds der Dr.-Peters-Gruppe, vgl. Pressemitteilung der Dr.-Peters-Gruppe vom 01.08.2013, abrufbar unter http://www.dr-peters.de/presse/pressemitteilungen/2013/01082013.html.

459 Vgl. BGH NJW 1995, 457, 458 f; MüKo InsO/*Ehricke* § 39 Rn. 43. Hinsichtlich der wirtschaftlichen Entsprechung kann auf die Rechtsprechung zur insoweit zu §§ 39 Abs. 1 Nr. 5, 19 Abs. 2 S. 2 InsO wortgleichen Vorgängervorschrift § 32a Abs. 3 S. 1 GmbHG a.F. zurückgegriffen werden, vgl. *Wälzholz*, 2007, 1914, 1918; *Gehrlein*, 2008, 846, 850.

den Betroffenen kaum vermitteln lässt und eine Umsetzung in der Praxis äußerst unwahrscheinlich macht.

Ein Debt-Equity-Swap ist zwar in seiner rechtlichen Umsetzungen deutlich komplizierter, bietet aber gegenüber einem schlichten Erlass bzw. einer kompensationslosen Nachrangabrede den Vorteil, dass die sanierungswilligen Gesellschafter als Ausgleich für ihren Einsatz eine entsprechend erhöhte Beteiligungsquote erlangen.

3.3.2.2.2 Einstieg von Investoren

Daneben ist der Debt-Equity-Swap auch noch mögliches Einfallstor für übernahmewillige Dritte: Hieran interessierte Gläubiger können versuchen, durch den Tausch ihrer Forderungen in Eigenkapital die Altgesellschafter an den Rand zu drängen und die Macht bei der Gesellschaft zu übernehmen. Das könnte vor allem für Investoren interessant sein, die nicht originäre Gläubiger der Gesellschaft sind, sondern die Forderungen gegen hohe Abschläge von den bisherigen Gesellschaftsgläubigern erworben haben um sich zu „Schnäppchenpreisen" Zugriff auf das Anlageobjekt der Fondsgesellschaft zu sichern.[460]

3.3.2.3 Außergerichtliche Umsetzung

3.3.2.3.1 Gesellschafterbeschluss

Die Umsetzung erfolgt grundsätzlich analog zu dem Verfahren, das oben schon für die Barkapitalerhöhung eingehend dargestellt wurde (siehe 3.2.3, S. 108 ff). Die Maßnahme bedarf also eines Gesellschafterbeschlusses, der – eine entsprechende Regelung im Gesellschaftsvertrag vorausgesetzt – auch als Mehrheitsbeschluss gefasst werden kann.

Beschlussinhalt sind die Erhöhung (bzw. im Fall eines Kapitalschnittes auch die vorherige Herabsetzung) der festen Kapitalanteile der Gesellschafter sowie im Falle der Beteiligung von Drittgläubigern deren Aufnahme als Gesellschafter.

---

460 Die Praxis zeigt, dass die Schieflage vieler Fondsgesellschaften von manchen Investoren auch als Einstiegschance wahrgenommen wird, vgl. hierzu etwa manager magazin vom 18.02.2014, „Finanzinvestoren auf Schnäppchenjagd", abrufbar unter http://www.manager-magazin.de/finanzen/artikel/schifffahrtskrise-finanzinvestoren-auf-schnaeppchenjagd-a-954134.html, sowie vom 03.09.2014, „ Finanzinvestoren spekulieren auf Ende der Schifffahrts-Krise", abrufbar unter http://www.manager-magazin.de/finanzen/artikel/ideenkapital-apollo-fonds-kauft-14-frachter-aus-navalia-fonds-a-989453.html ; siehe auch unten 5.2.4.

Auch hinsichtlich des Minderheitenschutzes lassen sich die Erwägungen zu Barkapitalmaßnahmen (siehe oben 3.2.5.7 ff, S. 141 ff) übertragen. Jedenfalls den Umtausch seiner Mitgesellschafter und den Beitritt umtauschender Drittgläubiger einschließlich der Entwertung bzw. Verwässerung seiner eigenen Kapitalanteile wird ein überstimmter Minderheitsgesellschafter in einer Sanierungssituation dulden müssen.

3.3.2.3.2 Haftung

Die Gefahr einer Differenzhaftung mangels Vollwertigkeit der Sacheinlage gilt – jedenfalls im Kapitalgesellschaftsrecht – allgemein als größtes rechtliches und damit auch praktisches Hindernis bei der Umsetzung eines Debt-Equity-Swaps.[461]

Geldforderungen gegen einen Schuldner lauten zwar auf einen Nennbetrag und könnten daher prinzipiell ganz schlicht auch mit diesem Betrag verbucht und eingebracht werden.

Dabei würde aber außer Acht gelassen, dass keineswegs sicher ist, ob der Schuldner den vollen Betrag tatsächlich fristgerecht bezahlen kann. Dessen Insolvenzrisiko trägt der Gläubiger, und dieses Ausfallrisiko spiegelt sich im wirtschaftlichen Wert der Forderung wider. Hieraus ergibt sich der grundsätzliche Bedarf nach einer Bewertung der einzubringenden Forderung.

Liegt der wirtschaftliche Wert dieser Forderung unterhalb des Nennbetrags des korrespondierenden neuen Gesellschaftsanteils, so stellt sich die Frage, welche haftungsrechtlichen Konsequenzen sich hieraus für den Inferenten ergeben. Daher sollen im Folgenden die diesbezüglichen Haftungsrisiken bei der Fonds-GmbH & Co. KG untersucht werden.

3.3.2.3.2.1 Haftung im Innenverhältnis

Im GmbH-Recht droht im Falle der Minderwertigkeit der Sacheinlage eine Differenzhaftung in Form der Innenhaftung gegenüber der Gesellschaft gemäß § 9 GmbHG. Eine derartige Innenhaftung ist dem Personengesellschaftsrecht fremd. Anders als etwa die kapitalerhaltungsrechtlichen Vorschriften der §§ 30, 31 GmbHG (siehe hierzu schon oben 3.1.4.3, S. 92) ist § 9 GmbHG auch nicht analog auf die GmbH & Co. KG anwendbar.[462] Die einzige kapitalaufbringungsrechtliche Besonderheit der GmbH & Co. KG gegenüber der

---

461 Vgl. etwa *Lutter/Hommelhoff/Timm*, BB 1980, 737, 740; *Bauer*, ZInsO 2002, 153, 157; *Redeker*, BB 2007, 673, 676; *Ekkenga*, ZGR 2009, 581, 587; *K. Schmidt*, ZGR 2012, 566, 573 ff; *Wansleben*, WM 2012, 2083, 2084; *Hölzle*, in: Kübler, HRI, § 31 Rn. 68 ff.

462 Vgl. *K. Schmidt*, ZGR 2012, 566, 575.

gesetzestypischen Kommanditgesellschaft ist somit die Sondervorschrift des § 172 Abs. 6 S. 1 HGB.[463] Danach hat eine in Form von Anteilen an der Komplementär-GmbH geleistete Kommanditeinlage keine haftungsbefreiende Wirkung im Sinne des § 171 Abs. 1 HS. 2 HGB. Für Publikums-Fonds hat diese Vorschrift aber keine praktische Bedeutung, da die Anleger in aller Regel ausschließlich an der Kommanditgesellschaft beteiligt sind.

Die Bewertung von Einlagen ist im Innenverhältnis der Gesellschafter untereinander und zur Gesellschaft vollständig der Privatautonomie überlassen. Der Einlagegegenstand kann im Grunde beliebig über- oder unterbewertet werden.[464] Es kommt letztlich nur auf die gesellschaftsvertragliche Regelung der Einlage an. Anders als bei der GmbH (§§ 9c Abs. 1 S. 2, 57a GmbHG) findet bei der GmbH & Co. KG folglich auch keine registergerichtliche Prüfung hinsichtlich der Überbewertung der Sacheinlagen statt.

Dennoch ist eine Bewertung der eingelegten Forderungen auch im Innenverhältnis nicht überflüssig. Schließlich müssen die – von der Höhe der erbrachten Einlageleistung abhängigen – Kapitalkonten der Gesellschafter untereinander in ein für alle Seiten akzeptables Verhältnis gebracht werden. Anderenfalls wird sich für eine solche Maßnahme nur schwer eine Mehrheit finden. Obendrein ist eine fachkundige Bewertung der eingelegten Forderungen auch im Hinblick auf eine etwaige spätere Außenhaftung sinnvoll (siehe dazu sogleich).

Es droht also bei der Fonds-KG im Innenverhältnis keine Differenzhaftung.

---

463 Allgemein zur Kapitalaufbringung bei der GmbH & Co. KG MünchHdb. KG/*Gummert* § 54 Rn. 4 ff; MüKo HGB/*K. Schmidt* § 172 Rn. 123. Für die Komplementär-GmbH gelten dagegen selbstverständlich die allgemeinen Kapitalaufbringungsregeln des GmbH-Rechts, ohne dass unter dem Gesichtspunkt einer „wirtschaftlichen Einheit“ der beiden Gesellschaften ein „Sonderrecht“ für die Kapitalaufbringung bei der Komplementär-GmbH anzuerkennen wäre, vgl. BGH NJW-RR 2008, 480, LS 1.

464 Vgl. BGH NJW 1955, 1025; *Ihrig*, in: Reichert, GmbH & Co. KG, § 20 Rn. 20 ff. Sogar die Sittenwidrigkeit bei Bewertung von Gesellschaftereinlagen ist regelmäßig erst dann zu bejahen, wenn ein auffälliges Missverhältnis zwischen Leistung und Gegenleistung besteht und der begünstigte Teil aus verwerflicher Gesinnung gehandelt hat oder andere Umstände hinzutreten, die das Verhalten als dem Anstandsgefühl zuwiderlaufend erscheinen lassen, vgl. BGH WM 1975, 325.

3.3.2.3.2.2 *Außenhaftung*

Grundsatz

Nach der Grundregel des § 171 Abs. 1 HS. 2 HGB ist die Haftung des Kommanditisten nur ausgeschlossen, soweit die Einlage geleistet ist. Das „soweit" ist hierbei im Sinne des Gläubigerschutzes auszulegen und bezieht sich nicht nur auf die Erbringung der gesellschaftsvertraglich vereinbarten Leistung als solcher, sondern auch auf deren Vollwertigkeit.[465] Maßgebend für die Außenhaftung des Kommanditisten ist daher bei Sacheinlagen der objektiv ermittelte, „wahre" wirtschaftliche Wert des eingelegten Gegenstandes zum Zeitpunkt der Einlageleistung.[466]

Dementsprechend wird der Kommanditist durch das Einlegen einer Forderung gegen die Gesellschaft selbst auch nur in der Höhe des objektiven Wertes dieser Forderung von seiner Haftung befreit.[467] Diese Haftung ist verschuldensunabhängig,[468] der Minderwert der eingelegten Forderung ist die einzige Voraussetzung. Daher kann auch das Hinzuziehen unabhängiger Dritter bei der Bewertung der Forderung nicht vor den haftungsrechtlichen Folgen schützen.[469] Der Inferent trägt die Beweislast für die Vollwertigkeit der eingelegten Forderung.[470] Bei späteren Auseinandersetzungen über die Werthaltigkeit treffen ihn die Schwierigkeiten einer „wasserdichten" Bewertung (siehe hierzu 3.3.2.3.2.3, S. 162).

Debt-Equity-Swap stets zum Nennwert?

Im Kapitalgesellschaftsrecht wird allerdings teilweise vertreten, dass im Rahmen eines Debt-Equity-Swaps die Einlage von Forderungen stets zum Nennwert erfolgen dürfe.[471]

---

465 Ständige Rechtsprechung, vgl. etwa RGZ 63, 265, 267; BGH NJW 1963, 1873, 1876; 1969, 1210; 1985, 2947; 1990, 1109; in jüngerer Zeit OLG Oldenburg BB 2010, 2204.

466 Siehe hierzu *Ihrig*, in: Reichert, GmbH & Co. KG, § 20 Rn. 21.

467 So explizit BGH NJW 1973, 1691, 1694 f.

468 Vgl. *Ekkenga*, ZGR 2009, 581, 587; *Redeker*, BB 2007, 673, 676.

469 Denkbar ist allerdings ein Regress gegen den Dritten. Eine derartige Haftung des Beraters wird – mit Ausnahme grob fahrlässiger Fehler – allerdings regelmäßig vertraglich ausgeschlossen sein.

470 Vgl. BGH WM 1977, 167, 168.

471 So *Cahn/Simon/Theiselmann*, CFL 2010, 238, 242 ff; *Cahn/Simon/Theiselmann*, DB 2010, 1629; *Cahn/Simon/Theiselmann*, DB 2012, 501; *Wansleben*, WM 2012, 2083, 2086 ff; *Hölzle*, in: Kübler, HRI, § 31 Rn. 77 ff; *Schall*, ZGR 2009, 126, 148 ff; *Müller*, in: FS Hoffmann-Becking, S. 835, 845; ähnlich *Eidenmüller*, in: Habersack/Mülbert/Nobbe/Wittig, Bankrechtstag 2011, S. 129 ff.

Argumentiert wird letztlich damit, dass eine Forderung gegen die Gesellschaft selbst – anders als eine Forderung gegen Dritte – bei dieser immer zum vollen Nennwert auf der Passivseite der Bilanz steht. Genau wie andere Passiva wird eine solche Forderung nämlich nicht abgezinst, selbst wenn die Bonität der Gesellschaft sinkt. Folglich wird die Gesellschaft bilanziell um den vollen Nennwert der Forderung bereichert, wenn diese durch Aufrechnung oder Konfusion (nach Abtretung) erlischt. Wegen des bloßen Passivtauschs kommt es dabei auch nicht zu einer Aufblähung der Bilanz, die Gläubiger über das vorhandene Verlustdeckungspotential täuschen könnte.[472]

Dieser Ansicht wird von der (noch) herrschenden Meinung, die eine Anrechnung der Forderungen nur zum Teilwert zulässt, unter Berufung auf den kapitalgesellschaftsrechtlichen Grundsatz der realen Kapitalaufbringung[473] entschieden widersprochen.[474] Die Empfehlung der Einholung eines Wertgutachtens[475] und insbesondere die Schaffung des Differenzhaftungsprivilegs für Debt-Equity-Swaps im Insolvenzverfahren in § 254 Abs. 4 InsO (siehe hierzu unten 4.4.6.2, S. 183) legen obendrein nahe, dass auch der Gesetzgeber von einem Umtausch zum Teilwert ausgeht. Anderenfalls wären schließlich sowohl das Gutachten als auch das Haftungsprivileg nicht notwendig.[476]

Nennwertanrechnung im Recht der Kommanditgesellschaft?

Diese für das Kapitalgesellschaftsrecht durchaus überzeugende und schlüssige Argumentation lässt sich jedoch nicht ohne Weiteres auf das Recht der Kommanditgesellschaft übertragen. Hier gilt schließlich das Prinzip der realen Kapitalaufbringung nicht.[477] Der Kapitalaufbringungsgrundsatz im Recht der KG

---

472 Vgl. *Cahn/Simon/Theiselmann*, DB 2010, 1629, 1630; *Hölzle*, in: Kübler, HRI, § 31 Rn. 79; *Müller*, in: FS Hoffmann-Becking, S. 835, 845.

473 Zum Grundsatz der realen Kapitalaufbringung vgl. *Schwaiger*, in: Prinz/Winkeljohann, BeckHdb GmbH, § 2 Rn. 116 ff mit weiteren Nachweisen.

474 Vgl. nur *Habersack*, in: FS Kübler, S. 219, 221; *Priester*, DB 2010, 1445; *Ekkenga*, DB 2012, 331; *K. Schmidt*, ZGR 2012, 566, 573; *Wiedemann*, in: FS Hoffmann-Becking, S. 1387, 1391 ff; *Arnold*, in: FS Hoffmann-Becking, S. 29, 39.

475 Vgl. Begründung zum Regierungsentwurf des ESUG, BT-Drs. 17/5712, S. 36 f.

476 So auch *Habersack*, in: FS Kübler, S. 219, 220; *Kleindiek*, in: FS Hommelhoff, S. 543, 544 ff; *Wiedemann*, in: FS Hoffmann-Becking, S. 1387, 1394 ff; MüKo InsO/*Madaus* § 254 Rn. 36 ff; *Spliedt*, in: K. Schmidt, InsO, § 254 Rn. 14 ff; *Müller*, KTS 2012, 419, 448; aA *Arnold*, in: FS Hoffmann-Becking, S. 29, 35 ff; MüKo AktG/*Schürnbrand* § 183 Rn. 19: Keine Rückschlüsse aus § 254 Abs. 4 InsO hinsichtlich der Erforderlichkeit einer Werthaltigkeitsprüfung möglich.

477 Vgl. *Schall*, in: Heidel/Schall, HGB, § 171 Rn. 39 ff.

begründet nämlich gerade keine Kapitalzuführungsgarantie.[478] Die vorwiegend auf die Grundsätze des Kapitalaufbringungsrechts der GmbH und AG gestützten Einwände in der Literatur greifen daher hier nicht durch.

Auch der Verweis auf die Parallele zu § 254 Abs. 4 InsO ist hier problematisch. Schließlich zielt diese Vorschrift auf eine Differenzhaftung im Sinne des § 9 GmbHG im Innenverhältnis, also gegenüber der Gesellschaft. Eine solche existiert bei der GmbH & Co. KG aber gerade nicht (siehe soeben 3.3.2.3.2.1, S. 157). Auf die für Kommanditgesellschaften deutlich relevantere Außenhaftung ist § 254 Abs. 4 InsO nicht direkt, sondern allenfalls analog anwendbar (siehe hierzu eingehend unten 4.4.6.2, S. 183 ff). Ein klarer Rückschluss auf die gesetzgeberische Intention ist daher nicht möglich.

Hinzu kommt, dass auch allgemeine Erwägungen des Gläubigerschutzes – dem § 171 Abs. 1 HS. 2 HGB ja zu dienen bestimmt ist – der Anwendung des Nennwertprinzips nicht zwingend entgegenstehen. Schließlich profitieren die restlichen, nicht umtauschenden Altgläubiger sowie die Neugläubiger wirtschaftlich durchaus von einem Debt-Equity-Swap, da er sich für sie wie ein freiwilliger Rangrücktritt[479] ihrer Mitgläubiger auswirkt.[480]

Auch zur Verhinderung rechtsmissbräuchlichen Verhaltens ist eine Anwendung des Teilwertprinzips nicht zwingend erforderlich. Die Verhütung evidenten Missbrauchs in diesem Bereich lässt sich schließlich nicht nur mit den Mitteln des Kapitalaufbringungsrechts, sondern auch im Wege des Anfechtungsrechts (§§ 133, 134 InsO, 6 AnfG) bzw. des deliktischen Haftungsrechts bewerkstelligen.[481]

Daher erscheint es durchaus schlüssig, im Rahmen des sanierenden Tausches von Fremd- in Eigenkapital jedenfalls bei der Kommanditgesellschaft eine Anrechnung zum Nennwert zuzulassen.[482]

---

478 Vgl. *Strohn*, in: Ebenroth/Boujong/Joost/Strohn, HGB, § 171 Rn. 3; eingehend zu Inhalt und Grenzen des Kapitalaufbringungsgrundsatzes im Recht der KG *K. Schmidt*, ZGR 1976, 307, 318 ff.

479 Anteilseigner werden gemäß § 199 S. 2 InsO aus einem etwaigen Überschuss nach der Schlussverteilung anteilig befriedigt bzw. abgefunden, was in der Praxis allerdings so gut wie nie vorkommt.

480 Vgl. *Löbbe*, in: Liber Amicorum Martin Winter, S. 423, 427 f; *Hölzle*, in: Kübler, HRI, § 31 Rn. 83; ähnlich *Müller*, in: FS Hoffmann-Becking, S. 835, 845.

481 So *Schall*, in: Heidel/Schall, HGB, § 171 Rn. 65.

482 Für eine Anwendung des Nominalwertprinzips daher *Schall*, in: Heidel/Schall, HGB, § 171 Rn. 64; *v. Olshausen*, ZGR 2001, 175, 179 ff; aA MüKo HGB/*K. Schmidt* § 172 Rn. 55, 60; Staub HGB/*Thiessen* § 171 Rn. 143; differenzierend *Strohn*, in: Ebenroth/Boujong/Joost/Strohn, HGB, § 171 Rn. 59 f; *Kindler*, in: Koller/Kindler/Roth/Morck,

Folgerung für die Praxis
Angesichts der eindeutigen Rechtsprechung des BGH[483] und der wohl herrschenden Meinung in der Literatur[484] ist es trotz der genannten Erwägungen in der Praxis vorzugswürdig, einen Abschlag vom Nennwert der eingebrachten Forderung vorzunehmen.

Im Recht der Kommanditgesellschaft kann die Haftungsproblematik durch die Eintragung einer möglichst geringen Haftsumme in das Handelsregister in der Praxis jedoch deutlich entschärft werden. Bezugsgröße der Haftung bzw. der Haftungsbefreiung nach § 171 Abs. 1 HS. 2 HGB ist nämlich nicht die Höhe der (im Innenverhältnis vereinbarten und für die Anteilsrechte maßgeblichen) Kommanditeinlage, sondern jene der gemäß § 162 Abs. 1 S. 1 HGB im Handelsregister eingetragenen Haftsumme. Diese beiden Summen können beliebig voneinander abweichen, sodass sich hier ausreichend Gestaltungsspielraum zur Haftungsvermeidung bietet.

Zwischenergebnis
Somit droht auch dem Kommanditisten bei Durchführung eines Debt-Equity-Swap im Ergebnis eine Differenzhaftung. Dass diese anders als bei der GmbH keine Innen-, sondern eine unmittelbare Außenhaftung ist, dürfte sich in vielen Fällen faktisch kaum auswirken, da jedenfalls in der Insolvenz der Kommanditgesellschaft diese Forderungen gemäß § 171 Abs. 2 HGB zentral von dem Insolvenzverwalter geltend gemacht werden.

3.3.2.3.2.3 Durchführung der Forderungsbewertung

Wie die vorstehenden Untersuchungen ergeben haben, ist nach hier vertretener Auffassung eine Forderungsbewertung zur Durchführung eines Debt-Equity-Swap bei der Fonds-GmbH & Co. KG zwar rechtlich nicht zwingend erforderlich, in aller Regel aber aus diversen praktischen Erwägungen sinnvoll.

HGB, § 171 / 172 Rn. 4, 14 f; *von Gerkan*, in: FS Kellermann, S. 67, 68: Nennwertanrechnung nur im Innenverhältnis.

483 BGH NJW 1984, 1891; OLG Köln NJW-RR 1994, 869, 870; OLG Oldenburg ZInsO 2005, 826, 827 (allerdings jeweils zur GmbH).

484 MüKo HGB/*K. Schmidt* § 172 Rn. 55, 60; Staub HGB/*Thiessen* § 171 Rn. 143; *Strohn*, in: Ebenroth/Boujong/Joost/Strohn, HGB, § 171 Rn. 59 f; *Kindler*, in: Koller/Kindler/Roth/Morck, HGB, § 171 / 172 Rn. 4, 14 f; *von Gerkan*, in: FS Kellermann, S. 67, 68.

Dabei ist jedoch zu beachten, dass die Bewertung einer Forderung eine äußerst komplexe Aufgabe darstellt.[485] Neben den „harten" wirtschaftlichen Fakten spielt dabei auch immer ein Prognoseelement in die Bewertung hinein. Schließlich geht es inhaltlich um die Fähigkeit eines Schuldners, in Zukunft seine Schulden zu begleichen. Das ist schon bei gesunden Gesellschaften eine große Herausforderung. In Sanierungssituationen ist dieses Problem auf die Spitze getrieben, da die Gesellschaft bereits am Rande des Abgrundes steht und der Erfolg der Sanierungsmaßnahme und die Schuldentragungsfähigkeit voneinander abhängen. Auch ist unklar, nach welcher Methode die Forderung zu bewerten ist.[486] Außerdem stellt sich bei Gesellschaften in der Nähe der Insolvenzreife die Frage, ob hinsichtlich der Forderungen von Fortführungs- oder Liquidationswerten auszugehen ist.[487]

Zum Zeitpunkt der Konzeption bzw. der Vornahme des Umtauschs ist die Bewertung – wie oben dargestellt – ausschließlich Verhandlungssache zwischen den Beteiligten. Allerdings ist ein späterer Konflikt über die Forderungsbewertung sowohl einerseits mit den Gläubigern der Gesellschaft in Haftungsfragen (siehe hierzu sogleich 3.3.2.3.2, S. 157) als auch andererseits mit den Mitgesellschaftern (über das Wertverhältnis zwischen neuen und alten Anteilen) denkbar.

Der zum Zeitpunkt der Verrechnung „richtige" Forderungswert, der im späteren Konfliktfall *ex post* aufgrund einer objektivierten *ex ante*-Betrachtung ermittelt werden muss, lässt sich kaum seriös verbindlich feststellen.[488] Insoweit besteht auch das Problem, dass aus späterer Sicht der Ausgang – also Erfolg oder Scheitern der Sanierung – als selbstverständlicher und vorhersehbarer erscheint, als er es tatsächlich zum maßgeblichen Zeitpunkt war (so genannte Rückschaufehler- oder „*hindsight bias*"-Problematik).[489]

---

485 Vgl. hierzu *Groh*, BB 1997, 2523; *K. Schmidt*, BB 2011, 1603, 1609; *Wansleben*, WM 2012, 2083.

486 In Betracht kommen eine bilanzielle Bewertung zu Nennwert oder zum Substanzwert sowie eine liquiditätsbezogene Bewertung nach der DCF-Methode („*discounted cash flow*") oder eine Schätzung des hypothetischen Markt- bzw. Verkehrswertes. Vgl. eingehend zu der Durchführung und den verschiedenen Methoden der Forderungsbewertung *Groß*, in: Hess/Groß/Reill-Ruppe/Roth, Insolvenzplan, Kap. 1 Rn. 1286 ff.

487 Vgl. MüKo InsO/*Eidenmüller* § 225a Rn. 52.

488 Vgl. *K. Schmidt*, BB 2011, 1603, 1609; *K. Schmidt*, ZGR 2012, 566, 574.

489 Zur allgemeinen Problematik vgl. *Bradfield/Wells*, Memory & Cognition 33 (2005), 120; in Bezug auf das Gesellschafts- und Kapitalmarktrecht vgl. *Fleischer*, in: FS Immenga, S. 575, 579 f.

Daher sollte gerade in Sanierungssituationen die Bewertung im Idealfall von unabhängigen Dritten (etwa Wirtschaftsprüfern) durchgeführt und ihre Grundlagen möglichst genau dokumentiert werden.

3.3.2.3.3 Beteiligung der Altgesellschafter

3.3.2.3.3.1 Sacheinlagefähigkeit von Gesellschafterforderungen

Gesellschafterforderungen sind bei der Kommanditgesellschaft grundsätzlich sacheinlagefähig.[490] Das gilt ebenso für Darlehensforderungen, auch wenn diese im Falle einer Insolvenz gemäß § 39 Abs. 1 Nr. 5 InsO nachrangig sind.

Die im GmbH-Recht vor Inkrafttreten des MoMiG strittige Frage der Einlagefähigkeit so genannter kapitalersetzender Gesellschafterdarlehen stellt sich im Personengesellschaftsrecht naturgemäß nicht.[491] Auch die oben erwähnte Tatsache, dass Gesellschafterforderungen unter gewissen Umständen im Überschuldungsstatus nicht als Verbindlichkeit berücksichtigt werden (siehe oben 3.3.2.2.1, S. 155), ändert an ihrer Sacheinlagefähigkeit nichts.

Somit können also auch die Gesellschafter grundsätzlich ihre gegen die Gesellschaft bestehenden Forderungen in (zusätzliches) Eigenkapital umtauschen.

3.3.2.3.3.2 Bezugsrecht

Hinsichtlich des Bezugsrechts der Altgesellschafter gilt das zur regulären Kapitalerhöhung Ausgeführte entsprechend: Den Altgesellschaftern steht grundsätzlich ein Bezugsrecht – also die Option, mit einer flankierenden (Bar-)Kapitalerhöhung ihre Beteiligungsquote vor der Verwässerung zu schützen – zu.[492] Durch einen mehrheitlichen Beschluss kann dieses Recht in den von der Treupflicht vorgegebenen Grenzen im Einzelfall eingeschränkt bzw. aufgehoben werden (siehe oben 3.2.5.7.3, S. 143).

3.3.2.3.4 Debt-Equity-Swap und KAGB

Der Umtausch von Fremd- in Eigenkapital stellt – wie oben besprochen – im rechtstechnischen Sinne eine Sacheinlage dar (siehe 3.3.2, S. 154).

---

490 Vgl. etwa BGH NJW 1973, 1691, 1694 f.

491 Vgl. dazu *Redeker*, BB 2007, 673, 675; *K. Schmidt*, in: K. Schmidt/Uhlenbruck, Die GmbH in Krise, Sanierung und Insolvenz, Rn. 3.225.

492 So wohl auch *K. Schmidt*, ZGR 2012, 566, 578.

3.3.2.3.4.1 *Sacheinlageverbot des KAGB*

Für Gesellschaften, die bereits dem KAGB unterfallen (siehe hierzu oben 2.4, S. 64), ergibt sich insoweit ein Problem, da § 152 Abs. 7 KAGB Sacheinlagen bei geschlossenen Publikumsinvestmentkommanditgesellschaften explizit für unzulässig erklärt. Hintergrund dieser Regelung waren die erheblichen Bewertungsschwierigkeiten bei Sacheinlagen. Das Sacheinlageverbot dient nach dem Willen des Gesetzgebers dem Schutz der übrigen Anleger vor einer wertmäßigen Verwässerung ihrer Beteiligung.[493]

Für die ursprüngliche Kapitalsammelphase des Fonds überzeugt diese Erwägung. Aufgrund der großen Unsicherheiten bei der Bewertung des Einlagegegenstandes besteht tatsächlich die Gefahr, dass die Anleger mit Bareinlagen benachteiligt werden. Abgesehen von dieser Gefahr wäre auch angesichts der Vielzahl der Anleger der organisatorische Aufwand der Abwicklung von Sacheinlagen für eine Publikumsgesellschaft viel zu hoch. Außerdem benötigt die Gesellschaft zum Start eben gerade möglichst liquides Vermögen, um das Wirtschaftsgut zu erwerben oder herstellen zu lassen. Insofern kommen in der Praxis unter normalen Umständen ohnehin nur Bareinlagen in Betracht. Daher ist der Ausschluss von Sacheinlagen grundsätzlich durchaus interessengerecht und praxistauglich.

3.3.2.3.4.2 *Anwendbarkeit auf sanierenden Debt-Equity-Swap*

Fraglich ist allerdings, ob diese Regelung auch auf den sanierenden Debt-Equity-Swap anzuwenden ist. Dem reinen Wortlaut nach ist eine Sacheinlage schlicht unzulässig. Die Durchführung eines Debt-Equity-Swap wäre somit schlechterdings unmöglich, da auch umgehende Gestaltungen mit dem gleichen wirtschaftlichen Ergebnis (insbesondere Aufrechnung der Forderung gegen die Einlageschuld) von der Vorschrift umfasst sind.[494]

Dabei ist die Interessenlage in solchen Konstellationen völlig anders. Zwar bestehen auch hier erhebliche Bewertungsschwierigkeiten (siehe oben 3.3.2.3.2.3, S. 162). Die Gefahr einer wertmäßigen Verwässerung der Beteiligung der Altgesellschafter ist jedoch dadurch entschärft, dass deren Anteile

493 Vgl. Begründung zum Regierungsentwurf des AIFM-Umsetzungsgesetzes, BT-Drucks. 17/12294, S. 251; siehe hierzu auch *Freitag*, NZG 2013, 329, 335; *Paul*, in: Weitnauer/Boxberger/Anders, KAGB, § 152 Rn. 31 f.

494 Vgl. *Paul*, in: Weitnauer/Boxberger/Anders, KAGB, § 152 Rn. 32.

in einer solchen Konstellation meistens ökonomisch ohnehin (weitgehend) wertlos sind.[495]

Schwerer noch wirkt das Argument, dass die (Alt-)Gesellschafter – anders als bei ihrem Beitritt in der Kapitalsammelphase – durch die Notwendigkeit einer Beschlussfassung über die durchzuführenden Kapitalmaßnahmen an der Entscheidung über die Sacheinlagen und insbesondere deren Bewertung beteiligt sind (siehe oben 3.3.2.3.1, S. 156). Das allgemeine Gesellschaftsrecht bietet den Gesellschaftern insoweit ausreichenden Schutz vor einer Übervorteilung.

Im Ergebnis würde die Anwendung des § 152 Abs. 7 KAGB auf Debt-Equity-Swaps der in Schieflage geratenen Gesellschaft und ihren Anlegern eine Sanierungsoption von vorneherein verweigern, ohne dass der von dem Gesetzgeber geplante Schutzzweck überhaupt berührt wird.

Daher sprechen gute Gründe dafür, die Vorschrift in solchen Konstellationen nicht anzuwenden und auch nach dem 22.07.2013 aufgelegten Fonds die Möglichkeit eines sanierenden Debt-Equity-Swaps zu eröffnen. Da jedoch bislang zu dieser Fragestellung noch keine Rechtsprechung ergangen ist, besteht in der Praxis für solche Fondsgesellschaften ein erhebliches rechtliches Umsetzungsrisiko.

3.3.2.4 Umsetzung im Insolvenzplanverfahren

Mit Inkrafttreten des Gesetzes zur Erleichterung der Sanierung von Unternehmen (ESUG) zum 01.03.2012 ist der Tausch von Fremd- in Eigenkapital als Variante der Sanierung im Rahmen eines Insolvenzplanverfahrens in den Fokus der wissenschaftlichen Diskussion und der Praxis gerückt. Tatsächlich ergeben sich insoweit einige Besonderheiten gegenüber der außergerichtlichen Durchführung, die der Erörterung bedürfen. Nähere Ausführungen hierzu finden sich daher im Zusammenhang mit der Sanierung im Insolvenzplanverfahren in Abschnitt 4.4 (S. 173 ff).

495 Vgl. zur Nullbewertung der Anteile der Altgesellschafter bei einem sanierenden Debt-Equity-Swap *K. Schmidt*, ZGR 2012, 566, 577 f.

4. Sanierung im Insolvenzverfahren

4.1 Überblick

Das Ziel des Insolvenzverfahrens – so wird es schon programmatisch in § 1 S. 1 InsO formuliert – ist die bestmögliche, gemeinschaftliche und gleichmäßige („*par conditio creditorum*") Befriedigung der Gläubiger des insolventen Schuldners.[496] Nach dem klassischen Verständnis einer Unternehmensinsolvenz (wie es etwa der Konkursordnung[497] zugrunde lag) bedeutet dies im Grundsatz, dass die Einzelzwangsvollstreckung der Gläubiger unterbunden wird und ein zentraler Verwalter das Unternehmen liquidiert und die Gläubiger aus dem Liquidationserlös quotal befriedigt.

Ob darüber hinaus auch der Erhalt des Unternehmens und seines Rechtsträgers durch Sanierung bzw. Reorganisation ein vollwertiges Ziel des Insolvenzverfahrens darstellt, ist in der Literatur umstritten.[498] Unbestritten ist dagegen, dass es von vorneherein eines der wichtigsten Anliegen bei der Schaffung der Insolvenzordnung war, jedenfalls einen rechtlichen Rahmen zu schaffen, der nicht unweigerlich in die Liquidation des Unternehmens führt, sondern eine Sanierung aus der Insolvenz ermöglicht, sofern sie sinnvoll ist.[499] Deutlich wird diese gesetzgeberische Intention dann spätestens am Erlass des Gesetzes zur

---

496 Vgl. *Beck*, in: Beck/Depré, Praxis der Insolvenz, § 1 Rn. 121 f; MüKo InsO/*Ganter/Lohmann* § 1 Rn. 20 ff.

497 Konkursordnung (KO) vom 20. Mai 1898 (RGBl. S. 612), aufgehoben mit Wirkung zum 1.1.1999 durch Art. 2 Nr. 4 des Gesetzes vom 5.10.1994 (BGBl. I S. 2911). Ab diesem Zeitpunkt gilt die Insolvenzordnung vom 5.10.1994 (BGBl. I S. 2866).

498 Überblick und Nachweise zum Meinungsstand bei MüKo InsO/*Ganter/Lohmann* § 1 Rn. 85; mit besonderem Blick auf den Einfluss des ESUG auf die Ziele des Insolvenzverfahrens *Buchalik*, ZInsO 2015, 484.

499 Die Begründung zum Regierungsentwurf der Insolvenzordnung (BT-Drucks. 12/2443, S. 76 f) bringt diesen Gedanken wie folgt auf den Punkt: „*So wenig stets und überall die Erhaltung eines Unternehmens seiner Liquidation vorzuziehen ist, so wenig verdient die Erhaltung des bestehenden Unternehmensträgers stets den Vorzug vor der Übertragung des Unternehmens auf einen neuen Träger. [...] Die Herbeiführung von Sanierungen ist jedoch kein eigenständiges Reformziel. Es ist nicht die Aufgabe der Reform, notleidende Unternehmen durch Eingriffe in die Rechte der Beteiligten vor der Zerschlagung zu retten. Der Erfolg der Reform wird nicht daran zu messen sein, ob mehr Sanierungen als heute zustandekommen, sondern daran, ob marktwirtschaftlich sinnvolle Sanierungen ermöglicht und sinnwidrige Sanierungen verhindert werden.*"

Erleichterung der Sanierung von Unternehmen (ESUG), welches die Sanierungsinstrumente der InsO nachjustiert bzw. erweitert hat.[500]

Demnach kann man festhalten, dass jedenfalls nach heutigem Verständnis die Eröffnung des Insolvenzverfahrens nicht mehr zwangsläufig das Ende eines Unternehmens bedeutet, sondern dass das die gezielte Einleitung des gerichtlichen Verfahrens auch durchaus strategisch als Teil einer Sanierungsstrategie genutzt werden kann.

Die Insolvenzordnung kennt derzeit drei Instrumente, die zu einer Unternehmenssanierung beitragen können: Die übertragende Sanierung, das Insolvenzplanverfahren (§§ 217 ff InsO) sowie die Eigenverwaltung (§§ 270 ff InsO).[501] Im Anschluss an eine allgemeine Betrachtung der Fondsgesellschaft in der Insolvenz sollen alle drei genannten Mechanismen auf ihre Tauglichkeit zur Sanierung eines geschlossenen Fonds untersucht werden.

4.2 Die Fondsgesellschaft in der Insolvenz

4.2.1.1 Insolvenzfähigkeit

Geschlossene Fonds in der hier betrachteten Rechtsform der GmbH & Co. KG sind als Kommanditgesellschaften gemäß § 11 Abs. 2 Nr. 1 InsO insolvenzfähig. Schuldnerin ist nach dieser Regelung – obwohl sie keine juristische Person ist – die Gesellschaft selbst und nicht etwa ihre Gesellschafter.[502] Das Vermögen des Komplementärs bleibt in Ansehung des Insolvenzverfahrens der Gesellschaft völlig selbstständig. Auch eine beliebig große Zahlungsfähigkeit des persönlich haftenden Gesellschafters hindert daher nicht den Eintritt der materiellen Insolvenz der Gesellschaft, da der Haftungsanspruch aus § 128 S. 1 HGB nur den

---

500 Die Entwicklung des Sanierungsrechts in Deutschland nachzeichnend *Kübler*, in: Kübler, HRI, § 1 Rn. 9 ff.

501 Vgl. MüKo InsO/*Ganter/Lohmann* § 1 Rn. 90.

502 Hinsichtlich der Kommanditgesellschaft ist dieser Befund wenig erstaunlich, da sie ohnehin selbst rechtsfähig ist und auch die Einzelzwangsvollstreckung einen gegen die Gesellschaft gerichteten vollstreckbaren Schuldtitel erfordert (§§ 161 Abs. 2, 124 HGB, 14 Abs. 2 BGB). Bemerkenswert und daher auch im Bereich der geschlossenen Fonds viel diskutiert war die Vorschrift aufgrund ihrer Geltung für die (Außen-)Gesellschaft bürgerlichen Rechts, deren (Teil-)Rechtsfähigkeit erst nach Inkrafttreten der Insolvenzordnung durch ein Grundsatzurteil des BGH („ARGE Weißes Ross", NJW 2001, 1056) festgestellt wurde.

Gläubigern und nicht der Gesellschaft selbst zusteht.[503] Ein Befreiungsanspruch gegen die Komplementär-GmbH besteht nicht.

Diese unbeschränkte Außenhaftung für Gesellschaftsverbindlichkeiten gemäß § 128 S. 1 HGB kann allerdings während der Dauer des Insolvenzverfahrens nicht mehr von den einzelnen Gläubigern, sondern im Sinne der gleichmäßigen Gläubigerbefriedigung nur noch zentral und gebündelt von dem Insolvenzverwalter geltend gemacht werden (§ 93 InsO). Gleiches gilt gemäß § 171 Abs. 2 HGB für die persönliche Haftung der Anleger-Kommanditisten.

4.2.1.2 Antragsbefugnis / -pflicht

Antragsbefugt sind auf Schuldnerseite die geschäftsführenden sowie die persönlich haftenden Gesellschafter der Fonds-KG (§ 15 Abs. 1 S. 1 InsO). In der Praxis fällt beides in der Komplementär-GmbH zusammen, da sie regelmäßig die einzige persönliche haftende und gleichzeitig einzige geschäftsführungsbefugte Gesellschafterin ist. Somit liegt diese Aufgabe bei dem oder den Geschäftsführern der Komplementär-GmbH (§ 15 Abs. 3 S. 1 InsO).

Eine Antragspflicht gibt es normalerweise bei Personenhandelsgesellschaften nicht, da nach dem ursprünglichen Haftungskonzept die Gläubiger durch unmittelbaren und unbeschränkten Zugriff auf das Vermögen der persönlich haftenden Gesellschafter (§ 128 HGB) vor Schäden durch eine verschleppte Insolvenzantragsstellung bewahrt werden. Ist jedoch wie hier eine GmbH, die ihrerseits nur beschränkt haftet, einzige Komplementärin, so läuft dieser Schutz ins Leere. Folgerichtig trifft nach § 15a Abs. 1 S. 2, Abs. 2 InsO[504] in solchen Konstellationen die Geschäftsführer der Komplementär-GmbH die (strafbewehrte)[505] Insolvenzantragspflicht des § 15a Abs. 1 S. 1 InsO: Im Falle der Zahlungsunfähigkeit (§ 17 InsO) oder Überschuldung (§ 19 InsO) müssen sie unverzüglich, spätestens aber drei Wochen nach Eintritt des Eröffnungsgrundes, einen Insolvenzantrag stellen.

Diese dreiwöchige Höchstgrenze beschränkt daher in der Praxis in erheblichem Maße den Spielraum für außergerichtliche Sanierungsmaßnahmen nach Eintritt der materiellen Insolvenz. Angesichts der Vielzahl der Anleger ist es

---

503 Vgl. *Haas/Mock*, in: Gottwald, Insolvenzrechts-Handbuch, § 94 Rn. 134.

504 Das galt gemäß §§ 177a S. 1, 130a Abs. 1 HGB a.F. in solchen Fällen auch schon vor der Einfügung des § 15a InsO durch das MoMiG.

505 Die Strafbarkeit einer unterlassenen, verzögerten oder fehlerhaften Insolvenzantragsstellung ergibt sich aus § 15a Abs. 4 InsO. Nach § 15a Abs. 5 InsO ist auch die fahrlässige Begehung strafbar.

schon organisatorisch schwer möglich, in diesen drei Wochen einen gültigen Gesellschafterbeschluss herbeizuführen.[506]

4.2.1.3 Insolvenzgründe

4.2.1.3.1 Zahlungsunfähigkeit (§ 17 InsO)

Allgemeiner Insolvenzeröffnungsgrund ist die Zahlungsunfähigkeit (§ 17 InsO), die vorliegt, wenn die Gesellschaft nicht mehr in der Lage ist, ihre fälligen Zahlungsverpflichtungen zu erfüllen.

4.2.1.3.2 Überschuldung (§ 19 InsO)

Der Insolvenzgrund der Überschuldung (§ 19 Abs. 1 InsO) greift dagegen grundsätzlich nur für juristische Personen. Aus Gläubigerschutzgesichtspunkten erweitert § 19 Abs. 3 S. 1 InsO den Anwendungsbereich jedoch auf solche Gesellschaften ohne Rechtspersönlichkeit, bei denen keine natürliche Person im Kreis der persönlich haftenden Gesellschafter vorkommt. Daher tritt für Fonds in der Rechtsform der GmbH & Co. KG – im Unterschied zu OHG- oder GbR-Fonds – die Überschuldung als möglicher Eröffnungsgrund neben die Zahlungsunfähigkeit. Eine Überschuldung liegt seit der nunmehr endgültigen Rückkehr des Gesetzgebers zum zweistufigen Überschuldungsbegriff[507] dann vor, wenn das Vermögen des Schuldners die bestehenden Verbindlichkeiten nicht mehr deckt, es sei denn, es besteht eine positive Fortführungsprognose (§ 19 Abs. 2 S. 1 InsO).

---

506 Vgl. zu den Schwierigkeiten in der Praxis Fonds Professionell vom 13.07.2013, „Dr. Peters muss 14 Schiffsfonds in die Insolvenz schicken“, abrufbar unter http://www.fondsprofessionell.de/news/sachwerte/nid/dr-peters-muss-14-schiffsfonds-in-die-insolvenz-schicken/gid/1010858/ ; Pressemitteilung der Dr.-Peters-Gruppe vom 01.08.2013, abrufbar unter http://www.dr-peters.de/presse/pressemitteilungen/2013/01082013.html.

507 Nach der ursprünglichen Fassung von § 19 InsO konnte eine positive Fortführungsprognose den Eintritt der Überschuldung nicht verhindern, sondern lediglich die Bewertung zu Fortführungswerten ermöglichen. Unter dem Eindruck der internationalen Finanzkrise im Jahr 2008 ist der Gesetzgeber zur Verhinderung einer unnötigen Vielzahl von Insolvenzen mit dem Finanzmarktstabilisierungsgesetz (BGBl. 2008 I, S. 1982) zu dem unter Geltung der Konkursordnung herrschenden (vgl. BGH NJW 1992, 2891) zweistufigen Überschuldungsbegriff zurückgekehrt. Diese Maßnahme wurde zunächst mehrfach befristet, schließlich aber mit dem Gesetz zur Einführung einer Rechtsbehelfsbelehrung im Zivilprozess (BGBl. I 2012, 2418) dauerhaft übernommen.

Fehlt es an einer positiven Fortführungsprognose, so ist daher zu ermitteln, ob der Wert des erworbenen oder hergestellten Wirtschaftsgutes (also etwa der Immobilie, des Schiffs, des Flugzeuges) zuzüglich der Barreserven des Fonds dessen Verbindlichkeiten und Rückstellungen übersteigt. Ist dies nicht der Fall, so ist die Fondsgesellschaft überschuldet. Hierbei sind keine Buch-, sondern Liquidationswerte anzusetzen. Daher müssen im Rahmen der Erstellung des Überschuldungsstatus insbesondere zwischenzeitlich eingetretene Wertverluste des Anlageobjektes berücksichtigt werden.[508] Nicht zuletzt deswegen spielt die Überschuldung als Insolvenzgrund für Publikums-Fonds in der Praxis die Hauptrolle.

4.2.1.3.3 Drohende Zahlungsunfähigkeit (§ 18 InsO)

Zusätzlich steht bei Antrag des Schuldners als taktisches Instrument zur frühzeitigen Einleitung des Insolvenzverfahrens auch der Eröffnungsgrund der drohenden Zahlungsunfähigkeit (§ 18 InsO) zur Verfügung. Seit der Rückkehr zum zweistufigen Überschuldungsbegriff ist diese Möglichkeit allerdings gegenüber der Überschuldung weitgehend ohne eigenständige Bedeutung: Da beide Tatbestände anhand längerfristiger Finanzpläne zu belegen sind und die jeweilig erforderlichen Prognose- und Kalkülanforderungen einander grundsätzlich entsprechen, wird das Antragsrecht nach § 18 Abs. 1 InsO regelmäßig von einer Antragspflicht[509] wegen Überschuldung überlagert.[510]

4.2.1.4 Wirkungen der Insolvenzeröffnung

4.2.1.4.1 Allgemeine Wirkungen

Die Eröffnung des Insolvenzverfahren über das Vermögen der Gesellschaft führt nach §§ 161 Abs. 2, 131 Abs. 1 Nr. 3 HGB zu deren Auflösung. Die Auflösung bedingt jedoch noch keine Vollbeendigung der Gesellschaft. Vielmehr können die Gesellschafter nach der Aufhebung des Insolvenzverfahrens – etwa durch Bestätigung eines Insolvenzplans, der den Fortbestand der Gesellschaft vorsieht – die Fortsetzung der Gesellschaft beschließen, ohne dass es tatsächlich eines Wegfalls des Eröffnungsgrundes bedarf (§ 144 Abs. 1 HGB).[511]

---

508 Zur Erstellung eines Überschuldungsstatus bei geschlossenen Publikums-Fonds siehe auch *Pluta/Keller*, in: FS Kübler, S. 523, 528 ff.

509 Siehe oben 4.2.1.2.

510 Vgl. hierzu eingehend MüKo InsO/*Drukarczyk* § 18 Rn. 76 ff.

511 Gemäß § 144 Abs. 1 HGB ebenfalls möglich, in der Praxis aber eher selten, ist die Einstellung des Verfahrens auf Antrag des Schuldners. Die herrschende Meinung wendet diese Vorschrift auch auf andere Fälle der Einstellung des Insolvenzverfahrens

Die Verfügungsbefugnis über die Insolvenzmasse – die mit dem Gesellschaftsvermögen deckungsgleich ist[512] – geht gemäß § 80 Abs. 1 InsO auf den Insolvenzverwalter über. Hinsichtlich der Durchführung angestrebter Sanierungsmaßnahmen sind der bisherigen Geschäftsführung daher die Hände gebunden. Viele wesentliche Befugnisse liegen bei dem Insolvenzverwalter. Abweichendes gilt lediglich im Rahmen der Eigenverwaltung nach §§ 270 ff InsO (siehe hierzu unten 4.5, S. 190 ff).

Auch nach Insolvenzeröffnung erhalten bleiben dagegen Befugnisse der Gesellschaftsorgane im so genannten Schuldnerbereich, also solche, die sich nicht auf die Insolvenzmasse beziehen. Das betrifft insbesondere alle gesellschaftsrechtlichen Befugnisse der Gesellschafterversammlung einschließlich Kapitalmaßnahmen und Fortsetzungsbeschlüssen.[513]

4.2.1.4.2 GmbH & Co. KG in der Insolvenz

Von der Insolvenz der Fonds-KG streng zu unterscheiden ist die Insolvenz der Komplementär-GmbH. Beide Gesellschaften sind insoweit völlig eigenständig zu behandeln.[514] Während eine Insolvenz der GmbH mangels abweichender vertraglicher Regelungen auch zur Auflösung der KG führt (§ 131 Abs. 3 S. 2 HGB), gibt es umgekehrt keine solche Verbindung. Da sie kein operatives Geschäft betreibt und daher üblicherweise keinem nennenswerten Insolvenzrisiko unterliegt ist die Komplementär-GmbH hinsichtlich der Sanierungserwägungen somit weitgehend irrelevant.

4.3 Übertragende Sanierung

Nicht jede Liquidation ist gleichbedeutend mit einer Zerschlagung des Betriebs. Möglich ist auch die Abspaltung des Betriebs als operativer Einheit von dem

---

an, vgl. BGH NJW 1995, 196; KG LZ 1908, 82, 83; Staub HGB/*Schäfer* § 144 Rn. 3; *Kindler*, in: Koller/Kindler/Roth/Morck, HGB, § 144 Rn. 1; Baumbach/Hopt HGB/*Roth* § 144 Rn. 1; *Lorz*, in: Ebenroth/Boujong/Joost/Strohn, HGB, § 144 Rn. 6; *Klöhn*, in: Henssler/Strohn, Gesellschaftsrecht, § 144 HGB Rn. 2; *Kamanabrou*, in: Oetker, HGB, § 144 Rn. 3 mit weiteren Nachweisen; aA MüKo HGB/*K. Schmidt* § 144 Rn. 3: analoge Anwendung nur auf den Fall des § 212 InsO (Einstellung wegen Wegfalls des Eröffnungsgrundes).

512 Vgl. *K. Schmidt/Schulz*, ZIP 1982, 1015; MüKo HGB/*K. Schmidt* Anh. § 158 Rn. 43.

513 Vgl. BGH WM 2005, 1084; ZInsO 2006, 260; siehe hierzu eingehend *Thole*, Gesellschaftsrechtliche Maßnahmen in der Insolvenz, Rn. 82 ff.

514 Vgl. eingehend zur Insolvenz der GmbH & Co. KG MüKo HGB/*K. Schmidt* Anh. § 158 Rn. 58 ff.

bisherigen (und nun insolventen) Rechtsträger. Erreicht werden kann dieses Ziel durch die Veräußerung aller (betriebsnotwendigen) Einzelvermögensgüter an einen Erwerber (*asset deal*). Diese Strategie dient der Sanierung des betriebenen Unternehmens, nicht jedoch der Sanierung des insolventen Rechtsträgers. Technisch handelt es sich somit um einen Sonderfall der Liquidation.[515] Eine übertragende Sanierung ist daher auch kein spezifisch insolvenzrechtliches Instrument. Sie kann im Vorfeld der Insolvenz ebenso durchgeführt werden wie im Regelverfahren oder in einem auf Liquidation ausgerichteten Insolvenzplanverfahren.

Die übertragende Sanierung ist im Bereich geschlossener Fonds deswegen ohne praktische Bedeutung, weil der Wert des gesamten Betriebs in der Regel letztlich nur in dem einen, großen Wirtschaftsgut der Fondsgesellschaft besteht. Dessen isolierte Verwertung durch Verkauf oder Versteigerung würde man indessen wohl kaum als übertragende Sanierung bezeichnen. Eine gewisse praktische Relevanz hat die Veräußerung ganzer Betriebe für geschlossene Fonds im Bereich der Sanierungs-Plattform-Lösungen erlangt. Nähere Ausführungen zu dieser Art der übertragenden Sanierung siehe deswegen unten 5.3.1 ff (S. 200 ff).

4.4 Insolvenzplanverfahren

4.4.1 Allgemeines

Das Regelinsolvenzverfahren ist seinem Wesen nach ein Liquidationsverfahren.[516] Der Insolvenzverwalter hat das zur Insolvenzmasse gehörende Vermögen zu verwerten (§ 159 InsO) und gemäß den gesetzlichen Vorschriften zu verteilen (§§ 187 ff InsO).

Das in §§ 217 ff InsO geregelte Insolvenzplanverfahren dient dem Zweck, Schuldner und Gläubiger von dem recht starren Korsett dieses gerichtlichen Verfahrens zu befreien und eine „einvernehmliche Bewältigung der Insolvenz im Wege von Verhandlungen und privatautonomen Austauschprozessen zu ermöglichen“.[517] Namentlich können nach § 217 S. 1 InsO die Befriedigung der absonderungsberechtigten Gläubiger und der Insolvenzgläubiger, die

515 Allgemein zur übertragenden Sanierung im Insolvenzverfahren vgl. *Beck*, in: Beck/Depré, Praxis der Insolvenz, § 1 Rn. 131 ff; MüKo InsO/*Ganter/Lohmann* § 1 Rn. 90 ff.

516 Das legt schon der Wortlaut des § 199 S. 2 InsO nahe; vgl. auch *Kindler*, in: Koller/Kindler/Roth/Morck, HGB, § 145 Rn. 1; MüKo HGB/*K. Schmidt* Anh. § 158 Rn. 41.

517 So wörtlich Begründung zum Regierungsentwurf der InsO, BT-Drucks. 12/2443, S. 90.

Verwertung der Insolvenzmasse und deren Verteilung an die Beteiligten sowie die Verfahrensabwicklung und die Haftung des Schuldners nach der Beendigung des Insolvenzverfahrens abweichend von den Vorschriften über das Regelverfahren ausgestaltet werden.

4.4.2 Ablauf des Insolvenzplanverfahrens

4.4.2.1 Formeller Ablauf

4.4.2.1.1 Planaufstellung

Zur Vorlage eines Insolvenzplans sind gemäß § 218 Abs. 1 S. 1 InsO der Insolvenzverwalter sowie der Schuldner selbst berechtigt. Bei einem Schuldnerantrag liegt es faktisch bei der Geschäftsführung der Komplementär-GmbH, einen Plan auszuarbeiten und vorzulegen, da diese als geschäftsführende Gesellschafterin insoweit die Geschicke der Fondsgesellschaft leitet. Im Sinne einer strategischen Nutzung des Insolvenzverfahrens kann die Vorlage des Plans durch die Fondsgesellschaft gleich mit dem Eröffnungsantrag verbunden werden (§ 218 Abs. 1 S. 2 InsO).

Nach einer Vorprüfung des Insolvenzgerichts gemäß § 231 InsO, die vor allem auf offensichtliche und grobe Mängel gerichtet ist, wird der Plan (einschließlich der beigefügten oder nach § 232 InsO eingeholten Stellungnahmen) den Beteiligten zur Ansicht niedergelegt (§ 234 InsO).

4.4.2.1.2 Abstimmungsverfahren

Im anschließenden Abstimmungsverfahren (§§ 235 ff InsO) wird gesondert innerhalb jeder der nach § 222 InsO gebildeten Gruppen abgestimmt. Innerhalb jeder Gruppe muss sowohl die Mehrheit der Köpfe als auch die Mehrheit des Kapitals (also: der angemeldeten Ansprüche) erreicht werden. Erleichternd wirkt sich das so genannte Obstruktionsverbot des § 245 InsO aus. Hierdurch kann die Zustimmung opponierender Minderheiten fingiert werden, sofern diese durch den Plan nicht schlechter gestellt und angemessen an dessen wirtschaftlichem Ergebnis beteiligt werden sowie obendrein die Mehrheit der abstimmenden Gruppen dem Plan zugestimmt hat (§ 245 Abs. 1 InsO).

4.4.2.1.3 Bestätigungsverfahren

Zu seiner Wirksamkeit bedarf der Plan nach der Zustimmung der Beteiligten noch einer Bestätigung durch das Insolvenzgericht (§§ 248 ff InsO). Hierdurch soll sichergestellt werden, dass nur ein solcher Plan in Rechtskraft erwächst, der in dem gesetzlich vorgeschriebenen Verfahren zustande gekommen ist und dessen Inhalt den gesetzlichen Anforderungen genügt.[518]

Gerade dieses Bestätigungsverfahren hat sich jedoch in der Praxis vielfach als Achillesferse für die zügige Umsetzung eines Insolvenzplanverfahrens erwiesen. Opponierende Beteiligte konnten hier nach § 253 InsO a.F. durch den Einsatz von Rechtsmitteln (in Form der sofortigen Beschwerde, §§ 567 ff ZPO) die Planbestätigung erheblich verzögern. Dadurch wurden auch die Vorteile des relativ weitreichenden Obstruktionsverbotes im Rahmen der Abstimmung häufig konterkariert. Solche Verzögerungen und der damit einhergehende Stillstand sind in zeitkritischen Sanierungssituationen für die betroffene Gesellschaft besonders gefährlich. Dadurch wurde die Bedeutung des Insolvenzplanverfahrens als strategische Alternative zu anderen Sanierungsoptionen erheblich eingeschränkt.

Der Gesetzgeber hat auf diese Problematik mittlerweile reagiert. Eine der praktisch bedeutsamsten Änderungen durch das ESUG betrifft daher das Bestätigungsverfahren: So muss etwa der Beschwerdeführer im Gegensatz zur früheren Rechtslage nach dem neuen § 253 Abs. 2 Nr. 3 InsO nicht nur die Möglichkeit irgendeiner materiellen Beschwer, sondern eine wesentliche Schlechterstellung durch den Plan, die nicht durch eine Geldzahlung[519] ausgeglichen werden kann, glaubhaft machen. Anderenfalls ist die sofortige Beschwerde nicht nur unbegründet, sondern schon unzulässig. Daneben tritt zur weiteren Beschleunigung ein dem aktienrechtlichen Freigabeverfahren[520] nachgebildeter Mechanismus in § 253 Abs. 4 InsO. Bei weniger schwerwiegenden Rechtsverstößen kann das Gericht die Beschwerde zurückweisen, falls nach seiner Überzeugung das Interesse an dem alsbaldigen Wirksamwerden des Insolvenzplans aufgrund drohender Nachteile einer Verzögerung des Planvollzugs vorrangig gegenüber den Nachteilen für den Beschwerdeführer erscheint. Ein dem Beschwerdeführer tatsächlich durch den Planvollzug entstehender Schaden ist im Sinne eines zivilrechtlichen „dulde und liquidiere“ in solchen Fällen zu ersetzen.[521]

518 Vgl. Braun InsO/*Braun/Frank* § 248 Rn. 1.

519 Im gestaltenden Teil des Plans können solche Mittel bereitgestellt werden, vgl. § 251 Abs. 3 InsO.

520 Vgl. insbesondere § 246a Abs. 2 Nr. 3 AktG; diese Regelungen wurden ihrerseits 2005 durch das UMAG (amtlich: Gesetz zur Unternehmensintegrität und Modernisierung des Anfechtungsrechts vom 22. September 2005, BGBl. I 2005, S. 2802) eingefügt.

521 Vgl. § 253 Abs. 4 S. 3 InsO; Naturalrestitution durch Rückgängigmachung der Wirkungen des Insolvenzplans kann folgerichtig nicht verlangt werden, da anderenfalls der Sinn der Vorschrift unterminiert würde.

Das Droh- und Obstruktionspotential unzufriedener Beteiligter wird damit erheblich gesenkt und der Insolvenzplan als strategisches Instrument gestärkt.[522]

4.4.2.2 Verhandlungen mit Beteiligten

Mindestens ebenso wichtig wie die Einhaltung des formellen Ablaufs sind die vorbereitenden und begleitenden Verhandlungen mit den verschiedenen Beteiligten.[523] Von besonderer Bedeutung sind an dieser Stelle die finanzierenden Banken. Gelingt es nicht, diese von dem Sanierungskonzept zu überzeugen, werden diese nicht zum (teilweisen) Verzicht auf ihre Forderungen bereit sein. Ohne ein entsprechendes Entgegenkommen der Banken wird das Sanierungskonzept in aller Regel scheitern. Da die Banken im Gegenzug auch erhebliche Opfer aufseiten der Anleger – typischerweise in Form zusätzlicher Beiträge – verlangen werden, müssen auch diese überzeugt und die unterschiedlichen Interessen (siehe hierzu oben 2.2.2, S. 54 ff) in Einklang gebracht werden. Diese schwierige Aufgabe obliegt in der Praxis der Geschäftsführung des Fonds.[524]

4.4.3 Mögliche Inhalte des Insolvenzplans

Der Insolvenzplan gliedert sich grundsätzlich in zwei Teile, den darstellenden und den gestaltenden Teil. In dem darstellenden Teil sind die geplanten wirtschaftlichen Maßnahmen zu erläutern (§ 220 InsO). Er dient vor allem dazu, die Beteiligten durch umfassende Angaben zu dem Zustand der Gesellschaft und den geplanten Maßnahmen in die Lage zu versetzen, informiert über den Vorschlag des Planvorlegenden zu entscheiden.

Im gestaltenden Teil sind die zur Sanierung der Gesellschaft zu treffenden Maßnahmen organisatorischer oder personeller Art und ihre Auswirkungen auf die Rechtsposition der Beteiligten darzulegen (§ 221 InsO). Hier werden die

---

522 Vgl. zum Ganzen MüKo InsO/*Eidenmüller* Vorb. §§ 217 – 269 Rn. 72; *Madaus*, NZI 2012, 597; *K. Schmidt*, BB 2011, 1603, 1608.

523 Vgl. eingehend zu Kommunikation und Verhandlung in der Krise und im Insolvenzverfahren *Frege/Nicht*, in: Kübler, HRI, § 5 Rn. 1 ff.

524 Selbstverständlich ist – wie oben erwähnt – auch ein von dem Insolvenzverwalter ausgehandelter, konzipierter und vorgelegter Insolvenzplan möglich, auch wenn dies in der Praxis die Ausnahme darstellen dürfte: Ist die Gesellschaft nicht gezielt zur Herbeiführung eines Planverfahrens in die Insolvenz gegangen sondern unkontrolliert „hineingeschlittert“, wird häufig der Handlungsspielraum sehr gering sein und nur noch die Abwicklung übrig bleiben.

eigentlichen inhaltlichen Regelungen getroffen. Darauf beziehen sich auch die folgenden Ausführungen.

4.4.3.1 Abweichung von der Regelabwicklung

Hauptzweck des Insolvenzplanverfahrens ist die Möglichkeit, verfahrensrechtlich und materiell-rechtlich von den gesetzlichen Abwicklungsvorschriften abzuweichen (siehe auch oben 4.4.1, S. 173).[525]

Im materiell-rechtlichen Bereich können insbesondere die Befriedigung der Insolvenzgläubiger und die Verwertung der Insolvenzmasse, d.h. des Gesellschaftsvermögens, eigenen Regelungen unterworfen werden.

Eine typische Sanierungsgestaltung könnte in diesem Bereich etwa Stundungen oder Forderungsverzichte der Gläubiger vorsehen und bestimmen, dass die Gesellschaft nicht liquidiert, sondern (unter gewissen Voraussetzungen) weiter betrieben wird.

4.4.3.2 Anteils- und Mitgliedschaftsrechte

4.4.3.2.1 Rechtslage vor ESUG

Bis zur Insolvenzrechtsreform durch das ESUG im Jahre 2012 war es nach deutschem Insolvenzrecht nicht möglich, Sanierungsmaßnahmen mit Bezug zum gesellschaftsrechtlichen Bereich gegen den Widerstand bzw. ohne die bereit- und freiwillige Kooperation der Altgesellschafter umzusetzen.[526] Die oben bereits angesprochene Abtrennung des „Schuldnerbereichs" (siehe 4.2.1.4.1, S. 171) und die Aufrechterhaltung der vollen Befugnisse der Altgesellschafter bei gesellschaftsrechtlichen Beschlüssen galt nicht nur im Regel-, sondern auch im Insolvenzplanverfahren.

Einziges Mittel zur Disziplinierung opponierender Gesellschafter war innerhalb wie außerhalb des Insolvenz(plan)verfahrens die bereits ausführlich erörterte Dogmatik der gesellschafterlichen Treuepflicht in Sanierungssituationen und die hierzu ergangene Rechtsprechung. Aufgrund des erheblichen Konfliktpotentials, des ungewissen Ausgangs der Prozesse und des enormen Zeitaufwands bis zur endgültigen Klärung der Rechtslage ist dieser Ansatz in der zeitkritischen Insolvenzsituation rechtspraktisch weitgehend bedeutungslos geblieben.[527]

---

525 Vgl. Braun InsO/*Braun/Frank* § 217 Rn. 2 ff.

526 Vgl. *Madaus*, Der Insolvenzplan, S. 590.

527 Vgl. hierzu *Hölzle*, in: Kübler, HRI, § 31 Rn. 1.

Die bewusste Entscheidung[528] des Gesetzgebers, bei der Schaffung der ursprünglichen Insolvenzordnung auf die Möglichkeit der Einbeziehung von Gesellschafterrechten in den Insolvenzplan zu verzichten, war in der Folge Gegenstand erheblicher Kritik.[529]

Um überhaupt Sanierungskonzepte, die gesellschaftsrechtliche Maßnahmen einschließen, umsetzen zu können, hat man sich nach alter Rechtslage damit beholfen, den Plan durch eine Bedingung von der tatsächlichen Durchführung der jeweiligen Maßnahme abhängig zu machen.[530] So konnten derartige Konzepte immerhin mit gewisser Rechtssicherheit für alle Beteiligten ausgehandelt und umgesetzt werden. Die Schwierigkeit, auf die Kooperation aller Anteilseigner angewiesen zu sein, blieb jedoch bestehen.

4.4.3.2.2 Rechtslage seit ESUG

Mit der Reform durch das ESUG hat der Gesetzgeber hierauf reagiert und diesen Missstand beseitigt. Der neu eingefügte § 217 S. 2 InsO ordnet programmatisch für das gesamte Planverfahren an, dass nunmehr „auch die Anteils- oder Mitgliedschaftsrechte der am Schuldner beteiligten Personen in den Plan einbezogen werden" können. Näher ausgestaltet wird diese Neuregelung durch § 225a InsO. Nach der Grundnorm des § 225a Abs. 3 InsO[531] kann im Plan jede Regelung getroffen werden, die gesellschaftsrechtlich zulässig ist.

Damit können auch sanierungstypische gesellschaftsrechtliche Maßnahmen wie etwa Kapitalmaßnahmen (Kapitalherabsetzung, -erhöhung, -schnitt), Anteilsübertragungen, die Aufnahme neuer Gesellschafter sowie allgemeine

528 Vgl. Begründung zum Regierungsentwurf der Insolvenzordnung, BT-Drucks. 12/2443, S. 83; zur Gesetzgebungsgeschichte insoweit vgl. auch *Müller*, KTS 2002, 209.

529 Vgl. etwa *Eidenmüller*, in: Habersack/Mülbert/Nobbe/Wittig, Bankrechtstag 2011, S. 147 ff; *Eidenmüller*, ZIP 2010, 649; *Vallender*, NZI 2010, 838, 841; *Bork*, ZIP 2010, 397.

530 Vgl. Braun InsO/*Braun/Frank* § 249 Rn. 3.

531 Dass der Gesetzgeber eine weitgehende Selbstverständlichkeit (Abs. 1, Erforderlichkeit expliziter Regelung) und einen Spezialfall (Abs. 2, Tausch von Fremd- in Eigenkapital) systematisch vorangestellt hat ist wohl bedeutungslos und ändert nichts am Charakter des § 225a Abs. 3 InsO als Grundnorm der Einbeziehung von Gesellschafterrechten; vgl. Braun InsO/*Braun/Frank* § 225a Rn. 2; *Hölzle*, in: Kübler, HRI, § 31 Rn. 2.

Satzungsänderungen oder Fortsetzungsbeschlüsse in den Insolvenzplan integriert werden.[532]

Geschieht dies, so muss nach § 222 Abs. 1 S. 2 Nr. 4 InsO eine Gruppe für die Anteilseigner gebildet werden, die somit – anders als sonst – an der Abstimmung über den Plan teilhaben.

4.4.4 Wirkungen des bestätigen Insolvenzplans

4.4.4.1 Allgemein

Mit der Rechtskraft des Bestätigungsbeschlusses erlangt der Plan – also insbesondere die in dem gestaltenden Teil niedergelegten Maßnahmen – Wirkung für und gegen alle Beteiligten (§ 254 Abs. 1 InsO).[533]

In den Plan aufgenommene gesellschaftsrechtliche Maßnahmen gelten nach § 254a Abs. 2 InsO als in der vorgeschriebenen Form (einschließlich sämtlicher Maßnahmen zur Beschlussvorbereitung) vorgenommen. Dadurch wird die Umsetzung erheblich beschleunigt und vereinfacht.

Aufgrund des durch das ESUG neu eingefügten § 254b InsO entfaltet der Plan seine Wirkung gegenüber allen Beteiligten des Verfahrens, also auch gegenüber denen, die dem Insolvenzplan widersprochen haben. Diese Regelung ergänzt insoweit das Obstruktionsverbot des § 245 InsO.

4.4.4.2 Haftungsbefreiung

4.4.4.2.1 Grundsatz

Gemäß § 227 Abs. 1 InsO wird der Schuldner – sofern der Plan nicht explizit etwas anderes regelt – mit der im gestaltenden Teil vorgesehenen Befriedigung der Insolvenzgläubiger von seinen restlichen Verbindlichkeiten diesen gegenüber befreit. Diese Wirkung tritt ebenso wie die sonstigen Regelungen des gestaltenden Teils mit Rechtskraft des Bestätigungsbeschlusses ein. § 227 Abs. 2 InsO erweitert diese Befriedigungswirkung auf die „persönliche Haftung der Gesellschafter“ bei Gesellschaften ohne Rechtspersönlichkeit. Aufgrund der ablehnenden Rechtsprechung des Reichsgerichts[534] und des

---

532 Eine umfangreiche Auflistung möglicher Gegenstände des Insolvenzplans mit gesellschaftsrechtlichem Bezug findet sich bei *Hölzle*, in: Kübler, HRI, § 31 Rn. 30 ff.

533 Eingehend zur den Wirkungen des bestätigten Insolvenzplanes Braun InsO/*Braun/Frank* § 254 Rn. 1 ff; spezifisch für die Personengesellschaft MüKo HGB/*K. Schmidt* Anh. § 158 Rn. 53.

534 RGZ 150, 163.

Bundesgerichtshofs[535] zur entsprechenden Vorgängervorschrift in der Vergleichsordnung[536] ist allerdings umstritten, ob dies auch für die persönliche Haftung des Kommanditisten aus §§ 171 Abs. 1, 172 Abs. 4 HGB gilt.

4.4.4.2.2 Anwendbarkeit auf Kommanditisten

Die fehlende Befreiungswirkung in solchen Fällen wäre für geschlossene Fonds in Rechtsform der Kommanditgesellschaft besonders misslich. Schließlich besteht hier – wie oben besprochen (siehe 3.1.1, S. 75 ff) – aufgrund von Substanzausschüttungen regelmäßig eine Haftung der Kommanditisten nach § 172 Abs. 4 HGB. Ohne die Möglichkeit, diese Haftungslage verbindlich zu regeln, wäre der Nutzen des Insolvenzplans erheblich eingeschränkt.

Anhand der Formulierung des § 227 Abs. 2 InsO könnte man annehmen, dass die Wirkung nur dem Komplementär der KG zugutekommen soll, da in der Diktion des HGB nur dieser „persönlich haftender Gesellschafter" und geradezu der Gegenbegriff zum Kommanditisten ist (§ 161 Abs. 1 HGB). Mit dieser Argumentation lehnt die Rechtsprechung sowie die früher wohl herrschende Meinung eine Befreiungswirkung des Insolvenzplans zugunsten der Kommanditisten ab.[537]

Eine stark im Vordringen befindliche Auffassung[538] befürwortet dagegen zu Recht aus teleologischen Gesichtspunkten eine befreiende Wirkung auch für Kommanditisten. Eine rein historische oder auf den Wortlaut beschränkte Auslegung des § 227 Abs. 2 InsO ist schließlich zu eng und wird dem Sinn des Insolvenzplanverfahrens nicht gerecht. Es soll im Sinne eines umfassenden Konzeptes gerade ermöglicht werden, auch die persönliche Haftung der Gesellschafter (und eben nicht nur: die Haftung der „persönlich haftenden Gesellschafter") in dem Plan zu regeln.

---

535 BGH NJW 1970, 1921.

536 § 109 Abs. 1 Nr. 3 VerglO; ähnlich für den Zwangsvergleich § 211 Abs. 2 Konkursordnung (KO).

537 Vgl. RGZ 150, 163; BGH NJW 1970, 1921, 1922; Kuhn/Uhlenbruck KO/*Uhlenbruck* § 211 Rn. 6 ff; Uhlenbruck InsO/*Lüer/Streit* § 227 Rn. 10; Bley/Mohrbutter VerglO/*Mohrbutter* § 109 Rn. 22 ff; *Graf Lambsdorff*, MDR 1973, 362, jeweils mit umfangreichen Nachweisen. Ein Überblick zum Meinungsstand findet sich auch bei MüKo HGB/*K. Schmidt* § 172 Rn. 120.

538 Vgl. Uhlenbruck InsO/*Hirte* § 11 Rn. 316; MüKo HGB/*K. Schmidt* § 172 Rn. 120; *Strohn*, in: Ebenroth/Boujong/Joost/Strohn, HGB, § 171 Rn. 102; *Eidenmüller*, ZGR 2001, 680, 684; *Müller*, KTS 2002, 209, 258; *Müller*, Der Verband in der Insolvenz, S. 425 f.

Folglich sprechen die besseren Argumente dafür, dass sich auch der Kommanditist hinsichtlich seiner Haftung gegenüber den Gesellschaftsgläubigern auf den Insolvenzplan berufen kann. Bis zu einer klärenden Stellungnahme des BGH verbleibt an dieser Stelle jedoch für die Praxis ein gewisses Umsetzungsrisiko.

4.4.5 Strategische Möglichkeiten

Das Insolvenzplanverfahren bringt – das gilt nach wie vor – gegenüber einer freien Sanierung organisatorischen,[539] zeitlichen und finanziellen[540] Mehraufwand mit sich. Daher ist es strategisch nur da von Bedeutung, wo es Handlungsoptionen oder Vorteile bietet, die weder außergerichtlich noch im Regelinsolvenzverfahren zur Verfügung stehen.[541]

Im Vordergrund steht dabei der Möglichkeit der Disziplinierung opponierender Minderheiten, und zwar auf Seiten sowohl der Gläubiger als auch der Anteilseigner.

4.4.5.1 Disziplinierung der Gläubiger

Außerhalb des Insolvenzplanverfahrens unterliegen die Gläubiger – wie der BGH in seiner „Akkordstörer"-Entscheidung[542] festgestellt hat – keinerlei Verpflichtung zur konstruktiven Teilnahme an Sanierungsbemühungen.[543] Trotz einiger Kritik[544] an dieser Linie hat der BGH daran bisher auch festgehalten. Daraus ergibt sich ein erheblicher Hemmschuh für die Umsetzung außergerichtlicher Sanierungskonzepte. Da bei der Abstimmung nach Gruppen das Mehrheitsprinzip gilt, ist insoweit im Planverfahren das Blockadepotential einzelner Gläubiger weitaus geringer.

4.4.5.2 Disziplinierung der (Alt-)Gesellschafter

Seit Inkrafttreten des ESUG gibt es nun auch die Option, die (Alt-)Gesellschafter – das heißt: ihre Anteilsrechte und Befugnisse – in den Wirkungsbereich

---

539 Vgl. zum Überblick zu den Anforderungen etwa die Checklisten bei *Rendels*, in: Kübler, HRI, § 23 Rn. 62 ff.

540 Überblick zu den Kosten des Planverfahrens bei *Wienberg/Dellit*, in: Bork/Hölzle, Hdb Insolvenzrecht, Kap. 12 Rn. 18 ff.

541 Zum Insolvenzplan als strategisches Instrument vgl. MüKo InsO/*Eidenmüller* Vorb. §§ 217 – 269 Rn. 66 f; *Brinkmann*, ZIP 2014, 197; *Hölzle*, ZIP 2013, 1846.

542 BGH NJW 1992, 967.

543 Siehe zum Stand der Diskussion *Bitter*, ZGR 2010, 147, 167 ff.

544 Vgl. etwa *Eidenmüller*, ZIP 2010, 649, 659.

des insolvenzplanrechtlichen Mehrheitsprinzips und Obstruktionsverbotes einzubeziehen. Im Gegenzug sind sie zwar an der Abstimmung über den Insolvenzplan zu beteiligen (siehe oben 4.4.3.2.2, S. 178).

Faktisch läuft diese Beteiligung jedoch in der Regel ins Leere, weil nach dem (ebenfalls neu eingefügten) § 245 Abs. 3 InsO für sie ein verschärftes Obstruktionsverbot gilt. Danach liegt eine angemessene Beteiligung im Sinne des § 245 Abs. 1 Nr. 2 InsO bereits dann vor, wenn kein Gläubiger wirtschaftliche Werte erhält, die den vollen Betrag seines Anspruchs übersteigen, und kein ansonsten gleichgestellter Anteilsinhaber bessergestellt wird. Beides dürfte praktisch immer gegeben sein.

Obendrein müssten die Anleger im Falle einer Liquidation des Fonds im Rahmen der Regelabwicklung in aller Regel einen Totalverlust ihrer Einlage hinnehmen. Daher werden sie in solchen Konstellationen auch nie durch den Insolvenzplan „voraussichtlich schlechter gestellt, als sie ohne einen Plan stünden".[545] Das Erfordernis des § 245 Abs. 1 Nr. 1 InsO ist damit ebenfalls praktisch immer erfüllt.

Im Ergebnis kann die Mehrheit der Gläubiger[546] somit in den meisten Situationen über die Köpfe der Altgesellschafter hinweg auch über die gesellschaftsrechtlichen Geschicke der Gesellschaft und sogar über deren Anteilsrechte bestimmen.[547] Begünstigt wird die Entstehung einer Mehrheit nach Gruppen insoweit auch dadurch, als die Anteilseigner in der gemäß § 222 Abs. 1 S. 2 Nr. 4 InsO zu bildenden Gruppe isoliert werden und somit gegenüber den anderen Gruppen ein entsprechend geringes Gewicht haben. Der Minderheiten- und Eigentumsschutz wird insoweit nur durch § 251 InsO bzw. durch die zur Verfügung stehenden Rechtsmittel gegen die Planbestätigung (§ 253 InsO, siehe oben 4.4.2.1.3) gewahrt.[548] Allerdings dürfte es dem beschwerdeführenden Anleger in der Praxis schwer fallen, die von § 253 Abs. 2 Nr. 3 InsO als Zulassungsschranke geforderte *wesentliche*

---

545 Vgl. eingehend zur Rolle der Anteilseigner in der Insolvenz *Bitter*, ZGR 2010, 147, 186 ff, der sogar die These aufstellt, diese seien generell ab Eröffnung (auch des Regel-) Insolvenzverfahrens richtigerweise nur noch als formale Inhaber der wirtschaftlich den Gläubigern zustehenden Gesellschafterposition, mithin als deren Treuhänder anzusehen.

546 Das Erreichen der (Gläubiger-)Mehrheit nach Gruppen ist gemäß § 245 Abs. 1 Nr. 3 InsO ebenfalls Voraussetzung der Fingierung der Zustimmung der Anteilseigner.

547 Vgl. auch *Hölzle*, in: Kübler, HRI, § 31 Rn. 110 ff; *K. Schmidt*, BB 2011, 1603, 1607; *Brinkmann*, BB 2011, 97, 99.

548 Vgl. Begründung zum Regierungsentwurf des ESUG, BT-Drucks. 17/5712, S. 30; *Hölzle*, in: Kübler, HRI, § 31 Rn. 109.

Schlechterstellung durch den Plan glaubhaft zu machen, selbst wenn sein Anteil tatsächlich noch einen Restwert besitzt.[549]

Ein Anteil an dem Fortführungswert, der durch die Restrukturierung im Planverfahren gegenüber einer sofortigen Liquidation realisiert wird, steht den Gesellschaftern nur insoweit zu, als dieser den zur vollständigen Befriedigung der Gläubiger notwendigen Betrag übersteigt, was in der Praxis nie vorkommen wird. Damit kommt dieser Fortführungswert zunächst ausschließlich den Gläubigern zugute. Dieses Ergebnis ist deswegen gerechtfertigt, weil sich die Gesellschafter durch die Aufnahme von Fremdkapital der insolvenzrechtlichen Vorrangregel unterworfen haben.[550]

4.4.6 Spezialfall: Debt-Equity-Swap

4.4.6.1 Allgemein

In der Diskussion um den Einsatz des Insolvenzplanverfahrens als strategisches Sanierungselement nimmt der Tausch von Fremd- in Eigenkapital eine herausgehobene Stellung ein (zur Durchführung außerhalb des Insolvenzverfahrens siehe oben 3.3, S. 153 ff). Das hängt nicht zuletzt damit zusammen, dass der Gesetzgeber bei der Schaffung des ESUG hierauf ein besonderes Augenmerk gelegt hat.

Daher sieht das Gesetz nunmehr – über die oben bereits genannten, allgemeinen Vorteile und strategischen Einsatzzwecke des Planverfahrens hinaus – einige Besonderheiten für die Durchführung eines Debt-Equity-Swaps im Planverfahren vor, die der Untersuchung bedürfen.

4.4.6.2 Differenzhaftung / § 254 Abs. 4 InsO

4.4.6.2.1 Grundsatz

Eine bedeutsame Besonderheit für die Durchführung eines Debt-Equity-Swap im Insolvenzplanverfahren ergibt sich aus der mit dem ESUG neu eingeführten Vorschrift des § 254 Abs. 4 InsO.

In der Rechtspraxis hat sich nämlich die drohende Differenzhaftung als größter Hemmschuh für die Umsetzung eines Debt-Equity-Swap erwiesen (siehe hierzu oben 3.3.2.3.2, S. 157). Um dieses Hindernis zu beseitigen, ordnet die neue Vorschrift an, dass der Schuldner nach Planbestätigung keine Ansprüche

549 Vgl. hierzu *Hölzle*, in: Kübler, HRI, § 31 Rn. 113.

550 Vgl. *Eidenmüller*, ZIP 2010, 649, 657; *Hölzle*, in: Kübler, HRI, § 31 Rn. 111.

wegen einer Überbewertung der Forderungen im Plan gegen die bisherigen Gläubiger geltend machen kann.

Somit kann etwa eine GmbH nach Bestätigung des Plans keine Differenzhaftungsansprüche aus § 9 GmbHG gegenüber den umtauschenden Gesellschaftern mehr geltend machen, selbst wenn die eingebrachten Forderungen deutlich überbewertet waren. Die Schutzfunktion der registergerichtlichen Werthaltigkeitsprüfung bei der Sacheinlage wird insoweit durch das – ebenfalls gerichtliche – Planbestätigungsverfahren ersetzt.

4.4.6.2.2 Übertragbarkeit auf Kommanditistenhaftung / § 171 Abs. 1 HS. 2 HGB

Fraglich ist allerdings, ob sich dieser Haftungsausschluss auch auf die Differenzhaftung eines Kommanditisten übertragen lässt.

Der unmittelbare Wortlaut spricht eindeutig dagegen: Ausgeschlossen sind nach § 254 Abs. 4 InsO zunächst nämlich nur Ansprüche des Schuldners, also der Gesellschaft selbst. Wie oben erörtert (siehe 3.3.2.3.2.2, S. 158) ist die Haftung des Kommanditisten gemäß § 171 Abs. 1 HS. 2 HGB aber gerade keine Innenhaftung gegenüber der Gesellschaft, sondern eine unmittelbare Außenhaftung gegenüber den Gläubigern, auch wenn sie im Insolvenzverfahren von dem Insolvenzverwalter geltend gemacht wird (§ 171 Abs. 2 HGB).

Die Interessenlage des Neukommanditisten ist aber im Grunde mit derjenigen eines Neugesellschafters einer Kapitalgesellschaft identisch: In beiden Fällen geht es um die Kalkulationssicherheit im Rahmen der Sanierungsmaßnahme, die durch die Bewertungsschwierigkeit gefährdet wird und zum Ausgleich dafür durch einen Haftungsausschluss wieder hergestellt werden soll.

Genau dieses Ziel hatte der Gesetzgeber bei der Schaffung des § 254 Abs. 4 InsO vor Augen.[551] Die Begründung des Entwurfs ist auch nicht speziell auf Kapitalgesellschaften gemünzt. Die Erwähnung von „Gesellschaften ohne Rechtspersönlichkeit“ in § 225a Abs. 5 S. 1, Abs. 2 InsO macht vielmehr deutlich, dass die neuen Regelungen über den Debt-Equity-Swap im Planverfahren auch für die Personenhandelsgesellschaften gelten sollen. Somit spricht vieles dafür, dass der Gesetzgeber die Besonderheiten des Personengesellschaftsrechts insoweit schlicht übersehen hat und es sich um eine planwidrige Regelungslücke handelt.

Der mit der Differenzhaftung im Allgemeinen angestrebte Schutz der bisherigen Anteilsinhaber sowie der übrigen Gläubiger ist nach der gesetzgeberischen Konzeption durch das Planverfahren gewährleistet, da in dessen Verlauf die

---

551 Vgl. Begründung zum Regierungsentwurf des ESUG, BT-Drucks. 17/5712, S. 36.

Beteiligten die Möglichkeit haben, auf eine fehlerhafte Bewertung der Sacheinlage hinzuweisen und Rechtsmittel gegen den Plan (und damit gegen die Bewertung der Sacheinlage) einzulegen.[552] Insoweit besteht auch kein Unterschied zwischen den Interessen der Beteiligten einer Kapital- gegenüber einer Kommanditgesellschaft. Obendrein legt auch die wirtschaftliche und funktionale Vergleichbarkeit der Haftungsrisiken aus § 171 Abs. 1 HGB und § 9 GmbHG eine Gleichbehandlung nahe.[553]

Daher sprechen die besseren Argumente für eine analoge Anwendung des § 254 Abs. 4 InsO auf die Differenzhaftung des Kommanditisten nach § 171 Abs. 1 HS. 2 HGB.[554] Somit spielt die Differenzhaftung bei Durchführung des Debt-Equity-Swap im Planverfahren selbst dann keine Rolle, wenn man mit der herrschenden Meinung entgegen der hier vertretenen Auffassung eine Einbringung der Forderung zum Nennwert ablehnt (siehe hierzu oben 3.3.2.3.2.2, S. 158).

4.4.6.3 Vollwertigkeitsprüfung durch Insolvenzgericht

Unabhängig davon stellt sich die Frage, ob das Insolvenzgericht im Rahmen der Bestätigung des Insolvenzplans nach § 248 InsO die umzutauschenden Forderungen auf ihre Vollwertigkeit zu überprüfen hat.

Ansatzpunkt ist die nach § 250 InsO erfolgende Prüfung auf Verstöße gegen Verfahrensvorschriften. Schließlich ist gemäß § 250 Nr. 1 InsO die Bestätigung des Plans zu versagen, wenn Vorschriften über den Inhalt des Insolvenzplanes in einem wesentlichen Punkt nicht beachtet worden sind. Nexus zum Kapitalaufbringungsrecht ist insoweit § 225a Abs. 3 InsO, wonach nur „gesellschaftsrechtlich zulässige“ Regelungen in den Insolvenzplan aufgenommen werden können.

Für das Kapitalgesellschaftsrecht wird daher vertreten, dass eine gegen kapitalaufbringungsrechtliche Vorschriften verstoßende Überbewertung von Sacheinlagen – hier also: Forderungen – gesellschaftsrechtlich gerade nicht zulässig sei, weshalb dem Insolvenzgericht eine entsprechende Prüfungskompetenz im Hinblick auf die Vollwertigkeit der eingelegten Forderungen zukomme.[555]

---

552 Vgl. Begründung zum Regierungsentwurf des ESUG, BT-Drucks. 17/5712, S. 36.

553 Vgl. hierzu eingehend *K. Schmidt*, in: FS Goette, S. 459.

554 Im Ergebnis ebenso *Wertenbruch*, ZIP 2013, 1693, 1700; *K. Schmidt*, ZGR 2012, 566, 581 ff; *Haas*, in: Kreft, InsO, § 225a Rn. 26; FK-InsO/*Jaffé* § 254 Rn. 24; *Spliedt*, in: K. Schmidt, InsO, § 254 Rn. 15; aA Braun InsO/*Braun/Frank* § 225a Rn. 21 ff; § 254 Rn. 10.

555 So *Kleindiek*, in: FS Hommelhoff, S. 543, 560 f; ähnlich *Spliedt*, GmbHR 2012, 462, 467; wohl auch *K. Schmidt*, ZGR 2012, 566, 574; aA *Horstkotte/Martini*, ZInsO 2012, 557, 567; *Maier-Reimer*, in: Gesellschaftsrecht in der Diskussion 2011, S. 113 ff.

Bei einer Fonds-GmbH & Co. KG kommt eine derartige Prüfungskompetenz aber schon deswegen nicht in Betracht, weil es – wie oben bereits ausgeführt – gerade kein der GmbH oder AG vergleichbares Kapitalaufbringungsrecht gibt. Die Unterbewertung von Sacheinlagen zieht zwar unter Umständen haftungsrechtliche Folgen (§ 171 Abs. 1 HS. 2 HGB) nach sich, verstößt aber jedenfalls nicht gegen gesetzliche Vorschriften und ist daher keineswegs „gesellschaftsrechtlich nicht zulässig".

Eine Vollwertigkeitsprüfung durch das Insolvenzgericht findet daher nicht statt.

4.4.6.4 Bezugsrecht der Altgesellschafter / § 225a Abs. 2 S. 3 Alt. 4 InsO

4.4.6.4.1 Grundsatz

Den bisherigen Gesellschaftern steht im Grundsatz bei jeder Kapitalerhöhung – und eine solche ist ja auch der Debt-Equity-Swap – ein Bezugsrecht zu, um ihre Beteiligung vor der Verwässerung zu schützen. Der (Sach-)Kapitalerhöhungsbeschluss kann eine Einschränkung oder einen Ausschluss dieses Bezugsrechts vorsehen. Wird der Beschluss als Mehrheitsbeschluss gefasst, so ist der Bezugsrechtsausschluss jedoch aus Erwägungen der gesellschaftsrechtlichen Treupflicht und des verfassungsrechtlichen Schutzes der Mitgliedschaft und des Eigentums (Art. 9, 14 GG) nur eingeschränkt möglich. Im Ergebnis bedarf der Ausschluss auch im Personengesellschaftsrecht der Nennung von Sachgründen und der Wahrung der Verhältnismäßigkeit.[556]

4.4.6.4.2 Besonderheiten im Insolvenzplanverfahren

Fraglich ist, ob diese Einschränkungen des Bezugsrechtsausschlusses auch bei einer Durchführung der Maßnahme im Insolvenzplanverfahren gelten.

Die Grundregel des § 225a Abs. 3 InsO besagt, dass alle Maßnahmen, die „gesellschaftsrechtlich zulässig" sind, in den Plan aufgenommen werden können. Diese Formulierung legt nahe, dass die Maßnahme eben auch nach den nach allgemeinen gesellschaftsrechtlichen Regeln durchführbar wäre und mithin die oben genannten Einschränkungen zu beachten wären. Dem steht jedoch entgegen, dass der Gesetzgeber mit § 225a Abs. 3 InsO nur auf das gesellschaftsrechtlich zur Verfügung stehende Instrumentarium von (Kapital)Maßnahmen, nicht jedoch auf die außerhalb einer Insolvenz geltenden formellen Vorschriften sowie

556 Vgl. hierzu oben Abschnitte 3.2.5.7.3 sowie 3.3.2.3.3.2; siehe hierzu auch *Wertenbruch*, ZIP 2013, 1693.

Regeln zum Schutz von Individual- und Minderheitsrechten verweisen wollte.[557] Die Besonderheit und der praktische Nutzen dieser neuartigen Verzahnung von Gesellschafts- und Insolvenzrecht liegt schließlich gerade darin, dass die volle Bandbreite der gesellschaftsrechtlichen Maßnahmen als „Werkzeug" zur Verfügung steht, sonstige formelle und materielle Voraussetzungen aber durch die Regeln über das Zustandekommen des Insolvenzplans verdrängt werden.[558]

Obendrein wird diese Grundregel für den Debt-Equity-Swap im Insolvenzplanverfahren durch die Sonderregelung des § 225a Abs. 2 InsO ergänzt.[559] Hier heißt es in Satz 3 explizit, dass der Plan „insbesondere [...] eine Kapitalherabsetzung oder -erhöhung, die Leistung von Sacheinlagen, den Ausschluss von Bezugsrechten oder die Zahlung von Abfindungen an ausscheidende Anteilsinhaber vorsehen" kann. Diese Vorschrift muss im Lichte des gesamten Regelungskonzeptes und der gesetzgeberischen Intention, den Umtausch von Fremd- in Eigenkapital im Insolvenzplan erheblich zu vereinfachen, interpretiert werden. Der Gesetzgeber sieht schließlich auch an anderer Stelle – insbesondere bei der Differenzhaftung (§ 254 Abs. 4 InsO, siehe oben 4.4.6.2, S. 183) – erhebliche Vereinfachungen vor und ersetzt den sonst durch allgemeine gesellschaftsrechtliche Regeln bewirkten Schutz der Beteiligten hinsichtlich dieser Maßnahme vollständig durch die Mechanismen des Insolvenzplans. Demnach käme es für die in § 225a Abs. 2 S. 3 InsO genannten (und weitere, zur Durchführung eines Debt-Equity-Swaps nötige Maßnahmen) nicht neben den planverfahrensimmanenten Regeln auch noch auf die allgemeine gesellschaftsrechtliche Zulässigkeit an.

Daher spricht vieles dafür, dass jedenfalls im Falle eines Debt-Equity-Swaps ein Bezugsrechtsausschluss ohne Weiteres, das heißt ohne die Heranziehung

557 Vgl. *Haas*, NZG 2012, 961, 965 f; *Spliedt*, GmbHR 2012, 462, 466; *Decher/Voland*, ZIP 2013, 103, 106.

558 Vgl. *Eidenmüller*, NJW 2014, 17, 18. Das AG Charlottenburg (Beschluss vom 09.02.2015, NZG 2015, 1326) geht dagegen von einer umfassenden Prüfungskompetenz des Registergerichts hinsichtlich der gesellschaftsrechtlichen Voraussetzungen der im Insolvenzplan getroffenen Maßnahmen aus, die auch durch die insolvenzgerichtliche Planbestätigung nicht beschränkt wird. Diese Entscheidung wird in der Literatur zu Recht kritisiert (vgl. *Brünkmans/Greif-Werner*, ZInsO 2015, 1585; *Klausmann*, NZG 2015, 1300), spielt aber bei Personengesellschaften nur eine untergeordnete Rolle, da hier der Handelsregistereintragung der jeweiligen Sanierungsmaßnahme in der Regel keine konstitutive Wirkung zukommt.

559 Zu der fragwürdigen systematischen Anordnung der Absätze innerhalb des § 225a InsO siehe schon oben 4.4.3.2.2.

weiterer materiell-rechtlicher Kriterien, wirksam in den Plan aufgenommen werden kann.[560]

4.4.6.4.3 Herausdrängen der Altgesellschafter

Wird im Falle eines negativen Anteilswertes der Beteiligungen der Altgesellschafter nach dem hier diskutierten Muster ein Debt-Equity-Swap mit einem zunächst erfolgenden Kapitalschnitt auf Null in den Plan aufgenommen und gleichzeitig das Bezugsrecht der bisherigen Gesellschafter ausgeschlossen, so werden diese im Ergebnis ohne Abfindung aus der Gesellschaft entfernt.[561]

Im Falle der Wertlosigkeit ihres Anteils steht schließlich den Altgesellschafter mehr als die – infolge der Abstimmung nach Gruppen und des Obstruktionsverbotes faktisch stark eingeschränkte[562] – verfahrensrechtliche Mitwirkung an der Planentstehung nicht zu.[563] Der Gesetzgeber hat sich dezidiert mit der Nullbewertungsproblematik auseinandergesetzt und befunden, dass der verfassungsrechtliche Eigentumsschutz der betroffenen Anteilsinhaber durch die Regelungen zum Minderheitenschutz und zu den Rechtsmitteln gegen die Planbestätigung in ausreichendem Maße gewährleistet wird.[564]

Das gilt sogar dann, wenn die Altgesellschafter prinzipiell sanierungsbereit und an einer Teilnahme an der Kapitalerhöhung interessiert wären. Denn nach den oben gefundenen Ergebnissen ist schließlich der Bezugsrechtsausschluss ohne Beachtung weiterer materieller Kriterien möglich.[565] Das ist auch nicht

---

560 Im Ergebnis ebenso MüKo InsO/*Eidenmüller* § 225a Rn. 49 f; *Decher/Voland*, ZIP 2013, 103, 106 f, 110; *Haas*, NZG 2012, 961, 466; *Brünkmans/Greif-Werner*, ZInsO 2015, 1585, 1589 f; *Klausmann*, NZG 2015, 1300, 1303 f; aA *Müller*, KTS 2012, 419, 441 f; *Wertenbruch*, ZIP 2013, 1693, 1695 ff; gegen einen Bezugsrechtsausschluss wohl auch *Hölzle*, in: Kübler, HRI, § 31 Rn. 12.

561 Eine „kapitalanteilslose" Mitgliedschaft ist bei einer Personengesellschaft zwar rechtlich möglich, im Falle einer nicht-personalistisch ausgestalteten Kapitalanlagegesellschaft aber wohl schlicht sinnlos.

562 Siehe hierzu oben 4.4.5.2.

563 Vgl. MüKo InsO/*Eidenmüller* § 225a Rn. 50; für eine schwächere Stellung der Anteilseigner im Falle der Nullbewertung schon vor ESUG *Bitter*, ZGR 2010, 147, 189 ff., der diese nur noch als formale Inhaber der wirtschaftlich den Gläubigern zustehenden Gesellschafterposition, mithin als deren Treuhänder, ansieht.

564 Vgl. Begründung zum Regierungsentwurf des ESUG, BT-Drucks. 17/5712, S. 32.

565 AA *K. Schmidt*, ZGR 2012, 566, 580: Bezugsrechtsausschluss nur dann zulässig, wenn von den Altgesellschaftern ein effektiver Beitrag zur planmäßigen Sanierung nicht zu erwarten ist.

unbillig; schließlich steht es Ihnen jederzeit frei, eine (Bar-)Kapitalerhöhung durchzuführen und damit die Insolvenzgründe zu beseitigen (§ 212 InsO).

Zur Verhinderung des Trittbrettfahrertums kann dabei – wie auch außerhalb der Insolvenz durch die „Sanieren oder Ausscheiden"-Rechtsprechung festgestellt – Maßstab für die Wertberechnung nicht der Fortführungswert, sondern vielmehr nur der hypothetische Anteil am aktuellen Liquidationserlös sein. Die im Fortführungswert verkörperten Früchte einer etwaigen Sanierung sollen nur denen zukommen, die sich tatsächlich auch an den Sanierungsmaßnahmen beteiligt haben. Für den Fall, dass ein Altgesellschafter infolge einer gesellschaftsrechtlichen Maßnahme aus wichtigem Grund ausscheidet, ist dieser Bewertungsmaßstab sogar gesetzlich fixiert (§ 225a Abs. 5 S. 1 InsO). Dass es hierbei in der Insolvenzsituation regelmäßig zu einer Nullbewertung der Anteile kommen wird, war dem Gesetzgeber dabei durchaus bewusst.[566]

Im Gegensatz zu den Altgesellschaftern bleiben die Gläubiger stets Herr der Entscheidungen. Sie können nach dem Willen des Gesetzgebers mit Rücksicht auf die verfassungsrechtlich garantierte negative Vereinigungsfreiheit (Art. 9 Abs. 1 GG) nicht zu einer Umwandlung ihrer Forderungen in Eigenkapital gezwungen werden, selbst wenn sie (gruppenintern) oder ihre Gruppe (als Ganze) überstimmt wurden (§§ 225a Abs. 2 S. 2, 230 Abs. 2 InsO).

Das heißt in der Schlussfolgerung, dass die Altgesellschafter auf diesem Wege faktisch aus der Gesellschaft herausgedrängt werden können.

4.4.7 Fazit

Die vorstehenden Untersuchungen haben gezeigt, dass sich das Insolvenzplanverfahren anders als vor der Reform durch das ESUG durchaus zur Sanierung geschlossener Fondsgesellschaften eignet. Entscheidender Faktor ist die nunmehr mögliche Einbeziehung gesellschaftsrechtlicher Maßnahmen in den Insolvenzplan.

Von den genannten strategischen Vorteilen spielt nämlich für geschlossene Fonds die Disziplinierung der Anteilseigner eine besondere Rolle, da die unüberschaubare Vielzahl meist unkoordiniert agierender Anleger ein typisches Restrukturierungshindernis darstellt.

Zwar bestehen – wie oben gezeigt – in einigen Konstellationen auch außerhalb des Insolvenzverfahrens durchaus Mitwirkungspflichten der Anleger aufgrund der gesellschafterlichen Treupflicht. Diese Pflichten sind jedoch im Einzelnen mühsam und langwierig in der Durchsetzung und erfordern meistens

566 Vgl. Begründung zum Regierungsentwurf des ESUG, BT-Drucks. 17/5712, S. 32.

gerichtliche Auseinandersetzungen. Demgegenüber ist das streng formalisierte Planverfahren deutlich berechenbarer.

Gleichwohl ist das Planverfahren längst nicht für jeden Restrukturierungszweck geeignet. Die neuen Regelung ermöglichen zwar vergleichsweise einfachen Zugriff auf die Anteils- und Mitgliedschaftsrechte. Die fast immer zum Gelingen des Konzeptes notwendigen zusätzlichen Beiträge der Gesellschafter lassen sich auf diesem Wege jedoch nicht erzwingen.

Insofern ist das Insolvenzplanverfahren für die Sanierung geschlossener Fondsgesellschaften inzwischen nicht mehr bedeutungslos, aber selbstverständlich auch kein Allheilmittel.

4.5 Eigenverwaltung

4.5.1 Überblick

Kennzeichen der Eigenverwaltung (§§ 270 ff InsO) ist es, dass – wie der Name schon sagt – zwar ein Insolvenzverfahren eröffnet, jedoch kein Insolvenzverwalter bestellt wird. Dem Schuldner verbleibt die Verwaltungs- und Verfügungsbefugnis. Das gibt ihm die Möglichkeit, Liquidations-, aber auch Sanierungskonzepte selbst zu erarbeiten und umzusetzen. Als Kontrollorgan wird jedoch ein Sachwalter zur Überwachung des Schuldners tätig, der dafür sorgen soll, dass letzterer nicht gegen die insolvenzrechtlichen Verteilungsgrundsätze verstößt und etwaige Nachteile für die Gläubiger schnell entdeckt werden (§ 274 Abs. 2, 3 InsO).

Grundsätzlich verspricht sich der Gesetzgeber von der Eigenverwaltung mehrerlei Vorteile, nämlich einen Anreiz für frühzeitige Schuldneranträge, eine höhere Verfahrensökonomie (durch Senkung von Dauer und Kosten des Verfahrens) sowie eine Verbesserung der Sanierungschancen durch die aktive Mitwirkung der sachkundigen, mit Betrieb und Kundschaft vertrauten Geschäftsführung.[567]

4.5.2 Änderungen durch das ESUG

Vor Inkrafttreten der Insolvenzrechtsreform durch das ESUG fristete die Eigenverwaltung weitgehend ein Schattendasein.[568] Das lag zum einen an einem

567 Vgl. Begründung zum Regierungsentwurf der Insolvenzordnung, BT-Drucks. 12/2443, S. 223 ff (Die Eigenverwaltung war in der damaligen Entwurfsfassung in §§ 331 ff. InsO geregelt.). Siehe auch MüKo InsO/*Tetzlaff* Vorb. §§ 270 – 285 Rn. 6.

568 Zu diesem Ergebnis kam auch der Gesetzgeber selbst, vgl. Begründung zum Regierungsentwurf des ESUG, BT-Drucks. 17/5712, S. 17; siehe auch *Hirte/Knof/Mock*, Das neue Insolvenzrecht nach dem ESUG, S. 53.

allgemeinen Misstrauen gegenüber der bisherigen Geschäftsführung, welche schließlich in der Regel die Insolvenz zu verantworten hat. Daneben spielte aber auch eine Rolle, dass nach altem Recht die Anordnung der Eigenverwaltung noch nicht im Eröffnungsverfahren möglich war. Dadurch kam es unweigerlich zu einem mehrwöchigen Übergangszeitraum von Antragstellung bis Verfahrenseröffnung, für den häufig eine vorläufige Insolvenzverwaltung angeordnet wurde. Damit wurde der eigentliche Zweck der Eigenverwaltung, eine zügige Sanierung durch die sachkundige Geschäftsleitung zu fördern,[569] in der Praxis unterlaufen. Dabei sind gerade die ersten Wochen in der zeitkritischen Sanierungssituation oft entscheidend. Der Gesetzgeber hat hierauf reagiert und in § 270a InsO nun die Möglichkeit geschaffen, auch für das Eröffnungsverfahren eine (vorläufige) Eigenverwaltung anzuordnen.

4.5.3 Schutzschirmverfahren

Wesentlicher Bestandteil der Reform durch das ESUG war neben der reformierten Eigenverwaltung die Einführung eines so genannten Schutzschirmverfahrens[570] in § 270b InsO. Dieses Verfahren gewährt dem Schuldner nach erfolgreicher Antragstellung ein – höchstens dreimonatiges – Moratorium im Sinne eines vorläufigen Vollstreckungsschutzes.[571] Diese Periode soll dem Schuldner dazu dienen, unter dem „Schutz" der Insolvenzordnung in eigener Regie einen sanierenden Insolvenzplan („*prepackaged plan*") zu erarbeiten. Nach Einreichung des Plans wird dann das Insolvenzverfahren – in aller Regel mit angeordneter Eigenverwaltung – eröffnet und über den Plan abgestimmt.

Es handelt sich hierbei um ein eigenes, nicht primär auf Gläubigerbefriedigung, sondern tatsächlich von vorneherein auf die Sanierung gerichtetes Verfahren.

4.5.4 Eignung zur Fondssanierung

Um die Eignung der – wie gesehen durch das ESUG stark erweiterten bzw. vereinfachten – Instrumente der §§ 270 ff InsO für die Sanierung geschlossener

569 Im formellen Sinne ist das Ziel der Eigenverwaltung allerdings nicht die Sanierung, sondern eine möglichst effektive und umfassende gemeinschaftliche Befriedigung der Gläubiger; vgl. *Brinkmann/Zipperer*, ZIP 2011, 1337, 1338; siehe zu dieser Problematik auch oben 4.1.

570 Der Begriff des „Schutzschirms" wird zwar im Gesetzestext nicht erwähnt, findet sich aber schon in der Gesetzesbegründung (BT-Drucks. 17/5712, S. 19) und wird allgemein für das Verfahren des § 270b InsO verwendet.

571 Vgl. *Hölzle*, in: Bork/Hölzle, Hdb Insolvenzrecht, Kap. 14 Rn. 76.

Publikumsfonds zu bewerten, muss man sich die Eigenheiten dieser Fonds vor Augen führen (siehe hierzu auch oben 1.3.1 / 1.3.2, S. 39).

Der operative Betrieb eines Fonds besteht in aller Regel nur aus der typischerweise nicht übermäßig komplexen Vermarktung des Wirtschaftsgutes, die gerade bei längerfristiger Überlassung des Anlagegegenstandes[572] weder spezielles Fachwissen noch Kenntnis des konkreten Betriebs oder einen besonders hohen Zeit- oder Einarbeitungsaufwand erfordert. Auch der Insolvenzverwalter wird hierzu in der Regel ohne Weiteres in der Lage sein. Damit fällt der wesentliche Beweggrund für die Eigenverwaltung bereits weg.

Die wirtschaftliche Situation einer in Schieflage geratenen Fonds-Gesellschaft ist insbesondere davon gekennzeichnet, dass auf der operativen Ebene praktisch kein Sanierungspotential vorhanden ist und daher fast ausschließlich finanzwirtschaftliche Sanierungsmaßnahmen zur Verfügung stehen. Auch besteht der Kreis der Betroffenen nicht aus einem unübersichtlichen Geflecht diverser (untereinander gegebenenfalls um Befriedigung konkurrierender) Zulieferer, Abnehmer, Darlehensgeber und Arbeitnehmer. Meist handelt es sich um einen recht überschaubaren Kreis aus den finanzierenden Banken und den Anlegern.

Daher verlaufen die Konfliktlinien relativ klar und vorhersehbar: Entweder es gelingt, einen Kompromiss unter den Gesellschaftern und den Banken über ihre zusätzlichen Beiträge herzustellen und eine weitere Finanzierungsrunde auf die Beine zu stellen, oder eben nicht. Es ist letztlich kein Vorteil ersichtlich, der sich hinsichtlich dieser Verhandlungen aus Eigenverwaltung oder Schutzschirmverfahren ergibt.

Da die strategische Nutzung des Insolvenz(plan)verfahrens auch in Zukunft auf besondere Konstellationen beschränkt bleiben dürfte (siehe das Fazit hierzu oben 4.4.7, S. 189), bedeutet die Einleitung eines Insolvenzverfahrens bei einem Publikumsfonds ohnehin in aller Regel das Scheitern der Sanierungsbemühungen und damit die anschließende Liquidation. Auch hier ist wiederum nicht ersichtlich, warum ein Insolvenzverwalter das (einzelne) Wirtschaftsgut nicht ebenso gut verwerten können sollte wie die bisherige Geschäftsführung des Fonds.

Positiv könnte sich im Rahmen der Liquidation allenfalls der Kostenfaktor bemerkbar machen, da der im Falle einer Eigenverwaltung zu bestellende Sachwalter gemäß § 12 Abs. 1 InsVV[573] nur 60% der Vergütung eines vollwertigen

572 So etwa bei Immobilien, für die oft Mietverträge mit langen Laufzeiten abgeschlossen werden.

573 Amtlich: Insolvenzrechtliche Vergütungsverordnung vom 19. August 1998, BGBl. I S. 2205.

Insolvenzverwalters erhält. Allerdings ist schon fraglich, ob diese in der Praxis häufig kaum spürbare[574] Kostenersparnis den zusätzlichen Aufwand und das Risiko einer suboptimalen Verwertung durch die bisherige Geschäftsführung rechtfertigt.

Somit stellt die Eigenverwaltung einschließlich des Schutzschirmverfahrens auch nach der Reform durch das ESUG keine praxistaugliche Alternative für die Fondssanierung dar.[575]

---

574 Vgl. *Hölzle*, in: Bork/Hölzle, Hdb Insolvenzrecht, Kap. 14 Rn. 6.

575 Ähnlich kritisch (schon zur Rechtslage vor ESUG) *Walch*, Die Sanierung der Immobilienfondsgesellschaft, S. 246 ff.

5. Sanierungsplattformen

5.1 Allgemeines

Einige typische Branchen für geschlossene Fonds, allen voran die Frachtschifffahrt, befinden sich seit vielen Jahren in einer schweren und dauerhaften Krise.[576] Darunter leiden alle Beteiligten, also nicht nur die Anleger, sondern auch die Initiatoren und die finanzierenden Banken, die auf teils immensen Portfolios nicht werthaltiger – „fauler" – Kredite sitzen.

Viele Restrukturierungen gehen bereits in die zweite oder dritte Runde, da angesichts des für viele Fonds so schwierigen Marktumfeldes und der schleppenden Erholung der Weltwirtschaft zahlreiche Sanierungskonzepte aus den ersten Krisenjahren nicht aufgegangen sind und nachgeschossenes Eigenkapital schon wieder aufgezehrt ist. Die Bereitschaft zu weiteren Eigenkapitalspritzen fällt daher im Kreise der Anleger vielfach noch geringer aus als dies ohnehin der Fall ist. Schließlich lag etwa bei Schiffsfonds der Sanierungsaufwand allein in den ersten Krisenjahren 2009 und 2010 schon bei rund 10 Prozent des zuvor eingesammelten Gesamtkapitals.

Die Sanierungspraxis ist daher auf der Suche nach alternativen Sanierungsmethoden, um die darbenden Fonds vor der Insolvenz und der daraus unweigerlich resultierenden Wertvernichtung bei Abwicklung zu Zerschlagungswerten zu bewahren. In jüngerer Zeit fällt dabei regelmäßig das Stichwort der „Sanierungsplattform". Dabei handelt es sich nicht etwa um eine konkrete Sanierungsmethode, sondern eher um einen sehr losen Überbegriff für diverse verschiedene Ansätze, die Kräfte von am Markt als „Einzelkämpfer" agierenden Fonds in einer ebensolchen Sanierungsplattform zu bündeln.

5.2 Gängige Modelle

5.2.1 Operative Sanierungsplattform

Die operative Sanierungsplattform (teilweise auch als „Parkplatzlösung" bezeichnet)[577] als einfachste Form der Sanierungsplattform beschränkt sich auf eine Bündelung des operativen Geschäfts des Fonds, also etwa der Immobilienverwaltung oder Bereederung, bei einem einheitlichen Leistungserbringer

---

576 Für einen Überblick zu aktuellen Zahlen und Marktdaten siehe oben 1.2.2.2.

577 So bei *Giese/Krüger*, HANSA International Maritime Journal 11/2013, 40.

anstelle einer einzelnen Beauftragung entsprechender Dienstleister oder einer Bewirtschaftung durch die Gesellschaft selbst.

Durch die einheitliche Bewirtschaftung sollen Skalen- und Synergieeffekte ausgenutzt werden, um die Betriebskosten zu senken und somit die Ertragskraft der einzelnen Fonds-Gesellschaften zu stärken.

Finanzierungsstruktur und gesellschaftsrechtliche Verhältnisse bleiben bei dieser Variante unangetastet. Dadurch ist sie – falls die Gesellschaft nicht durch langfristige Verträge anderweitig gebunden ist – vergleichsweise leicht umsetzbar,[578] bietet jedoch im Regelfall auch nur wenig Einsparpotential.

5.2.2 Dach-KG-Modell

Ein weiterer Ansatz ist das Dach-KG-Model (auch als „Master-KG"-Modell bezeichnet).[579] Zusätzlich zu der Bündelung des operativen Geschäfts werden hierbei die Anlageobjekte (Schiffe, Immobilien, etc.) mehrerer Fonds in eine eigens dafür gegründete Kommanditgesellschaft eingebracht. Die Anleger bleiben mittelbar über die ursprünglichen Fonds-KGs an der neuen Dachgesellschaft beteiligt.

Wirtschaftlich bietet diese Lösung den Vorteil, dass die finanzierenden Banken dank der Überkreuzbesicherung der verschiedenen Objekte und des einfacheren Portfoliomanagements günstigere Kreditkonditionen anbieten können. Allerdings muss zum Gelingen dieses Modells tatsächlich die gesamte Finanzierung umgestellt und neu verhandelt werden. Sinnvoll durchführbar ist der Ansatz daher vor allem dann, wenn alle beteiligten Fonds schon vorher von der selben Bank finanziert wurden, da ansonsten die Verhandlungen wohl zu komplex werden.

5.2.3 Operative-AG-Modell

Ebenfalls in der Diskussion ist ein Konzept, bei dem eine operativ im Bereich der jeweiligen Fondsgesellschaften tätige Aktiengesellschaft diesen anbietet, durch Einbringung des Anlageobjektes im Rahmen einer Sachkapitalerhöhung Aktien

---

578 Bei Schiffsfonds gilt es jedoch zu beachten, dass der „Tonnagesteuererlass" (amtlich: Schreiben des Bundesministeriums der Finanzen vom 12. Juni 2002, BStBl. I S. 614, geändert durch Schreiben vom 31. Oktober 2008, BStBl. I S. 956) eine „fast ausschließliche" Bereederung im Inland fordert, sodass eine Beauftragung (preisgünstiger) ausländischer Dienstleister nicht in Betracht kommt; siehe hierzu auch *Giese/Krüger*, HANSA International Maritime Journal 11/2013, 40, 41.

579 Vgl. etwa bei *Förster*, HANSA International Maritime Journal 12/2012, 56, 57 f.

zu beziehen, die anschließend auf die Altgesellschafter verteilt werden. Somit soll die Kommanditbeteiligung der Anleger sich im Ergebnis in eine Aktienbeteiligung an der Plattform-AG verwandeln.[580]

5.2.4 Investoren-Plattform-Modell

Ein prinzipiell ähnlicher Ansatz liegt dem Investoren-Plattform-Modell zugrunde. Hierbei gründen neue Investoren eine (Kapital-) Gesellschaft, die anschließend die Anlageobjekte einzelner, notleidender Fonds aufkauft.

Der Kaufpreis wird dabei so gewählt, dass er gerade ausreicht, um die offenen Verbindlichkeiten der Fondsgesellschaft – also vor allem deren Bankdarlehen – zu tilgen. Für die Anleger bleibt von dem Verkaufserlös folglich nichts übrig. Sie sind an der neuen Gesellschaft typischerweise auch nicht mehr beteiligt und partizipieren an deren weiterer wirtschaftlicher Entwicklung allenfalls im Wege eines (in manchen Konstellationen) ausgestellten Besserungsscheins.[581]

Das frische Kapital kommt dabei meist nicht von Privatanlegern,[582] sondern von institutionellen Investoren, teilweise gemeinsam mit Unternehmen aus der jeweiligen operativen Branche (zum Beispiel Reedereien).[583] Diese spekulieren

580 Siehe zu solchen Konzepten manager magazin vom 06.02.2015, „18.000 Schiffsfonds-Anleger sollen zu Lloyd-Fonds-Aktionären werden", abrufbar unter http://www.manager-magazin.de/finanzen/artikel/lloyd-fonds-18000-schiffsfonds-anleger-sollen-zu-aktionaeren-werden-a-1017191.html ; Fonds Professionell vom 09.02.2015, „Schiffsfonds: Lloyd Fonds will Anleger zu Aktionären machen", abrufbar unter http://www.fondsprofessionell.de/news/news-products/nid/schiffsfonds-lloyd-fonds-will-anleger-zu-aktionaeren-machen . Dieses beispielhafte Konzept der Lloyd Fonds AG ist jedoch am Widerstand der Anleger vorerst gescheitert, vgl. Meldung von dpa-AFX vom 02.04.2015, „Lloyd Fonds Aktiengesellschaft: Nur eine von elf KGs stimmt dem Angebot mit der erforderlichen Mehrheit von 75% zu. Schifffahrts AG wird weiter umgesetzt".

581 Zu beispielhaften Konzepten vgl. Die Welt vom 19.11.2013, „Die Schifffahrt hilft sich selbst", abrufbar unter http://www.welt.de/114925333 ; manager magazin vom 20.01.2014, „Schicksalsfrage für 6000 Fondsanleger", abrufbar unter http://www.manager-magazin.de/finanzen/artikel/schiffsfonds-ideenkapital-plant-pool-fuer-15-schiffe-a-944416.html.

582 Mittlerweile wurden auch erste Fonds aufgelegt, die mit Mitteln von Privatanlegern arbeiten, vgl. Focus Money 26/2014, S. 68, „Investieren bei rauer See", abrufbar unter http://www.focus.de/finanzen/steuern/geschlossene-fonds-investieren-bei-rauer-see_id_3928919.html.

583 Vgl. als typisches Beispiel das ursprünglich von der Lloyd Fonds AG verfolgte Konzept, siehe Cash.Online vom 09.07.2012, „Lloyd Fonds moniert Medienberichte

auf eine Markterholung und kaufen die Objekte in der Krise billig ein, um sie später um so profitabler betreiben oder weiterveräußern zu können.[584]

Finanziert werden die Aufkäufe zu einem nur geringen Teil mit Eigenkapital des Investors, vor allem aber durch Bankdarlehen. Hierbei engagieren sich häufig die Banken, die schon die ursprünglichen Fonds-Gesellschaften finanziert haben. Für sie besteht der Reiz darin, dass durch den Kaufpreis das ursprüngliche Darlehen abgelöst und durch ein mutmaßlich werthaltigeres an die Plattform-Gesellschaft ersetzt wird, wodurch Abschreibungsverluste verhindert werden.[585] Die bei dem Dach-KG-Modell (siehe oben 5.2.2, S. 196) genannten Vorteile der Vereinfachung des Portfolio-Managements und der Überkreuzbesicherung der einzelnen Objekte kommen den Banken zusätzlich zugute, weswegen sie häufig zu unterstützenden Stundungen oder Teilerlassen bereit sein werden.[586]

Die Anleger verlieren ihre dabei Einlage vollständig. Für sie liegt der Anreiz darin, dass die Banken dafür auf die Geltendmachung weiterer Ansprüche verzichten. Dadurch können die Altgesellschafter wenigstens „zu Null" die Gesellschaft liquidieren und laufen nicht Gefahr, Rückforderungs- oder Haftungsansprüchen wegen erfolgter Substanzausschüttungen (siehe hierzu eingehend oben 3.1.4, S. 81 ff) ausgesetzt zu werden. Ausreichende Sicherheit bietet dieses Vorgehen allerdings nur dann, wenn die beteiligten Banken gleichzeitig die einzigen (nennenswerten) Gläubiger der Gesellschaft sind. Dritten Gläubigern bleibt es schließlich unbenommen, auch nach Liquidation der Gesellschaft innerhalb der fünfjährigen Nachhaftungsfrist (§§ 161 Abs. 2, 159 Abs. 1 HGB)[587] etwaige Ansprüche gegen die Kommanditisten geltend zu machen.

---

zum Sanierungskonzept", abrufbar unter http://www.cash-online.de/maerkte/2012/sanierungskonzept/85477.

584 Vgl. hierzu manager magazin vom 18.02.2014, „Finanzinvestoren auf Schnäppchenjagd", abrufbar unter http://www.manager-magazin.de/finanzen/artikel/schiff fahrtskrise-finanzinvestoren-auf-schnaeppchenjagd-a-954134.html , sowie vom 03.09.2014,„ Finanzinvestoren spekulieren auf Ende der Schifffahrts-Krise", abrufbar unter http://www.manager-magazin.de/finanzen/artikel/ideenkapital-apollo-fonds-kauft-14-frachter-aus-navalia-fonds-a-989453.html.

585 Vgl. hierzu auch *Rathmann*, HANSA International Maritime Journal 6/2013, 96; kritisch hingegen procontra vom 26.08.2013, abrufbar unter: http://www.procontra-online.de/artikel/date/2013/08/viel-gegenwind-fuer-schiffsfonds/.

586 Vgl. zur Rolle insbesondere der schiffsfinanzierenden Banken *Topp*, Handelsblatt Journal „Restrukturierung – Sanierung – Insolvenz" März 2015, 18, 19.

587 Im Sinne der angestrebten wirtschaftlichen Gleichstellung mittelbar und unmittelbar beteiligter Anleger verjähren auch die parallel zu der Außenhaftung des Treuhänders nach § 172 Abs. 4 HGB entstehenden Freistellungsansprüche gegen den Treugeber

Von dem im Gegenzug häufig gewährten Besserungsschein dürften die Anleger indes in den wenigsten Fällen profitieren. Schließlich müssen aus den erhofften zukünftigen Erträgen zunächst die Profitinteressen der Investoren umfassend bedient werden, für die sich anderenfalls das Investitionsrisiko nicht lohnen würde.[588] Daher kommt es wohl nur unter optimalen Bedingungen in der Zukunft zu Ausschüttungen an Anleger, weswegen diese einer solchen Plattformlösung meist skeptisch gegenüberstehen.

In der Praxis ist die Investoren-Plattform-Lösung dennoch – oder vielleicht gerade deswegen – für viele Fondsgesellschaften die einzige gangbare Alternative zur Sanierung. Die Banken sind vielfach nicht mehr bereit, innerhalb der bisherigen Strukturen weitere Zugeständnisse zu machen. Darüber hinaus stellt dieses Modell einen Weg dar, auf dem frisches Kapital von bisher noch nicht beteiligten Dritten eingeworben werden kann. Das ist ein absoluter Ausnahmefall, da Investoren üblicherweise einen großen Bogen um notleidende Publikumsfonds machen.

Im Vergleich zu den operativen Sanierungsplattformen (5.2.1) und dem Dach-KG-Modell (5.2.2), die isoliert vorgenommen meist nur geringes Einsparpotential bergen, stellt das Investorenplattformmodell ein durchaus taugliches Werkzeug zur Sanierung des operativen Geschäftsbetriebs der Fonds dar. Wenn in der öffentlichen Diskussion hoffnungsvoll von Sanierungsplattformen als letztem Ausweg die Rede ist,[589] ist daher in aller Regel das Investoren-Plattform-Modell gemeint. Die weiteren Ausführungen beziehen sich daher alle auf diese Variante.

5.3 Umsetzung und rechtliche Probleme

Kernstück der Umsetzung des Investoren-Plattform-Modells ist, wie oben bereits geschildert, die Veräußerung des Anlageobjekts des Fonds an die

---

(siehe oben 2.5.2, S. 68) aufgrund analoger Anwendung des § 159 HGB innerhalb der fünfjährigen Sonderverjährungsfrist ab dem Zeitpunkt der Liquidation, OLG Stuttgart NZG 2010, 716, 718 f; MüKo HGB/*K. Schmidt* § 159 Rn. 21; kritisch hierzu *Wagner*, NZG 2009, 733, 736.

588 Die Investoren planen offenbar regelmäßig mit einer Eigenkapitalverzinsung im zweistelligen Prozentbereich, vgl. manager magazin vom 20.01.2014, „Schicksalsfrage für 6000 Fondsanleger", abrufbar unter http://www.manager-magazin.de/finanzen/artikel/schiffsfonds-ideenkapital-plant-pool-fuer-15-schiffe-a-944416.html.

589 Vgl. etwa Die Welt vom 19.11.2013, „Die Schifffahrt hilft sich selbst", abrufbar unter http://www.welt.de/114925333 ; *Rathmann*, HANSA International Maritime Journal 6/2013, 96: „rettender Strohhalm".

Plattform-Gesellschaft und die anschließende Liquidation der nunmehr ausgehöhlten Ein-Objekt-KG.

Dabei handelt es sich de facto um eine Spielart einer „übertragenden Sanierungen“[590] im Wege eines *„asset deals“*, also durch Übertragung der Betriebsgüter anstelle der Gesellschaftsanteile.

5.3.1 Tatsächliche Voraussetzungen

Tatsächliche Voraussetzung der Umsetzung ist, dass zwischen den beteiligten Banken, dem neuen Investor sowie der – in der Regel von dem Fondsinitiator kontrollierten – Geschäftsführung des Fonds grundsätzliches Einvernehmen über die vorzunehmenden Maßnahmen herrscht. Dazu sind im Vorfeld umfangreiche Verhandlungen, insbesondere über Stundungen und Erlasse der Banken, notwendig.

Ist in diesem Bereich zwischen den Parteien ausreichende Übereinkunft erzielt, so stellen die (Alt-)Gesellschafter der einzelnen Fonds-KGs das größte Hindernis bei der Umsetzung dar. Schließlich bedeutet die Investorenplattformlösung für sie, ihr Investment endgültig abzuschreiben und – abgesehen von äußerst vagen Hoffnungen auf Gewinnbeteiligungen in der Zukunft – komplett aufzugeben.

5.3.2 Generelle Erwägungen bei übertragenden Sanierungen

Die übertragende Sanierung hat sich im Kanon der Sanierungsinstrumente mittlerweile in der Praxis fest etabliert. Ihr besonderer Vorteil liegt darin, dass sie eine effiziente Abkopplung der Aktiva des Unternehmens von dem Unternehmensträger – und damit sowohl von den Gläubigern als auch von den Gesellschaftern – ermöglicht.[591]

Diese Abtrennung schlägt jedoch in manchen Belangen von einem Vorteil in einen Nachteil um: So besteht die Gefahr, dass der Unternehmenswert erheblich leidet, weil betriebswichtige rechtsträgerspezifische Rechtspositionen nicht gemeinsam mit dem Betrieb veräußert werden können.

---

590 Diesen Begriff geprägt hat *K. Schmidt*, ZIP 1980, 328, 336.

591 Allgemein zur übertragenden Sanierung vgl. *Wellensiek*, NZI 2002, 233; *Hagebusch/Oberle*, NZI 2006, 618; *Falk/Schäfer*, ZIP 2004, 1337; *Fröhlich/Köchling*, ZInsO 2005, 1121.

5.3.2.1 Erhalt öffentlich-rechtlicher Positionen

Das betrifft zum einen öffentlich-rechtliche Genehmigungen oder Konzessionen.[592] In manchen Gewerbezweigen ist ein Betrieb ohne solche Rechtspositionen nicht möglich, und eine Neubeantragung würde zu viel Zeit und Geld verschlingen.

Hier kommt den geschlossenen Fonds zugute, dass – gerade bei komplexeren Aufgaben – das operative Geschäft regelmäßig nicht von der Fondsgesellschaft selbst, sondern von einem entsprechend qualifizierten Vertragspartner durchgeführt wird. Während genehmigungsfreie Aufgaben wie Immobilienverwaltung mitunter noch bei der Gesellschaft selbst (bzw. bei ihrer Komplementär-GmbH) angesiedelt sind, betreiben etwa Flugzeugfonds das nach §§ 20, 21 LuftVG (Luftverkehrsgesetz) genehmigungspflichtige operative Geschäft nie selbst, sondern beschränken sich auf die Vermietung bzw. das Leasing. Auch solche Schiffsfonds, die direkt Transportleistungen anbieten, bedienen sich zur Bereederung ihrer Schiffe in aller Regel eines Vertragsreeders, der dann entsprechend akkreditiertes Personal (zum Beispiel den Schiffskapitän, vgl. § 5 Seearbeitsgesetz) vorhalten muss.

Somit ist dieser Punkt für geschlossene Fonds insgesamt ohne große Bedeutung.

5.3.2.2 Erhalt privatrechtlicher Positionen

Ein weiterer zu beachtender Gesichtspunkt sind laufende privatrechtliche Verträge der Gesellschaft.

Hierbei sind zunächst zwei Gruppen von Verträgen zu unterscheiden, nämlich einerseits die rein finanzwirtschaftlichen (Darlehens-)Verträge mit Banken und andererseits die Vertragsverhältnisse im operativen Bereich.

5.3.2.2.1 Finanzwirtschaftliche Vertragsverhältnisse

Bei der ersten Gruppe, den Schuldverhältnissen mit Banken, liegen die Herausforderungen wie eingangs erläutert weniger im rechtlichen als eher im tatsächlichen Bereich: Da bei dem hier betrachteten Plattformmodell die Banken auf beiden Seiten der Transaktion sitzen, ist die Befriedigung, der Erlass oder die Überleitung der bisherigen Darlehensverhältnisse Kernstück der Verhandlungen, die der gesamten Plattformkonstruktion zugrunde liegen. Die strittigen Punkte müssen also in beiderseitigem Einvernehmen gelöst

592 Vgl. *Eidenmüller/Engert*, ZIP 2009, 541, 542; *Sassenrath*, ZIP 2003, 1517; *Stapper*, ZInsO 2009, 2361.

werden. Ansonsten scheitert die gesamte Plattformstrategie und es kommt erst gar nicht zur Umsetzung.

5.3.2.2.2 Operative Vertragsverhältnisse

5.3.2.2.2.1 Allgemein

Problematischer sind die Vertragsverhältnisse im operativen Bereich. Schuldrechtliche Verträge können schließlich nicht ohne Weiteres mit dem veräußerten Anlageobjekt übertragen werden. Die Übernahme eines Vertrages kann eben nicht durch ein schlichtes Auswechseln des Gläubigers im Wege der (Forderungs-) Abtretung nach § 398 BGB erfolgen, sondern setzt ein dreiseitiges Rechtsgeschäft unter Mitwirkung des jeweiligen Vertragspartners voraus.[593] Ist dieser nicht einverstanden, scheidet eine Übertragung aus.

Bestehen langfristige Verträge mit Abnehmern des Anlageobjekts bzw. mit externen Dienstleistern, so ist dieser Punkt durchaus zu beachten. Sind für den Fall eines Neuabschlusses aufgrund des mittlerweile schwächeren Marktumfeldes vergleichbar günstige Konditionen nicht zu erzielen, so kann dies nämlich ein beträchtliches Hindernis für die erfolgreiche Umsetzung der Plattformstrategie sein.

Weniger bedeutsam ist dies für Fonds, deren Bewirtschaftungsmodell den Abschluss immer neuer Einzelverträge vorsieht. Dies ist etwa bei Schiffsfonds der Fall, die im Regelfall keine längerfristigen Vereinbarungen haben, sondern ihr Schiff auftragsweise zu den jeweils aktuellen Frachtraten anbieten bzw. zum aktuellen Marktpreis an Reedereien verchartern.

5.3.2.2.2.2 Sonderregelungen

Umgekehrt ist für viele relevante Mietverhältnisse die Sondervorschrift des § 566 BGB („Kauf bricht nicht Miete“) zu beachten. Sie sieht zum Schutz des Mieters eine gewisse „Verdinglichung“ des Mietverhältnisses vor, wodurch das Mietverhältnis bei Veräußerung der Mietsache in unveränderter Form mit dem Erwerber fortgeführt wird.[594] Unmittelbar gilt § 566 BGB zwar nur für Mietverhältnisse über Wohnraum. Über diverse Verweisungsvorschriften ist die Norm allerdings auch auf andere für Fonds relevante Gegenstände wie die Vermietung von Büro- und Gewerbeimmobilien (§ 578 Abs. 2 S. 1, Abs. 1 BGB), eingetragenen

593 Zu den konstruktiven Möglichkeiten einer Vertragsübernahme vgl. MüKo BGB/*Roth/Kieninger* § 398 Rn. 4 ff; 190 ff.

594 Vgl. hierzu MüKo BGB/*Häublein* § 566 Rn. 1 ff.

Seeschiffen (§ 578a Abs. 1 BGB) und Flugzeugen (§ 98 Abs. 2 S. 1 LuftRG[595] iVm. § 578a Abs. 1 BGB) anwendbar.

Ein gesetzliches Sonderkündigungsrecht zugunsten des Erwerbers besteht dabei grundsätzlich nicht. Ist die Weiterführung bestehender Mietverträge unerwünscht, etwa weil das Anlageobjekt im Zuge der Poolbildung umgenutzt werden soll, kann auch dies ein Umsetzungshindernis darstellen.

Grundsätzlich entfaltet § 613a BGB bei (Teil-) Betriebsübergängen eine ähnliche Wirkung und sorgt dafür, dass Arbeitsverhältnisse mit dem Erwerber fortgeführt werden. Bei der übertragenden Sanierung üblicher Wirtschaftsunternehmen stellt das ein erhebliches Hindernis dar.[596] Da geschlossene Fonds jedoch in aller Regel keine Arbeitnehmer beschäftigen, ist die Vorschrift hier jedoch ohne praktische Relevanz.

5.3.2.2.2.3 Haftung für Verbindlichkeiten nach § 419 BGB a.F.

Mittlerweile ebenfalls ohne Belang ist die ehedem vielgescholtene[597] und mit Inkrafttreten der Insolvenzordnung gestrichene[598] Vorschrift des § 419 BGB a.F., wonach bei Vermögensübertragungen der Erwerber für Verbindlichkeiten des bisherigen Schuldners haftete. Damit ist ein erhebliches Hindernis für übertragende Sanierungen weggefallen.

5.3.2.3 Erhalt steuerrechtlicher Positionen

5.3.2.3.1 Verlustvorträge

Eine Erwägung, die in der Sanierungspraxis häufig gegen eine übertragende Sanierung spricht, ist der Wegfall der steuerlichen Verlustvorträge, da diese an dem bisherigen Unternehmensträger hängen und nicht übertragen werden können. Fonds in Form von Publikums-Personengesellschaften werden jedoch nach § 18 InvStG (Investmentsteuergesetz) steuerlich wie normale Personengesellschaften behandelt. Auf der Ebene der Gesellschaft fällt daher allenfalls Gewerbesteuer an.[599] Selbst das ist aber eher die Ausnahme, da viele geschlossene Fonds durch entsprechende gesellschaftsvertragliche Regelungen im Sinne des

---

595 Amtlich: Gesetz über Rechte an Luftfahrzeugen vom 26. Februar 1959.

596 Vgl. hierzu die Studie bei *Bitter/Röder*, ZInsO 2009, 1283, 1290; allgemein zu arbeitsrechtlichen Hindernissen der übertragenden Sanierung *Danko*, in: FS Kübler, S. 99.

597 Vgl. hierzu eingehend *Peters*, JR 1992, 405 mit weiteren Nachweisen.

598 Aufgehoben mit Wirkung zum 01.01.1999; für Altfälle gilt Art. 223a EGBGB.

599 Vgl. zu gewerbesteuerrechtlichen Verlustvorträgen bei Personengesellschaften *Lüdicke*, in: Lüdicke/Sistermann, Unternehmensteuerrecht, § 1 Rn. 92 f.

§ 15 Abs. 3 Nr. 2 S. 1 EStG „gewerblich entprägt" und daher im steuerlichen Sinne nur vermögensverwaltend sind.[600] Entgegen anfangs geäußerter Zweifel ist das auch nach Inkrafttreten des KAGB unverändert möglich.[601] Der Erhalt von Verlustvorträgen spielt daher für den Erfolg einer Plattformstrategie keine Rolle.

5.3.2.3.2 Tonnagegewinnermittlung

Zu beachten ist bei Schiffsfonds, dass die für deren Wirtschaftlichkeit oft entscheidende Tonnagegewinnermittlung nicht automatisch, sondern erst auf Antrag des Steuerpflichtigen greift (§ 5a Abs. 1 S. 1 EStG). Auch diese steuerrechtliche Position ist nicht übertragbar, weswegen ein entsprechender Antrag auf Ebene der Plattformgesellschaft neu gestellt werden muss.

Auf Seiten der veräußernden Gesellschaft und ihrer Anleger ist zu berücksichtigen, dass bei Veräußerung des Schiffes ein etwaiger Unterschiedsbetrag wegen nachträglichen Wechsels zur Tonnagegewinnermittlung steuerpflichtig aufzulösen ist. Das betrifft insbesondere solche Fonds, die das zwischen 1999 und 2005 verbreitete „Kombi-Modell" genutzt haben (siehe hierzu oben 2.2.2.3, S. 56).

5.3.2.3.3 Haftung für Steuerschulden nach § 75 AO

Anders als seine zivilrechtliche „Schwestervorschrift"[602] in § 419 BGB a.F. (siehe oben 5.3.2.2.2.3, S. 203) ist § 75 Abs. 1 AO nach wie vor in Kraft. Gemäß dieser Norm haftet derjenige, der einen Betrieb oder Teilbetrieb „im Ganzen" erwirbt, für die rückständigen betrieblichen Steuern des Veräußerers. Betriebliche Steuern sind die betrieblich veranlassten Verbrauchsteuern, die Umsatzsteuer und vor allem die Gewerbesteuer.[603]

Die Begriffe des Unternehmens und des Betriebs werden dabei vom Bundesfinanzhof sehr weit ausgelegt. Grundsätzlich genügt zur Erfüllung des Tatbestands

---

600 Vgl. zu Hintergründen und Technik der gewerblichen Entprägung *Sagasser/Schlösser*, in: Assmann/Schütze, Hdb. KapitalanlageR, § 27 Rn. 305 f.

601 Vgl. *Wagner*, ZfBR 2015, 113, 116; *Mardini*, „Gewerbliche Prägung und Entprägung von geschlossenen Fonds – sticht Aufsichtsrecht das Steuerrecht?", Steuerboard DB0662555, abrufbar unter http://www.der-betrieb.de/content/dft,0,662555,Mardini; zu der gerichtlich bislang ungeklärten Frage, ob eine gewerbliche Entprägung auch im Falle der Bestellung einer externen Kapitalverwaltungsgesellschaft im Sinne des § 154 KAGB möglich ist vgl. eingehend *Rüber/Reiff*, BB 2014, 1634.

602 Zum Verhältnis von § 419 BGB a.F. und § 75 AO vgl. Klein AO/*Rüsken* § 75 Rn. 3.

603 Vgl. *Intemann*, in: Pahlke/Koenig, AO, § 75 Rn. 41.

auch die Übereignung unternehmerisch vermieteter Vermögensgegenstände.[604] Da mit dem einzigen Anlageobjekt die Betriebsgrundlage des Fonds im Wesentlichen vollständig auf den Erwerber übergeht,[605] ist auch das Kriterium der Übertragung „im Ganzen" erfüllt.

Da jedoch – wie oben bereits erwähnt – beinahe alle Fonds gewerblich entprägt sind, spielen rückständige Gewerbesteuern praktisch kaum eine Rolle. Obendrein ist schon zweifelhaft, ob die rein vermögensverwaltende Vermietung überhaupt dem Unternehmensbegriff des § 75 AO unterfällt.[606]

Bei Erwerb von Betrieben aus einer Insolvenzmasse entfällt gemäß § 75 Abs. 2 AO die Haftung ohnehin, weswegen die Regelung nach Eröffnung des Insolvenzverfahrens über das Vermögen der Fondsgesellschaft erst recht keine Rolle spielt.

5.3.2.4 Zwischenfazit

Nach den vorstehenden Betrachtungen ergibt sich, dass einer Plattformlösung im Wege der übertragenden Sanierung bei geschlossenen Fonds keine grundsätzlichen Erwägungen entgegenstehen. Je nach Ziel der Sanierung ist allerdings aufgrund verbleibender Fallstricke eine gründliche individuelle Untersuchung angezeigt. Schon wegen der erheblichen Abhängigkeit von Zugeständnissen seitens der Banken und der daraus resultierenden sehr unterschiedlichen Ausgangspositionen sind keine schematischen Lösungen möglich.

5.3.3 Durchführung außerhalb des Insolvenzverfahrens

5.3.3.1 Allgemeines

Die Verhandlungen und die Vorbereitung der Veräußerung des Anlagegegenstandes an die Plattformgesellschaft fallen als typische Geschäftsführungsmaßnahme in den Zuständigkeitsbereich der Geschäftsführung des Fonds, praktisch also der Geschäftsführer der Komplementär-GmbH.

5.3.3.2 Notwendigkeit eines Gesellschafterbeschlusses

Die Umsetzung der Plattformstrategie setzt jedoch auch immer die Mitwirkung der Gesellschafter voraus.

---

604 Vgl. BFH DStR 1993, 1256; DStRE 2011, 701, 702.

605 So die Formel des BFH, vgl. etwa DStRE 2011, 701, 702; Klein AO/*Rüsken* § 75 Rn. 15.

606 Vgl. *Loose*, in: Tipke/Kruse, AO, § 75 Rn. 6; Klein AO/*Rüsken* § 75 Rn. 8.

Die Veräußerung des einzigen Anlageobjektes bedeutet automatisch die Beendigung jeglicher wirtschaftlicher Aktivität des Fonds und kommt daher bei einer Ein-Objekt-Gesellschaft einer „stillen Liquidation“ gleich. Es bedarf in solchen Situationen in der Regel nicht einmal eines gesonderten Auflösungsbeschlusses im Sinne des § 131 Abs. 1 Nr. 2 HGB, da die Auflösung als konkludent mitbeschlossen gilt.[607]

Wegen dieser besonderen Tragweite handelt es sich bei dem Verkauf nicht nur um ein außergewöhnliches, sondern sogar um ein Grundlagengeschäft (siehe dazu auch oben 3.2.3, S.). Unabhängig davon, ob der Gesellschaftsvertrag der Fonds-KG für außergewöhnliche Geschäfte die Mitspracherechte der Gesellschafter aus §§ 164 S. 1 bzw. 116 Abs. 2 HGB abbedingt oder aufrecht erhält, ist zur Durchführung eines solchen Grundlagengeschäfts ein Gesellschafterbeschluss notwendig.

5.3.3.3 Mehrheitsbeschluss

5.3.3.3.1 Grundsatz

Prinzipiell gilt für einen solchen Beschluss über die Veräußerung des einzigen Wirtschaftsgutes das Gleiche, was für alle anderen Beschlüsse auch gilt: Nach dem gesetzlichen Leitbild ist er einstimmig zu fassen, jedoch kann der Gesellschaftsvertrag hierfür grundsätzlich das Mehrheitsprinzip vorsehen.[608] Insoweit kann auf die umfangreichen Ausführungen zu Mehrheitsentscheidungen verwiesen werden (siehe oben Abschnitte 3.2.4 und 3.2.5, S. 110 ff).

Gemäß der hier vertretenen Ansicht genügt nach der endgültigen Aufgabe des Bestimmtheitsgrundsatzes durch den BGH prinzipiell eine unmissverständliche Klausel, die das Mehrheitsprinzip generell für anwendbar erklärt, um sämtliche Beschlussgegenstände – einschließlich Vertragsänderungen und eben auch der Auflösung – abzudecken.[609] Einschränkungen ergeben sich daher hinsichtlich der Mehrheitsauflösung nur dann, wenn – was häufig der Fall sein dürfte – die gesellschaftsvertragliche Klausel nicht generell formuliert ist, sondern einzelne Beschlussgegenstände erwähnt. Ob etwa die Erwähnung von mehrheitlichen Vertragsänderungen auch die Auflösung der Gesellschaft oder den Verkauf des einzigen Wirtschaftsgutes umfasst, ist dann durch Auslegung nach den allgemeinen

---

607 Vgl. BGH BB 1958, 891; OLG Hamm DB 1989, 815; *Kindler*, in: Koller/Kindler/Roth/Morck, HGB, § 131 Rn. 3; aA wohl KG NJW-RR 1996, 103.

608 So für Auflösungsbeschlüsse schon RG JW 1900, 566; in jüngerer Zeit OLG Hamm DB 1989, 815; vgl. auch *Lorz*, in: Ebenroth/Boujong/Joost/Strohn, HGB, § 131 Rn. 14.

609 Siehe hierzu oben 3.2.5.6; vgl. auch *Göz/Pauw*, DB 2014, 2759, 2760.

Regeln (§§ 133, 157 BGB) zu ermitteln. Dabei ist zu beachten, dass viele Gesellschaftsverträge noch von der Existenz des Bestimmtheitsgrundsatzes ausgehen und eine Vielzahl einzelner Beschlussgegenstände erwähnen, auch wenn unter Umständen eine generelle Geltung des Mehrheitsprinzips erwünscht war. Gerade bei einer Publikumsgesellschaft, die angesichts der Vielzahl der anonymen Kapitalanleger ohne die Möglichkeit einer Mehrheitsentscheidung schlechterdings manövrierunfähig ist, spricht vieles dafür, dass eine umfassende Geltung des Mehrheitsprinzips gewollt war.

5.3.3.3.2 Einfluss des § 179a AktG

Fraglich ist allerdings, welche Rolle in diesem Zusammenhang § 179a AktG (früher: § 361 AktG aF) spielt. Der BGH hat diese aktienrechtliche Vorschrift (bzw. ihre inhaltsgleiche Vorgängernorm) in einem Urteil aus Jahre 1995 für das Personengesellschaftsrecht ihrem Rechtsgedanken nach für anwendbar erklärt.[610]

Daraus folgt zunächst nach § 179 Abs. 1 S. 1 AktG unmittelbar nur, dass schon die vertragliche Verpflichtung zur Übertragung des (beinahe) ganzen Gesellschaftsvermögens einen Gesellschafterbeschluss voraussetzt. Für diese Erkenntnis hätte es allerdings eines Rückgriffs auf das Aktienrecht und § 179a AktG nicht bedurft. Der Abschluss eines solchen Vertrages ist – wie oben bereits angesprochen – als Grundlagengeschäft von vornherein nicht von der Vertretungsmacht der geschäftsführenden Gesellschafter umfasst und bedarf daher ohnehin schon nach personengesellschaftsrechtlichen Grundsätzen eines zustimmenden Beschlusses der Gesellschafterversammlung.

Es stellt sich daher die Frage, ob nach dem BGH-Urteil darüber hinaus auch die sonstigen Rechtsfolgen des § 179a AktG auf die GmbH & Co. KG anwendbar sind. In Betracht käme etwa das Mindesterfordernis einer Dreiviertelmehrheit (§§ 179a Abs. 1 S. 1, 179 Abs. 2 S. 1 AktG). Mitunter wird gar eine analoge Anwendbarkeit des gesamten aktienrechtlichen Beschlussverfahrens einschließlich der Beurkundungspflicht (§ 130 Abs. 1 S. 1, 3 AktG) in Erwägung gezogen.[611]

Eine derart umfassende analoge Anwendung des § 179a AktG geht jedoch zu weit. Die Bezugnahme des BGH auf den „Rechtsgedanken" des § 361 Abs. 1 AktG aF[612] legt eher nahe, dass es dem Senat nur um das generelle

---

610 BGH NJW 1995, 596; offen lassend noch BGH NJW 1991, 2564; vgl. hierzu auch MüKo AktG/*Stein* § 179a Rn. 14; Staub HGB/*Habersack* § 126 Rn. 16; *K. Schmidt*, ZGR 1995, 675, 679 f.

611 So – im Ergebnis allerdings ablehnend – *Bredol/Natterer*, ZIP 2015, 1419, 1423.

612 So wörtlich BGH NJW 1995, 596.

Zustimmungserfordernis der Kommanditisten zu einem entsprechenden Vertragsabschluss und gerade nicht darum ging, dem Personengesellschaftsrecht wesensfremde, aktienrechtliche Beschlussmodalitäten zur Anwendung zu bringen.

Da dieses Zustimmungserfordernis sich aber auch schon aus allgemeinen, personengesellschaftsrechtlichen Grundsätzen ergibt, kommt § 179a AktG hier keine eigenständige Bedeutung zu.[613]

5.3.3.4 *Auswirkungen der Treupflicht*

Die gesellschafterliche Treupflicht wirkt hinsichtlich der Beschlüsse über die Veräußerung bzw. Auflösung der Gesellschaft in mehrere Richtungen.

5.3.3.4.1 *Beschlusskontrolle / Minderheitenschutz*

Zunächst gilt selbstverständlich auch hier, dass ein (von einer gesellschaftervertraglichen Klausel gedeckter und daher formell wirksamer) Mehrheitsbeschluss sich auf der zweiten Ebene der Beschlusskontrolle am Maßstab der Treupflicht messen lassen muss. Insbesondere darf es in Folge der Veräußerung nicht zu einer Benachteiligung der Minderheit der Gesellschafter kommen.[614]

5.3.3.4.2 *Zustimmungspflicht*

Die Treupflicht kann in diesem Zusammenhang allerdings auch umgekehrt im Sinne einer Zustimmungspflicht wirken: Ist die wirtschaftliche Lage der Gesellschaft so aussichtslos, dass im Falle des Scheiterns der Veräußerung ohnehin unmittelbar die Insolvenz droht, können die Gesellschafter aufgrund der Treupflicht gehalten sein, für die Veräußerung zu stimmen.[615] Die Eröffnung des Insolvenzverfahrens über das Vermögen der Gesellschaft würde schließlich gemäß § 131 Abs. 1 Nr. 3 HGB ebenfalls zu deren Auflösung führen. Aus Gründen des Individualschutzes kann – wie oben unter 3.1.4.2 (S. 84 ff) bereits grundsätzlich herausgearbeitet wurde – die Pflicht zur Zustimmung zu der Veräußerung allerdings nur dann bestehen, wenn die Konditionen des Verkaufs im Rahmen der Plattformstrategie die Gesellschafter wirtschaftlich nicht schlechter stellen, als dies bei einer Verwertung durch den Insolvenzverwalter der Fall wäre. Angesichts der äußerst geringen Wahrscheinlichkeit der Erzielung eines verteilungsfähigen

---

613 Im Ergebnis ebenso *Bredol/Natterer*, ZIP 2015, 1419, 1426 f.

614 In diesem Sinne, allerdings für die GmbH, BGH NJW 1980, 1278.

615 Vgl. BGH NJW 1960, 434; zu Recht zurückhaltend Baumbach/Hopt HGB/*Roth* § 131 Rn. 12; *Lorz*, in: Ebenroth/Boujong/Joost/Strohn, HGB, § 131 Rn. 15.

Überschusses im Insolvenzverfahren dürfte das häufig vorgesehene Ausscheiden „zu Null" einschließlich eines etwaigen Besserungsscheins aus Sicht der Gesellschafter meist keinen Nachteil bedeuten.

Die Zustimmungspflicht wird dennoch eher die Ausnahme als die Regel sein. Ist der Fonds wirtschaftlich grundsätzlich noch lebensfähig und eine Liquidation in der Insolvenz nicht unausweichliche Folge eines Scheiterns der Plattformstrategie, so besteht auch keine Zustimmungspflicht. Als grundsätzlich überlebensfähig wird man den Fonds so lange ansehen müssen, wie noch praktisch durchführbare, realistische Sanierungsalternativen bestehen.

Im Ergebnis ist eine solche Pflicht damit zwar denkbar, aber äußerst restriktiv zu handhaben.

5.3.4 Durchführung im Insolvenzverfahren

Wie soeben gesehen stellen die Anteilseigner potentiell ein großes Hindernis für die Umsetzung einer Investoren-Plattform-Strategie dar.

Die Ausführungen oben (siehe 4.4.5, S. 181 ff) haben ergeben, dass das Insolvenzplanverfahren eine mögliche Lösung für solche Blockade-Situationen darstellt. Das gewünschte wirtschaftliche Endergebnis (Zu-Null-Abfindung der bisherigen Gesellschafter, Kaufpreis in Höhe der bisherigen Bankverbindlichkeiten, Übertragung des Anlageobjektes auf einen neuen Träger, Abwicklung der bisherigen Fonds-KG) lässt sich grundsätzlich auch durch einen Verwertungs-Insolvenzplan erreichen, der eine übertragende Sanierung vorsieht.[616] Ein solcher erfordert nicht einmal den Zugriff auf die Anteilsrechte der bisherigen Gesellschafter.

Der Nachteil dieser Lösung liegt neben dem relativ zur „freien Veräußerung" gesehen hohen Zeit- und Kostenaufwand des Insolvenzverfahrens vor allem in der Tatsache, dass die Einleitung eines Insolvenzverfahrens die Insolvenzreife der Fondsgesellschaft voraussetzt. Gangbar ist diese Alternative also nur dann, wenn die Gesellschaft ohnehin schon unmittelbar am Abgrund steht. Das wiederum senkt jedoch die Wahrscheinlichkeit eines wirtschaftlichen Weiterbetriebs, auch innerhalb der Plattformgesellschaft.

5.3.5 Fazit

Die größte Schwierigkeit bei der Durchführung einer solchen Plattformstrategie liegt sicherlich im tatsächlichen Bereich, also in den Verhandlungen mit Investoren und Banken (siehe oben 5.3.1, S. 200). Sind diese gelungen, so kön-

616 Zu dieser Planvariante vgl. MüKo InsO/*Eidenmüller* § 217 Rn. 117.

nen sich allerdings die bisherigen Gesellschafter als erhebliches Hindernis erweisen. Außerhalb des Insolvenzverfahrens liegt schließlich das Schicksal der Gesellschaft vollständig in ihren Händen. Angesichts des schmerzhaften endgültigen Verlustes ihrer Einlage wird es schwer fallen, die Mehrheit der Anleger von dem Konzept zu überzeugen. Ein mögliches Lockmittel für die Verhandlungen ist der Verzicht auf die Rückforderung erfolgter Substanzausschüttungen bzw. auf die hierdurch wieder auflebende Außenhaftung durch die Gläubigerbanken.

6. Thesen

1. Trotz der nach wie vor relativ großen Gestaltungsfreiheit bei diesen Anlageprodukten ergibt sich aus einer Zusammenschau wirtschaftlicher, gesellschafts-, steuer- und kapitalanlagerechtlicher Merkmale eine klar umrissene Definition geschlossener Publikumsfonds und ihrer Eigenheiten.
2. Die Entwicklung tragfähiger wirtschaftlicher und rechtlicher Sanierungsstrategien muss die festgestellten Besonderheiten dieser reinen Kapitalanlagevehikel gegenüber üblichen Wirtschaftsunternehmen berücksichtigen.
3. Der Spielraum für Sanierungs- oder Restrukturierungsmaßnahmen im operativen Bereich ist bei geschlossenen Fondsgesellschaften erheblich eingeschränkt. Kernstück jeglicher Sanierung ist daher die Verbesserung der finanzwirtschaftlichen Situation der Gesellschaft, insbesondere durch Zufuhr frischen Eigenkapitals.
4. Eine Sanierung ist nur dann sinnvoll, wenn die Fondsgesellschaft objektiv sanierungsfähig und subjektiv aus Sicht der einzelnen Parteien sanierungswürdig ist. Bei der Beurteilung der Sanierungswürdigkeit kommt es gerade aus Sicht der Anleger auf eine Würdigung der Besonderheiten des Einzelfalles, also der konkret drohenden rechtlichen Folgen einer Liquidation der Gesellschaft, an.
5. Der Wortlaut der Regelungen des neuen Kapitalanlagegesetzbuches zum Bestandsschutz für Alt-Fonds legt nahe, dass die Durchführung von Eigenkapitalmaßnahmen diesen Bestandsschutz aufhebt und die Gesellschaft nachträglich dem Pflichtenkatalog des KAGB unterliegt. Dieser zusätzliche Verwaltungsaufwand wird eine ohnehin sanierungsbedürftige Gesellschaft regelmäßig überfordern und erweist sich als erhebliches Sanierungshindernis. Nach dem Sinn und Zweck der betreffenden Vorschriften spricht jedoch vieles für eine einschränkende Auslegung und einen weitreichenden Bestandsschutz. Bis zur abschließenden gerichtlichen Klärung dieser Frage besteht jedoch insoweit ein Risiko, das in den Sanierungskonzepten berücksichtigt werden muss.
6. Der mittelbar (über einen Treuhänder) an der Publikumspersonengesellschaft beteiligte Anleger unterliegt wirtschaftlich den gleichen Haftungsrisiken wie ein unmittelbar Beteiligter. Als „Quasi-Gesellschafter“ trifft ihn zwar

keine unmittelbare Außenhaftung, aber es besteht ein deckungsgleicher Freistellungsanspruch des Treuhänders im Innenverhältnis.

7. Das Auskunftsrecht des mittelbar beteiligten Gesellschafters über die Identität seiner Mitanleger wird – anders als vom BGH postuliert – nicht nur durch die Grenzen der unzulässigen Rechtsausübung beschränkt, sondern setzt vielmehr die Glaubhaftmachung eines konkreten berechtigten Interesses voraus.

8. Bei den häufig gesellschaftsvertraglich vereinbarten „Garantieausschüttungen" handelt es sich im handelsrechtlichen Sinne nicht um Ausschüttungen, sondern um Entnahmen. Diese können grundsätzlich im Innenverhältnis wirksam vereinbart werden.

9. Eine Rückforderung dieser Entnahmen ist grundsätzlich nur dann möglich, wenn der Gesellschaftsvertrag diesbezüglich eine eindeutige und unmissverständliche Regelung enthält. Eine Verbuchung auf ein so genanntes „Darlehenskonto" genügt diesen Anforderungen nicht. Besteht jedoch eine solche Klausel, so stellt diese auch keinen Verstoß gegen § 152 Abs. 3 S. 1 KAGB dar und kann daher auch bei neu aufgelegten Fonds wirksam vereinbart werden.

10. Die Gesellschaft kann in einer existenzbedrohenden Krise zuvor erfolgte Substanzausschüttungen unter dem Gesichtspunkt der Treupflicht von den Anlegern zurückverlangen, soweit dies im Rahmen eines stichhaltigen Sanierungskonzeptes erfolgt, anderenfalls die unmittelbare Liquidation der Gesellschaft droht und die Anleger sich hierdurch gleichzeitig von ihrer Haftung nach § 172 Abs. 4 HGB befreien. Der Betrag der drohenden Außenhaftung stellt dabei jedoch die Obergrenze einer treupflichtgestützten Rückforderungen dar. Bei Gesellschaften, die bereits dem KAGB unterfallen, ist eine Rückforderung auf dieser Grundlage allerdings wohl wegen des weit gefassten Wortlautes des § 152 Abs. 3 S. 3 KAGB unzulässig.

11. Bei GmbH & Co. KG-Fonds ebenfalls denkbar ist eine Rückforderung der Ausschüttungen gemäß § 31 Abs. 1 GmbHG analog, soweit dies zur Wiederherstellung der Werthaltigkeit der Ausgleichsforderung nötig ist, welche die Komplementär-GmbH als (einzige) persönlich haftende Gesellschafterin gegen die Gesellschaft erhält, wenn sie von Drittgläubigern für Gesellschaftsverbindlichkeiten in Anspruch genommen wird. Erschwert wird eine solche Rückforderung allerdings durch die komplexen bilanziellen Voraussetzungen des Anspruchs und den daraus resultierenden Beweisschwierigkeiten.

12. Die Aussetzung zukünftiger Ausschüttungen kann entweder auf eine unmissverständliche gesellschaftsvertragliche Klausel oder bei konkreter und akuter Insolvenzgefahr der Fondsgesellschaft auf die gesellschafterliche Treupflicht der Anleger gestützt werden. Der gelegentlich diskutierte Begründungsansatz des Aussetzens der Ausschüttungen wegen einer drohenden Pflichtenkollision der Geschäftsführer der Komplementär-GmbH ist praktisch untauglich, ein Aussetzen aufgrund des Zahlungsverbotes des § 30 Abs. 1 S. 1 GmbHG analog dagegen grundsätzlich möglich.

13. Auf Personengesellschaften, die für die Bestimmung der Anteilsrechte der Gesellschafter feste Kapitalkonten vorsehen, lassen sich die kapitalgesellschaftsrechtlichen Kapitalmaßnahmen (Sach-/Bar- Kapitalerhöhung, -herabsetzung, -schnitt) begrifflich und inhaltlich weitgehend übertragen. Die Durchführung einer solchen Kapitalmaßnahme (einschließlich etwaiger flankierender Maßnahmen) setzt eine Änderung des Gesellschaftsvertrages und damit grundsätzlich eine einstimmige Entscheidung der Gesellschafterversammlung voraus.

14. Das Einstimmigkeitsprinzip kann mittels entsprechender gesellschaftsvertraglicher Regelungen durch das Mehrheitsprinzip ersetzt werden. Problematisch sind insoweit die Fragen, welchen Anforderungen solche Klauseln genügen müssen und welchen Grenzen die Mehrheitsherrschaft in (Publikums-)Personengesellschaften unterliegt.

15. Für die Prüfung der Wirksamkeit von Mehrheitsbeschlüssen empfiehlt sich – in konsequenter Weiterentwicklung der neueren Rechtsprechung des BGH – eine zweistufige Beschlusskontrolle. Die erste Prüfungsstufe beschränkt sich also auf die Feststellung einer vertraglichen Mehrheitsklausel für den jeweiligen Beschlussgegenstand. Im anschließenden zweiten Schritt findet die eigentliche Inhaltskontrolle statt. Kernelement dieser zweiten Stufe ist nach hier vertretener Ansicht eine rein treupflichtgeleitete Inhaltskontrolle.

16. Wegen eines Eingriffs in den Kernbereich der Mitgliedschaft zustimmungsbedürftige Beschlüsse als eigene Kategorie gibt es – anders als vom BGH bislang praktiziert – nicht mehr. Der durch das Zustimmungsrecht angestrebte Individualschutz wird in vollem Umfang durch die Inhaltskontrolle gewährleistet. Einheitlicher Maßstab dieser zweiten Stufe ist die Treupflicht, daher gibt es auch im Falle von Treupflichtverstößen eine einheitliche Rechtsfolge.

17. Sowohl der (von der Rechtsprechung mittlerweile zu Recht aufgegebene) Bestimmtheitsgrundsatz als auch die so genannte „Kernbereichslehre“ sind

damit inhaltlich obsolet. Die diesbezüglich von der Rechtsprechung und Literatur im Laufe der Jahre herausgearbeiteten Fallgruppen helfen jedoch, den offenen Rechtsbegriff der Treupflicht auszufüllen und praktisch handhabbar zu machen. Auf dieser Basis lassen sich Sanierungskonzepte entwerfen, die mit sehr hoher Wahrscheinlichkeit „treupflichtfest" sind.

18. Die Verpflichtung aller Gesellschafter zu zusätzlichen Leistungen („Nachschüssen") unterliegt besonders hohen Hürden im Rahmen der Inhaltskontrolle und ist nur dann möglich, wenn den betroffenen Gesellschafter im wirtschaftlichen Endergebnis keine zusätzliche Belastung trifft. Praxisrelevanter Fall ist die schon im Rahmen der Rückforderung von Ausschüttungen erwähnte Konstellation der drohenden Außenhaftung nach § 172 Abs. 4 HGB, derer sich der Kommanditist durch Zahlungen an die Gesellschaft bis zur Höhe seiner Hafteinlage dauerhaft entledigen kann.

19. Der Mehrheitsbeschluss einer freiwilligen Kapitalerhöhung wird dagegen aus Treupflichtgesichtspunkten nur in insofern eingeschränkt, als die Maßnahme nur mit sinnvollen Grund und nicht etwa willkürlich zur Entmachtung finanzschwächerer Mitgesellschafter durchgeführt werden darf. Ein höherer Rechtfertigungsaufwand ist lediglich dann erforderlich, wenn das – grundsätzlich zu gewährende – Bezugsrecht der Altgesellschafter ausgeschlossen werden soll.

20. Ein mehrheitlich beschlossener Kapitalschnitt muss auf Situationen beschränkt bleiben, in denen die Sanierung der Gesellschaft anderweitig nicht möglich wäre. Hier spielt die Reziprozität der Treupflicht eine gewichtige Rolle: Genauso wenig, wie der sanierungsunwillige Gesellschafter einen willkürlichen Kapitalschnitt hinnehmen muss, müssen die sanierungswilligen Mitgesellschafter mit ihrem Kapitaleinsatz in Sanierungssituationen das von Verlusten aufgezehrte Altkapital quersubventionieren.

21. Ein Ausschluss sanierungsunwilliger Gesellschafter durch Mehrheitsbeschluss erfordert unter Treupflichtgesichtspunkten, dass die Gesellschaft ohne Durchführung der Sanierungsmaßnahme vor dem Zusammenbruch stünde, der ausscheidende Kommanditist wirtschaftlich nicht schlechter steht als dies bei sofortiger Liquidation der Gesellschaft der Fall wäre und ein Verbleib der sanierungsunwilligen Mitgesellschafter den sanierenden Gesellschaftern gegenüber unzumutbar ist. Ein Ausschluss ist jedoch nicht möglich, wenn der Gesellschaftsvertrag einen Verbleib in der Gesellschaft trotz Nichtteilnahme an Finanzierungsrunden explizit erlaubt.

22. Diese Lösungsansätze sind uneingeschränkt auf Treuhandkonstellationen (mit mittelbar über einen Treuhänder beteiligten Anlegern) übertragbar.

23. Eine Pflicht der Gesellschafter, aufgrund von Treupflichterwägungen ihr Stimmrecht in einer bestimmten Weise auszuüben und damit eine gewisse Mehrheit überhaupt erst herzustellen, besteht nicht.

24. Die in Rechtsprechung und Literatur für Publikumsgesellschaften teilweise diskutierte Annahme des Mehrheitsprinzips auch für Vertragsänderungen ohne jegliche Erwähnung im Gesellschaftsvertrag ist abzulehnen. Allerdings wird man häufig im Wege der ergänzenden Vertragsauslegung zu ähnlichen Ergebnissen kommen.

25. Neben der Kapitalerhöhung mit Barmitteln ist auch bei Publikumspersonengesellschaften eine Sachkapitalerhöhung grundsätzlich möglich, in den meisten Fällen aber für eine solche reine Kapitalanlagegesellschaft nicht zweckmäßig.

26. Möglicher praktischer Anwendungsfall für eine Sachkapitalerhöhung ist der Tausch von Fremd- in Eigenkapital (*debt equity swap*). Ein solcher kann etwa zur Abwendung der Überschuldung (durch Eintausch von Gesellschafterforderungen in zusätzliches Eigenkapital) oder zum Einstieg von Drittinvestoren genutzt werden.

27. Die grundsätzliche Umsetzung erfolgt analog zu dem Verfahren bei der Barkapitalerhöhung. Die Maßnahme bedarf also eines Gesellschafterbeschlusses, der – eine entsprechende Regelung im Gesellschaftsvertrag vorausgesetzt – auch als Mehrheitsbeschluss gefasst werden kann, dann allerdings wiederum im Rahmen der Inhaltskontrolle den genannten Einschränkungen unterliegt.

28. Problematisch ist die Bewertung der einzubringenden Forderungen. Während bei Kommanditgesellschaften bei Minderwertigkeit der eingelegten Forderung im Innenverhältnis keine Haftung droht, unterliegt der Inferent dafür einer Außenhaftung gemäß § 171 Abs. 1 HS. 2 HGB in gleicher Höhe. Dieses Bewertungsrisiko stellt in der Praxis ein erhebliches Hindernis für die Umsetzung von Debt-Equity-Swaps dar.

29. Konsequent wäre es, im Rahmen des sanierenden Tausches von Fremd- in Eigenkapital jedenfalls bei der Kommanditgesellschaft eine Anrechnung der eingebrachten Forderung zum Nennwert zuzulassen. Angesichts der eindeutigen Rechtsprechung der BGH und der wohl herrschenden Meinung

in der Literatur ist es trotz dieser Bedenken in der Praxis vorzugswürdig, einen Abschlag vom Nennwert der eingebrachten Forderung vorzunehmen. Im Recht der Kommanditgesellschaft kann die Haftungsproblematik durch die Eintragung einer möglichst geringen Haftsumme in das Handelsregister gelöst bzw. deutlich entschärft werden.

30. Für Fonds, die dem Regime des KAGB unterfallen, verbietet § 152 Abs. 7 KAGB explizit jegliche Sacheinlagen. Dem Wortlaut nach ist davon auch der Tausch von Fremd- in Eigenkapital erfasst. Es sprechen jedoch angesichts des Schutzzwecks dieser Vorschrift gute Gründe dafür, einen sanierenden Debt-Equity-Swap dennoch zuzulassen. Eine gerichtliche Klärung dieser Frage steht jedoch noch aus, weswegen in der Praxis Vorsicht geboten ist.

31. Die geschlossene Fondsgesellschaft in Form der Publikums-GmbH & Co. KG ist insolvenzfähig und ihre Sanierung grundsätzlich auch im Insolvenzverfahren möglich. Die Insolvenzordnung kennt derzeit drei Instrumente, die zu einer Unternehmenssanierung beitragen können: Die übertragende Sanierung, das Insolvenzplanverfahren (§§ 217 ff InsO) sowie die Eigenverwaltung (§§ 270 ff InsO).

32. Das Insolvenzplanverfahren kann als strategisches Instrument zur Sanierung eingesetzt werden. Es dient neben der Disziplinierung der Gläubiger vor allem der Disziplinierung der Altgesellschafter, also der Anleger. Diese können durch die Verbindung des Obstruktionsverbotes des § 245 InsO mit der nunmehr möglichen Einbeziehung ihrer Anteils- und Mitgliedschaftsrechte in den Plan faktisch völlig entmachtet werden, sodass Sanierungskonzepte prinzipiell gegen ihren Willen umgesetzt werden können. Die fast immer zum Gelingen des Konzeptes notwendigen zusätzlichen Beiträge der Gesellschafter lassen sich auf diesem Wege jedoch nicht erzwingen. Insofern ist das Insolvenzplanverfahren für die Sanierung geschlossener Fondsgesellschaften inzwischen nicht mehr bedeutungslos, aber längst nicht für alle Konstellationen geeignet.

33. Ein wichtiger möglicher Anwendungsfall des Insolvenzplanverfahrens ist die Durchführung eines Debt-Equity-Swaps. Aufgrund der diesbezüglichen insolvenzplanverfahrensrechtlichen Sondervorschriften ist erstens ein Bezugsrechtsausschluss für die Altgesellschafter ohne Weiteres möglich und zweitens die (entgegen der hier vertretenen Ansicht von der herrschenden Meinung angenommene) Differenz-Außenhaftung wegen Minderwertigkeit der Sacheinlage gemäß § 171 Abs. 1 HS 2 HGB ausgeschlossen, da

§ 254 Abs. 4 InsO hierauf analog anwendbar ist. In der Folge kann das Insolvenzplanverfahren in vielen Konstellationen genutzt werden, um die Altgesellschafter ohne Abfindung aus der Gesellschaft zu drängen.

34. Auch nach der Insolvenzrechtsreform durch das ESUG stellen die Eigenverwaltung bzw. das neue Schutzschirmverfahren keine geeigneten Werkzeuge zur Sanierung geschlossener Fonds dar.

35. Das bezüglich der Fondssanierung häufig gebrauchte Stichwort der „Sanierungsplattform" bezeichnet keine konkrete Sanierungsmethode, sondern ist lediglich ein loser Überbegriff für diverse verschiedene Ansätze, bei denen die wirtschaftliche Kraft mehrerer Fonds gebündelt werden soll. Ein praktisch besonders vielversprechender Ansatz ist das Investoren-Plattform-Modell, bei dem neue Investoren eine (Kapital-) Gesellschaft gründen, die anschließend die Anlageobjekte einzelner, notleidender Fonds aufkauft.

36. Inhaltlich handelt es sich bei dem Investoren-Plattform-Modell um eine Spielart der übertragenden Sanierung. Diese Methode ist für die Sanierung geschlossener Fonds grundsätzlich auch geeignet, da im Ergebnis der drohende Verlust öffentlich-rechtlicher, steuerrechtlicher und privatrechtlicher Positionen durch den Wechsel des Rechtsträgers für den Betrieb eines geschlossenen Fonds regelmäßig unschädlich ist.

37. Sowohl der Abschluss des hierauf gerichteten schuldrechtlichen Vertrages als auch die tatsächliche Veräußerung des einzigen Anlageobjektes eines Fonds setzen einen Beschluss der Gesellschafter voraus. Dieser Beschluss kann jedoch nach allgemeinen Regeln als Mehrheitsbeschluss gefasst werden. Im Zweifel genügt hierfür die für Vertragsänderungen notwendige Mehrheit. Die teilweise angedachte Zustimmungspflicht der Gesellschafter bei unmittelbarer Insolvenzgefahr besteht zwar, ist aber restriktiv zu handhaben. In jedem Fall unterliegt auch ein solcher Beschluss der zweistufigen Beschlusskontrolle nach den oben genannten Grundsätzen.

38. Eine solche Investoren-Plattform-Strategie lässt sich prinzipiell auch im Insolvenzverfahren gegen den Willen der Altgesellschafter als Liquidations-Insolvenzplan umsetzen, was jedoch aufgrund des höheren Zeit- und Kostenaufwandes in der Regel nicht sinnvoll ist.

Literaturverzeichnis

ABRAMS, NILS, Die Nachschusspflicht des Gesellschafters einer Publikums-Personengesellschaft, MDR 2006, S. 7.

ALTMEPPEN, HOLGER, Pflicht zur Herausgabe der Gesellschafterliste einer Fondsgesellschaft?, NZG 2010, S. 1321.

ALTMEPPEN, HOLGER, Auskunftsrecht der Anleger in Publikums-KG hinsichtlich Namen und Anschriften der Mitgesellschafter, ZIP 2011, S. 322.

ALTMEPPEN, HOLGER, Kernbereichslehre, Bestimmtheitsgrundsatz und Vertragsfreiheit in der Personengesellschaft, NJW 2015, S. 2065.

ARMBRÜSTER, CHRISTIAN, Nachschusspflicht im Personengesellschaftsrecht, ZGR 2009, S. 1.

ARMBRÜSTER, CHRISTIAN, Auskunftsansprüche des Treugebers gegen Treuhänder und Fondsgesellschaft, in: Bengel/ Limmer / Reimann (Hrsg.), Festschrift für Rainer Kanzleiter, 2010, S. 31.

ARMBRÜSTER, CHRISTIAN, Grenzen der Gestaltungsfreiheit im Personengesellschaftsrecht, ZGR 2014, S. 333.

ARNOLD, ARND, Nennwertanrechnung beim Debt Equity Swap – Paradigmenwechsel durch das ESUG und die Aktienrechtsnovelle 2012?, in: Krieger/ Lutter / Schmidt (Hrsg.), Festschrift für Michael Hoffmann-Becking zum 70. Geburtstag, 2013, S. 29.

ARNDT / VOß (Hrsg.), Verkaufsprospektgesetz, 1. Auflage 2008 (zitiert als: *Bearbeiter*, in: Arndt / Voß).

ASMUS, THOMAS / MARKWARDT, KARSTEN, Der anonyme Quasi-Gesellschafter, ZIP 2012, S. 1581.

ASSMANN / SCHLITT / VON KOPP-COLOMB (Hrsg.), Wertpapierprospektgesetz / Verkaufsprospektgesetz, 2. Auflage 2010 (zitiert als: *Bearbeiter*, in: Assmann / Schlitt / von Kopp-Colomb WpPG / VerkProspG).

ASSMANN / SCHÜTZE (Hrsg.), Handbuch des Kapitalanlagerechts, 4. Auflage 2015 (zitiert als: *Bearbeiter*, in: Assmann / Schütze Hdb. KapitalanlageR).

AUTHENRIED, KARLHEINZ, Zur Ablösung des Bestimmtheitsgrundsatzes im Personengesellschaftsrecht, DB 1983, S. 1034.

BARTSCH, GERRIT, Die Besteuerung des Auflösungsgewinns eines bei Übergang zur Tonnage- gewinnermittlung nach § 5a Abs. 4 EStG gebildeten Unterschiedsbetrages, BB 2009, S. 1049.

BAUER, JOACHIM, Haftungsgefahren in Krise und Sanierung des Unternehmens, ZInsO 2002, S. 153.

Baumann, Antje / Wagner, Benjamin, Kein Prospektfehler bei fehlendem Hinweis auf Innenhaftungsrisiko des „Treugeber-Nur-Kommandisten" analog §§ 30, 31 GmbHG, WM 2015, S. 1370.

Baumbach / Hopt Kommentar zum Handelsgesetzbuch, Hopt/ Merkt / Roth (Hrsg.), 36. Auflage 2014 (zitiert als: Baumbach/Hopt HGB/*Bearbeiter)*.

Baumbach / Hueck Kommentar zum Gesetz betreffend die Gesellschaften mit begrenzter Haftung, Beurskens / Fastrich / Haas / Noack / Zöllner (Hrsg.), 20. Auflage 2013 (zitiert als: *Bearbeiter*, in: Baumbach / Hueck GmbHG).

Beck / Depré (Hrsg.), Praxis der Insolvenz, 2. Auflage 2010 (zitiert als: *Bearbeiter*, in: Beck / Depré Praxis der Insolvenz).

Beck, Hans-Joachim, Verlustausgleichsverbot bei Steuerstundungsmodellen: Der neue § 15b EStG, DStR 2006, S. 61.

Beck'sches Handbuch der Personengesellschaften, Prinz / Hoffmann (Hrsg.), 4. Auflage 2014 (zitiert als: *Bearbeiter*, in: Prinz / Hoffmann BeckHdb PersGes).

Beck'sches Handbuch der GmbH, Prinz / Winkeljohann (Hrsg.), 5. Auflage 2014 (zitiert als: *Bearbeiter*, in: Prinz / Winkeljohann BeckHdb GmbH).

Bitter, Georg, Sanierung in der Insolvenz – Der Beitrag von Treue- und Aufopferungspflichten zum Sanierungserfolg, ZGR 2010, S. 147.

Bitter, Georg / Röder, Sebastian, Insolvenz und Sanierung in Zeiten der Finanz- und Wirtschaftskrise, ZInsO 2009, S. 1283.

Bley / Mohrbutter (Hrsg.), Vergleichsordnung, 4. Auflage 1981 (zitiert als: Bley/Mohrbutter VerglO/*Bearbeiter)*.

Blümich Einkommensteuergesetz, Körperschaftsteuergesetz, Gewerbesteuergesetz, Heuermann / Brandis (Hrsg.), 127. Auflage 2015 (zitiert als: Blümich/ *Bearbeiter)*.

Böckenförde, Björn, Unternehmenssanierung, 2. Auflage 1996.

Bohlken, Lars / Sprenger, Regine, Minderheitenschutz bei Personengesellschaften, DB 2010, S. 263.

Borchardt / Frind (Hrsg.), Die Betriebsfortführung im Insolvenzverfahren, 2010 (zitiert als: *Bearbeiter*, in: Borchardt / Frind).

Bork, Reinhard, Grundfragen des Restrukturierungsrechts, ZIP 2010, S. 397.

Bork / Hölzle (Hrsg.), Handbuch Insolvenzrecht, 2014 (zitiert als: *Bearbeiter*, in: Bork / Hölzle Hdb Insolvenzrecht).

Bradfield, Amy / Wells, Gary L., Not the same old hindsight bias: Outcome information distorts a broad range of retrospective judgments, Memory & Cognition 33 (2005), S. 120.

Braun (Hrsg.), Insolvenzordnung, 6. Auflage 2014 (zitiert als: Braun InsO/*Bearbeiter).*

Bredol, Martin / Natterer, Joachim, Von Irrungen und Wirrungen bei der Veräußerung des „ganzen" Vermögens einer Kommanditgesellschaft: Keine analoge Anwendung von § 179a AktG!, ZIP 2015, S. 1419.

Brinkmann, Moritz, Wege aus der Insolvenz eines Unternehmens – oder: Die Gesellschafter als Sanierungshindernis, BB 2011, S. 97.

Brinkmann, Moritz, Der strategische Eigenantrag – Missbrauch oder kunstgerechte Handhabung des Insolvenzverfahrens?, ZIP 2014, S. 197.

Brinkmann, Moritz / Zipperer, Helmut, Die Eigenverwaltung nach dem ESUG aus Sicht von Wissenschaft und Praxis, ZIP 2011, S. 1337.

Brünkmans, Christian / Greif-Werner, Cathrin, Die Prüfung gesellschaftsrechtlicher Regelungen im Insolvenzplan durch Insolvenzgericht und Registergericht, ZInsO 2015, S. 1585.

Buth / Hermanns (Hrsg.), Restrukturierung, Sanierung, Insolvenz, 4. Auflage 2014 (zitiert als: *Bearbeiter*, in: Buth / Hermanns).

Buchalik, Robert, § 1 InsO – der Erhalt des Unternehmens als Ziel des Insolvenzverfahrens nach Inkrafttreten des ESUG?, ZInsO 2015, S. 484.

Buschmann, Marco, Finanzplankredit und MoMiG, NZG 2009, S. 91.

Cahn, Andreas / Simon, Stefan / Theiselmann, Rüdiger, Debt Equity Swap zum Nennwert!, DB 2010, S. 1629.

Cahn, Andreas / Simon, Stefan / Theiselmann, Rüdiger, Forderungen gegen die Gesellschaft als Sacheinlage?, CFL 2010, S. 238.

Cahn, Andreas / Simon, Stefan / Theiselmann, Rüdiger, Nennwertanrechnung beim Debt Equity Swap!, DB 2012, S. 501.

Canaris, Claus-Wilhelm, Kreditkündigung und Kreditverweigerung gegenüber sanierungsbedürftigen Bankkunden, ZHR 143 (1979), S. 125.

Comes, Heinrich, Der Ausschluss vom Stimmrecht im Recht der Offenen Handelsgesellschaft (I), DB 1974, S. 2189.

Dahl, Michael / Schmitz, Jan, Probleme von Überschuldung und Zahlungsunfähigkeit nach FMStG und MoMiG, NZG 2009, S. 567.

Danko, Franz-Ludwig, Arbeitsrechtliche Hindernisse der übertragenden Sanierung, in: Bork / Kayser / Kebekus (Hrsg.), Festschrift für Bruno M. Kübler zum 70. Geburtstag, 2015, S. 99.

Decher, Christian E. / Voland, Thomas, Kapitalschnitt und Bezugsrechtsausschluss im Insolvenzplan – Kalte Enteignung oder Konsequenz des ESUG?, ZIP 2013, S. 103.

Desch, Wolfram, Haftung des Geschäftsführers einer GmbH nach § 64 S. 3 GmbHG bei Rückzahlung von Gesellschafterdarlehen, BB 2010, S. 2586.

Dorenkamp, Nico, Prospektaufklärungspflicht über das Risiko der Innenhaftung des Anlegers analog §§ 30, 31 GmbHG bei einer Publikums-GmbH & Co. KG?, GWR 2015, S. 89.

Dorka, Richard / Derwald, Britta, Sanieren oder Ausscheiden – ein Modell auch für die Kommanditgesellschaft, NZG 2010, S. 694.

Dubois, René / Schmiegel, Johannes, Liquiditätsentnahmen in der GmbH & Co. KG, NZI 2013, S. 913.

Ebenroth / Boujong / Joost / Strohn (Hrsg.), Handelsgesetzbuch, 2. Auflage 2008 (zitiert als: *Bearbeiter*, in: Ebenroth / Boujong / Joost / Strohn HGB (2. A. 2008).

Ebenroth / Boujong / Joost / Strohn (Hrsg.), Handelsgesetzbuch, 3. Auflage 2014 (zitiert als: *Bearbeiter*, in: Ebenroth / Boujong/ Joost / Strohn HGB).

Eidenmüller, Horst, Die Banken im Gefangenendilemma – Kooperationspflichten und Akkordstörungsverbot im Sanierungsrecht, ZHR 160 (1996), S. 343.

Eidenmüller, Horst, Unternehmenssanierung zwischen Markt und Gesetz, 1999.

Eidenmüller, Horst, Gesellschafterstellung und Insolvenzplan, ZGR 2001, S. 680.

Eidenmüller, Horst / Engert, Andreas, Reformperspektiven einer Umwandlung von Fremd- in Eigenkapital (Debt-Equity Swap) im Insolvenzplanverfahren, ZIP 2009, S. 541.

Eidenmüller, Horst, Reformperspektiven im Restrukturierungsrecht, ZIP 2010, S. 649.

Eidenmüller, Horst, Der Insolvenzplan als gesellschaftsrechtliches Universalwerkzeug, NJW 2014, S. 17.

Ekkenga, Jens, Sachkapitalerhöhung gegen Schuldbefreiung, ZGR 2009, S. 581.

Ekkenga, Jens, Neuerliche Vorschläge zur Nennwertanrechnung beim Debt-Equity-Swap – Erkenntnisfortschritt oder Wiederbelebungsversuche am untauglichen Objekt?, DB 2012, S. 331.

Erman Bürgerliches Gesetzbuch, Grunewald / Maier-Reimer / Westermann (Hrsg.), 13. Auflage 2011 (zitiert als: Erman BGB/*Bearbeiter*).

Falk, Ulrich / Schäfer, Carsten, Insolvenz- und gesellschaftsrechtliche Haftungsrisiken der übertragenden Sanierung, ZIP 2004, S. 1337.

Fischer, Nicolai, Gesellschafterdarlehen in Personen- und Kapitalgesellschaften als erlaubnispflichtige Bankgeschäfte, WM 2014, S. 1709.

Fischer, Robert, Gedanken über einen Minderheitenschutz bei den Personengesellschaften, in: Fischer / Möhring / Westermann (Hrsg.), Wirtschaftsfragen der Gegenwart – Festschrift für Carl Hans Barz zum 65. Geburtstag, 1974, S. 33.

Fleischer, Holger, Behavioral Law and Economics im Gesellschafts- und Kapitalmarktrecht, in: Fuchs / Schwintowski / Zimmer (Hrsg.), Wirtschafts- und Privatrecht im Spannungsfeld von Privatautonomie, Wettbewerb und Regulierung – Festschrift für Ulrich Immenga zum 70. Geburtstag, 2004, S. 575.

Fleischer, Holger / Harzmeier, Lars, Zur Abdingbarkeit der Treuepflichten bei Personengesellschaft und GmbH, NZG 2015, S. 1289.

Flume, Werner, Die Problematik der Zustimmungspflicht des Gesellschafters einer Personengesellschaft zu Gesellschafterbeschlüssen und zur Änderung des Gesellschaftsvertrages, in: Löwisch / Schmidt-Leithoff / Schmiedel (Hrsg.), Beiträge zum Handels- und Wirtschaftsrecht – Festschrift für Fritz Rittner zum 70. Geburtstag, 1991, S. 119.

Förster, Krischan, Der deutschen Schifffahrt droht eine Insolvenzwelle, HANSA International Maritime Journal 12/2012, S. 56.

Frankfurter Kommentar zur Insolvenzordnung, Wimmer (Hrsg.), 8. Auflage 2015 (zitiert als: FK-InsO/*Bearbeiter*).

Freitag, Robert, Die „Investmentkommanditgesellschaft“ nach dem Regierungsentwurf für ein Kapitalanlagegesetzbuch, NZG 2013, S. 329.

Fritsche, Mirko, Die als neuer Königsweg zur Rückabwicklung gescheiterter Fondsbeteiligungen vermarktete Entscheidung könnte sich für Anleger als tückisch erweisen, BB 2015, S. 531.

Fröhlich, Andreas / Köchling, Marcel, Verkauf eines insolventen Unternehmens – Bestandsaufnahme und Handlungsleitfaden zur Realisierung übertragender Sanierungen, ZInsO 2005, S. 1121.

Gehrlein, Markus, Die Behandlung von Gesellschafterdarlehen durch das MoMiG, 2008, S. 846.

v. Gerkan, Hartwin, Zur Aufrechnung des Kommanditisten gegen den Haftungsanspruch im Konkurs der Gesellschaft, in: Goerdeler / Hommelhoff / Lutter / Odersky / Wiedemann (Hrsg.), Festschrift für Alfred Kellermann zum 70. Geburtstag am 29. November 1990, 1990, S. 67.

Gesellschaftsrecht in der Diskussion 2007, Gesellsch. Vereinigung (Hrsg.), 2008 (zitiert als: *Bearbeiter*, in: Gesellschaftsrecht in der Diskussion 2007).

Gesellschaftsrecht in der Diskussion 2011, Gesellsch. Vereinigung (Hrsg.), 2012 (zitiert als: *Bearbeiter*, in: Gesellschaftsrecht in der Diskussion 2011).

Gesellschaftsrecht in der Diskussion 2012, Gesellsch. Vereinigung (Hrsg.), 2013 (zitiert als: *Bearbeiter*, in: Gesellschaftsrecht in der Diskussion 2012).

Giedinghagen, Jan / Fahl, Holger, Alles (noch) bestimmt genug?, DStR 2007, S. 1965.

Giese, Monique / Krüger, Sebastian, Ertragssteuerrechtliche Fallstricke bei ausgewählten Sanierungsplattformen, HANSA International Maritime Journal 11/2013, S. 40.

Goette, Wulf, Minderheitenschutz bei gesellschaftsvertraglicher Abweichung vom Einstimmigkeitsprinzip, in: Hommelhoff / Schmidt-Diemitz / Sigle (Hrsg.), Familiengesellschaften – Festschrift für Walter Sigle zum 70. Geburtstag, 2000, S. 145.

Goette, Wulf, Anmerkung zum Urteil des BGH vom 5. 3. 2007 – II ZR 282/05, DStR 2007, S. 773.

Gottwald (Hrsg.), Insolvenzrechts-Handbuch, 5. Auflage 2015 (zitiert als: *Bearbeiter*, in: Gottwald Insolvenzrechts-Handbuch).

Göz, Philipp / Pauw, Dominik, Reichweite gesellschaftsvertraglicher Mehrheitsklauseln bei Personengesellschaften, DB 2014, S. 2759.

Graf Lambsdorff, Hans Georg, Die Einwirkungen des Vergleiches zur Abwendung des Konkurses und des Zwangsvergleichs der OHG (KG) auf die persönliche Haftung des Gesellschafters, MDR 1973, S. 362.

Groh, Manfred, Einlage wertgeminderter Gesellschafterforderungen in Kapitalgesellschaften, BB 1997, S. 2523.

Groß, Paul, Grundsatzfragen der Unternehmenssanierung, DStR 1991, S. 1572.

Gummert, Hans, Die Kapitalerhaltung bei der Komplementär-GmbH einer GmbH & Co. KG, DStR 2015, S. 761.

Haas, Ulrich, Mehr Gesellschaftsrecht im Insolvenzplanverfahren, NZG 2012, S. 961.

Habersack, Mathias, Der Finanzplankredit und das Recht der eigenkapitalersetzenden Gesellschafterhilfen, ZHR 161 (1997), S. 457.

Habersack, Mathias, Grundfragen der freiwilligen oder erzwungenen Subordination von Gesellschafterkrediten, ZGR 2000, S. 384.

Habersack, Mathias, Einbringung eines Gesellschafterdarlehens im Rahmen eines Debt Equity Swap, in: Bork / Kayser / Kebekus (Hrsg.), Festschrift für Bruno M. Kübler zum 70. Geburtstag, 2015, S. 219.

Habersack / Mülbert / Nobbe / Wittig (Hrsg.), Stärkung des Anlegerschutzes – Neuer Rechtsrahmen für Sanierungen: Bankrechtstag 2011, 2012 (zitiert als: *Bearbeiter*, in: Habersack / Mülbert/ Nobbe / Wittig Bankrechtstag 2011).

Habersack / Mülbert / Schlitt (Hrsg.), Handbuch der Kapitalmarktinformation, 2. Auflage 2013 (zitiert als: *Bearbeiter*, in: Habersack/ Mülbert / Schlitt Hdb. Kapitalmarktinf).

Hadding, Walther, Mehrheitsbeschlüsse in der Publikums-Kommanditgesellschaft, ZGR 1979, S. 636.

Hagebusch, Alfred / Oberle, Thomas, Gläubigerbefriedigung durch Unternehmenssanierung: Die übertragende Sanierung, NZI 2006, S. 618.

Häsemeyer, Ludwig, Obstruktion gegen Sanierungen und gesellschaftsrechtliche Treupflichten, ZHR 160 (1996), S. 109.

Heckschen, Heribert / Bachmann, Daniel, Mehrheitsklauseln bei Personengesellschaften, NZG 2015, S. 531.

Heidel / Schall (Hrsg.), Handelsgesetzbuch, 2011 (zitiert als: *Bearbeiter*, in: Heidel / Schall HGB).

Hennerkes, Brun-Hagen / Binz, Mark K., Abschied vom Bestimmtheitsgrundsatz – Zur Zulässigkeit von Mehrheitsbeschlüssen bei Personengesellschaften, BB 1983, S. 713.

Hennrichs, Joachim, Treupflichten im Aktienrecht, AcP 195 (1995), S. 221.

Henssler / Strohn (Hrsg.), Gesellschaftsrecht, 2. Auflage 2014 (zitiert als: *Bearbeiter*, in: Henssler / Strohn Gesellschaftsrecht).

Henze, Hartwig, Treupflichten der Gesellschafter im Kapitalgesellschaftsrecht, ZHR 162 (1998), S. 186.

Hertwig, Martina / Lorentzen, Nils / Mühlenkamp, Jörg / Spaniol, Stefan, Sanierungskapital für Schiffsfonds – Konzepte und Tendenzen (Gemeinschaftsstudie Deutsche FondsResearch), 2011.

Hess Sanierungshandbuch, 6. Auflage 2013 (zitiert als: *Bearbeiter*, in: Hess Sanierungshandbuch).

Hess / Groß / Reill-Ruppe / Roth (Hrsg.), Insolvenzplan, Sanierungsgewinn, Restschuldbefreiung und Verbraucherinsolvenz, 4. Auflage 2014 (zitiert als: *Bearbeiter*, in: Hess / Groß / Reill-Ruppe / Roth Insolvenzplan).

Hirte, Heribert, Die vereinfachte Kapitalherabsetzung bei der GmbH, 1997.

Hirte, Heribert / Knof, Béla / Mock, Sebastian, Das neue Insolvenzrecht nach dem ESUG, 2012.

Holler, Lorenz, Sanierung aus wichtigem Grund – Neues zur mehrheitlichen Vertragsänderung und Beschlusskontrolle in (Publikums-)Personengesellschaften, ZIP 2010, S. 1678.

Hölzle, Gerrit, Gibt es noch eine Finanzierungsfolgenverantwortung im MoMiG?, ZIP 2009, S. 1939.

Hölzle, Gerrit, Der Insolvenzantrag als Sanierungsoption – auch gegen den Willen von Gesellschaftern?, ZIP 2013, S. 1846.

Horstkotte, Martin / Martini, Torsten, Die Einbeziehung der Anteilseigner in den Insolvenzplan nach ESUG, ZInsO 2012, S. 557.

HUBER, ULRICH, Vermögensanteil, Kapitalanteil und Gesellschaftsanteil an Personalgesellschaften des Handelsrechts, 1970.

ICK, HARALD, Anmerkung zu AG Hamburg, Urteil vom 14.5.2014 – 17 a C 20/14, NZI 2014, S. 613.

IMMENGA, ULRICH, Die Minderheitsrechte des Kommanditisten, ZGR 1974, S. 385.

IMMENGA, ULRICH, Besprechung der Entscheidung BGHZ 60, 324, ZGR 1975, S. 487.

KAMINSKI, KLAUS, Nachschusspflichten, 1965.

KELLERMANN, ALFRED, Zur Anwendung körperschaftsrechtlicher Grundsätze und Vorschriften auf die Publikums-Kommanditgesellschaft, in: Stimpel / Lutter / Mertens / Ulmer (Hrsg.), Festschrift für Walter Stimpel zum 68. Geburtstag, 1985, S. 295.

KINDLER, PETER, Der Kommanditist hinter dem Kommanditisten – Zur Treugeberhaftung in der Insolvenz der Publikums-GmbH & Co. KG, in: Bitter / Lutter / Priester / Schön / Ulmer (Hrsg.), Festschrift für Karsten Schmidt zum 70. Geburtstag, 2009, S. 871.

KLAUSMANN, ALEXANDER N., Gesellschaftsrechtlich zulässige Regelungen im Insolvenzplan im Sinne von § 225 a III InsO, NZG 2015, S. 1300.

KLEIN ABGABENORDNUNG, 12. Auflage 2014 (zitiert als: Klein AO/*Bearbeiter*).

KLEINDIEK, DETLEF, Die Geschäftsführerhaftung nach § 64 Satz 3 GmbHG – eine Zwischenbilanz, GWR 2010, S. 75.

KLEINDIEK, DETLEF, Debt-Equity-Swap im Insolvenzplanverfahren, in: Erle / Goette / Kleindiek / Krieger / Priester / Schubel / Schwab / Teichmann / Witt (Hrsg.), Festschrift für Peter Hommelhoff, 2012, S. 543.

KLÖCKNER, STEFAN, Wirksamkeit der Stimmabgabe eines Treuhänders in der Publikums-Gesellschaft, BB 2009, S. 1313.

KNOBBE-KEUK, BRIGITTE, Die gesetzliche Regelung des negativen Kapitalkontos des Kommanditisten – eine Missgeburt, NJW 1980, S. 2557.

KOLLER / KINDLER / ROTH / MORCK (Hrsg.), Handelsgesetzbuch, 8. Auflage 2015 (zitiert als: *Bearbeiter*, in: Koller / Kindler / Roth / Morck HGB).

KÖLNER SCHRIFT zur Insolvenzordnung, 3. Auflage 2009 (zitiert als: *Bearbeiter*, in: Kölner Schrift).

KREFT (Hrsg.), Insolvenzordnung, 7. Auflage 2014 zitiert als: (*Bearbeiter*, in: Kreft InsO).

KRIEGER, GERD, Beschlusskontrolle bei Kapitalherabsetzungen, ZGR 2000, S. 885.

KÜBLER (Hrsg.), Handbuch Restrukturierung in der Insolvenz, 2. Auflage 2015 (zitiert als: *Bearbeiter*, in: Kübler HRI).

KUHN / UHLENBRUCK (Hrsg.), Konkursordnung, 11. Auflage 1994 (zitiert als: Kuhn/Uhlenbruck KO/*Bearbeiter).*

LEENEN, DETLEF, „Bestimmtheitsgrundsatz" und Vertragsänderungen durch Mehrheitsbeschluss im Recht der Personengesellschaften, in: Canaris / Diederichsen (Hrsg.), Festschrift für Karl Larenz zum 80. Geburtstag, 1983, S. 371.

LENENBACH, MARKUS, Kapitalmarktrecht und kapitalmarktrelevantes Gesellschaftsrecht, 2. Auflage 2010.

LÖBBE, MARC, Gesellschaftsrechtliche Gestaltungsmöglichkeiten des Debt Equity Swap, in: Hoffmann-Becking / Hüffer / Reichert (Hrsg.), Liber Amicorum für Martin Winter, 2011, S. 423.

LÖFFLER, JOACHIM, Der Kernbereich der Mitgliedschaft als Schranke für Mehrheitsbeschlüsse bei Personengesellschaften, NJW 1989, S. 2656.

LÜDICKE / ARNDT (Hrsg.), Geschlossene Fonds, 6. Auflage 2013 (zitiert als: *Bearbeiter*, in: Lüdicke / Arndt Geschlossene Fonds).

LÜDICKE / SISTERMANN (Hrsg.), Unternehmensteuerrecht, 2008 (zitiert als: *Bearbeiter*, in: Lüdicke / Sistermann Unternehmensteuerrecht).

LUTTER, MARCUS, Theorie der Mitgliedschaft – Prolegomena zu einem Allgemeinen Teil des Korporationsrechts, AcP 180 (1980), S. 84.

LUTTER, MARCUS, Die Treupflicht des Aktionärs, ZHR 153 (1989), S. 446.

LUTTER, MARCUS / HOMMELHOFF, PETER / TIMM, WOLFRAM, Finanzierungsmaßnahmen zur Krisenabwehr in der Aktiengesellschaft, BB 1980, S. 737.

LUX, JOCHEN, Rückforderung gewinn-unabhängiger Ausschüttungen an Kommanditisten, NZG 2013, S. 1017.

MADAUS, STEPHAN, Der Insolvenzplan: Von seiner dogmatischen Deutung als Vertrag und seiner Fortentwicklung in eine Bestätigungsinsolvenz, 2011.

MADAUS, STEPHAN, Die Rechtsbehelfe gegen die Planbestätigung nach dem ESUG, NZI 2012, S. 597.

MARSCH-BARNER, Reinhard, Treupflicht und Sanierung, ZIP 1996, S. 853.

MECKE, THOMAS, Vertragsändernde Mehrheitsbeschlüsse in der OHG und KG, BB 1988, S. 2258.

MEILICKE, WIENAND / SCHÖDEL, SEBASTIAN, Gesellschafterdarlehen und Gesellschafter- Privatkonten – illegale Bankgeschäfte?, DB 2014, S. 285.

MENKEL, ANDREAS, Die Aufrechnungsbefugnis der Treugebergesellschafter gegen den Zessionar bei Abtretung des Freistellungsanspruchs durch die Treuhandgesellschafterin, NZG 2014, S. 1253.

MICHALSKI (Hrsg.), Kommentar zum Gesetz betreffend die Gesellschaften mit beschränkter Haftung, 2. Auflage 2010 (zitiert als: *Bearbeiter*, in: Michalski GmbHG).

Moritz, Hans / Grimm, Paul, Licht im Dunkel des „Grauen Marktes"? – Aktuelle Bestrebungen zur Novellierung des Verkaufsprospektgesetzes, BB 2004, S. 1352.

Müller, Hans-Friedrich, Der Verband in der Insolvenz, 2002.

Müller, Hans-Friedrich, Gesellschaftsrechtliche Regelungen im Insolvenzplan, KTS 2002, S. 209.

Müller, Hans-Friedrich, Gesellschaftsrechtliche Maßnahmen im Insolvenzplan, KTS 2012, S. 419.

Müller, Welf, Gibt es einen Grundsatz der nominalen Kapitalaufbringung?, in: Krieger / Lutter / Schmidt (Hrsg.), Festschrift für Michael Hoffmann-Becking zum 70. Geburtstag, 2013, S. 835.

Münchener Anwaltshandbuch Personengesellschaftsrecht, Gummert (Hrsg.), 2. Auflage 2015, (zitiert als: *Bearbeiter*, in: Gummert MAH PersonengesR).

Münchener Handbuch des Gesellschaftsrechts, Gummert / Weipert (Hrsg.), Band 1, 4. Auflage 2014 (zitiert als: MünchHdb. OHG/*Bearbeiter)*.

Münchener Handbuch des Gesellschaftsrechts, Gummert / Weipert (Hrsg.), Band 2, 4. Auflage 2014 (zitiert als: MünchHdb. KG/*Bearbeiter)*.

Münchener Handbuch des Gesellschaftsrechts, Priester / Mayer / Wicke (Hrsg.), Band 3, 4. Auflage 2012 (zitiert als: MünchHdb. GmbH/*Bearbeiter)*.

Münchener Kommentar zum Aktiengesetz, Goette / Habersack (Hrsg.), 3. Auflage 2008 – 2011 (Band 3/4) (zitiert als: MüKo AktG/*Bearbeiter)*.

Münchener Kommentar zum Bürgerlichen Gesetzbuch, Säcker / Rixecker / Oetker / Limperg (Hrsg.), 7. Auflage 2015 – 2016 (Band 1/2/3) (zitiert als: MüKo BGB/*Bearbeiter)*.

Münchener Kommentar zum Bürgerlichen Gesetzbuch, Säcker / Rixecker / Oetker / Limperg (Hrsg.), 6. Auflage 2012 – 2013 (Band 4/5) (zitiert als: MüKo BGB/*Bearbeiter)*.

Münchener Kommentar zum Gesetz betreffend die Gesellschaften mit beschränkter Haftung, Fleischer / Goette (Hrsg.), 2. Auflage 2015 – 2016 (zitiert als: MüKo GmbHG/*Bearbeiter)*.

Münchener Kommentar zum Handelsgesetzbuch, K. Schmidt (Hrsg.), 3. Auflage 2011 – 2012 (zitiert als: MüKo HGB/*Bearbeiter*).

Münchener Kommentar zur Insolvenzordnung, Kirchhof / Eidenmüller / Stürner (Hrsg.), 3. Auflage 2013 – 2014 (zitiert als: MüKo InsO/*Bearbeiter)*.

Nash, John Forbes, Non-cooperative games, 1950.

Nentwig, Martin, Grenzen der Gestaltungsfreiheit im Hinblick auf Beitragserhöhungen im Personengesellschaftsrecht – § 707 BGB als dogmatische Herausforderung für die Kautelarpraxis, WM 2011, S. 2168.

Nentwig, Martin, Nachschusspflichten im Verbandsrecht, 2011.

Nerlich / Kreplin (Hrsg.), Münchener Anwaltshandbuch Insolvenz und Sanierung, 2. Auflage 2012 (zitiert als: *Bearbeiter*, in: Nerlich / Kreplin).

Neumann, Lorenz, Sanierung notleidender Fondsgesellschaften mit persönlicher Haftung – „Gläubigermodelle" und die Einschränkung des Regressanspruchs nach § 110 HGB, NZG 2014, S. 730.

Niesert, Burkhard / Hohler, Anne, Die Haftung des Geschäftsführers für die Rückzahlung von Gesellschafterdarlehen und ähnliche Leistungen, NZI 2009, S. 345.

Niewerth, Johannes / Rybarz, Jonas C., Änderung der Rahmenbedingungen für Immobilienfonds – das AIFM- Umsetzungsgesetz und seine Folgen, WM 2013, S. 1154.

Nodoushani, Manuel, Die Bedeutung der Treuepflicht für die Finanzierung von Personengesellschaften – Überlegungen im Lichte des neuen BaFin-Merkblatts zum Tatbestand des Einlagengeschäfts, BB 2014, S. 2051.

Obermüller, Manfred, Insolvenzrecht in der Bankpraxis, 8. Auflage 2011.

Oetker (Hrsg.), Handelsgesetzbuch, 4. Auflage 2015 (zitiert als: *Bearbeiter*, in: Oetker HGB).

v. Olshausen, Eberhard, Die Aufrechnung eines Kommanditisten mit einer nicht voll werthaltigen Gegenforderung und ihre Wirkung auf die Einlageverbindlichkeit, ZGR 2001, S. 175.

Pahlke / Koenig (Hrsg.), Abgabenordnung, 2009 (zitiert als: *Bearbeiter*, in: Pahlke / Koenig AO).

Paul, Wolfgang, Sanieren oder Ausscheiden (Teil 1) – Grundlagen und Anwendungsprobleme bei geschlossenen Fonds, GWR 2015, S. 419.

Paul, Wolfgang, Sanieren oder Ausscheiden (Teil 2) – Aufsichts- und kapitalanlagerechtliche Problemfelder, GWR 2015, S. 463.

Paulus, Christoph G. / Kranzusch, Peter / Voß, Reinhard / Wohlleben, Hermann Peter / Hermanns, Michael / Schlegel, Ursula / Dammann, Reinhard / Groß, Christian / Eidenmüller, Horst / Brunke, Bernd / Klein, Johannes / Kraus, Karl-Josef / Seagon, Christopher / Topp, Wolfgang, Sanierung im Vorfeld von Insolvenzverfahren, WM 2010, S. 1337.

Peters, Frank, Zur Haftung wegen Vermögensübernahme, JR 1992, S. 405.

Picot, Gerhard / Aleth, Franz, Unternehmenskrise und Insolvenz, 1999.

Pluta, Michael / Keller, Christoph, Grundlagen und Probleme der Sanierung geschlossener Fonds, in: Bork/ Kayser / Kebekus (Hrsg.), Festschrift für Bruno M. Kübler zum 70. Geburtstag, 2015, S. 523.

Pöschke, Moritz / Steenbreker, Thomas, Kapitalerhaltung in der GmbH & Co. KG, NZG 2015, S. 614.

Priester, Hans-Joachim, Grundsatzfragen des Rechts der Personengesellschaften im Spiegel der Otto-Entscheidung des BGH, DStR 2008, S. 1388.

Priester, Hans-Joachim, Debt-Equity-Swap zum Nennwert?, DB 2010, S. 1445.

Priester, Hans-Joachim, „Sanieren oder Ausscheiden" im Recht der GmbH, ZIP 2010, S. 497.

Priester, Hans-Joachim, Ausschüttungen aus der Liquidität bei der KG: Zulässigkeit – Haftung – Rückforderbarkeit, DStR 2013, S. 1786.

Priester, Hans-Joachim, Eine Lanze für die Kernbereichslehre, NZG 2015, S. 529.

Priester, Hans-Joachim, Geltung einer allgemeinen Mehrheitsklausel in einem Personengesellschaftsvertrag auch für Grundlagen- und ungewöhnliche Geschäfte, EWiR 2015, S. 71.

Raiser, Thomas / Veil, Rüdiger, Recht der Kapitalgesellschaften, 5. Auflage 2010.

Rathmann, Michael, Der rettende Strohhalm?, HANSA International Maritime Journal 6/2013, S. 96.

Redeker, Rouven, Kontrollerwerb an Krisengesellschaften: Chancen und Risiken des Debt-Equity-Swap, BB 2007, S. 673.

Reichert (Hrsg.), GmbH & Co. KG, 7. Auflage 2015 (zitiert als: *Bearbeiter*, in: Reichert GmbH & Co. KG).

Reul / Heckschen / Wienberg (Hrsg.), Insolvenzrecht in der Gestaltungspraxis, 2012 (zitiert als: *Bearbeiter*, in: Reul/ Heckschen / Wienberg Insolvenzrecht in der Gestaltungspraxis).

Reuter, Dieter, Die „Wesenselemente" der Personengesellschaft in der neueren Rechtsprechung, GmbHR 1981, S. 129.

Reuter, Dieter, Zur Lehre Karsten Schmidts vom Innenrecht der Personengesellschaft und der GmbH, in: Bitter / Lutter / Priester / Schön / Ulmer (Hrsg.), Festschrift für Karsten Schmidt zum 70. Geburtstag, 2009, S. 1357.

Röhricht / Graf von Westphalen / Haas (Hrsg.), Handelsgesetzbuch, 4 Auflage 2014 (zitiert als: *Bearbeiter*, in: Röhricht / Graf von Westphalen / Haas HGB).

Roth / Altmeppen (Hrsg.), Gesetz betreffend die Gesellschaften mit beschränkter Haftung, 7. Auflage 2012 (zitiert als: *Bearbeiter*, in: Roth / Altmeppen GmbHG).

Röttger, Robert, Die Kernbereichslehre im Recht der Personenhandelsgesellschaften, 1989.

Rowedder / Schmidt-Leithoff (Hrsg.), Gesetz betreffend die Gesellschaften mit beschränkter Haftung, 5. Auflage 2013 (zitiert als: *Bearbeiter*, in: Rowedder / Schmidt-Leithoff GmbHG).

Rüber, Bernd / Reiff, Gunter, Voraussetzungen einer gewerblichen Entprägung der extern verwalteten geschlossenen Investmentkommanditgesellschaft, BB 2014, S. 1634.

Rubner, Daniel / Leuering, Dieter, Gesellschafterdarlehenskonten als erlaubnispflichtige Bankgeschäfte, NJW-Spezial 2014, S. 207.

Rümker, Dietrich, Verhaltenspflichten der Kreditinstitute in der Krise des Kreditnehmers, KTS 1981, S. 493.

Saenger / Inhester (Hrsg.), GmbH-Gesetz, 2. Auflage 2013 (zitiert als: *Bearbeiter*, in: Saenger / Inhester GmbHG).

Sassenrath, Gerd, Der Eingriff in Anteilseignerrechte durch den Insolvenzplan Ein Beitrag zur Reform des Insolvenzrechts, ZIP 2003, S. 1517.

Schäfer, Carsten, Mehrheitserfordernisse bei Stimmrechtskonsortien, ZGR 2009, S. 768.

Schäfer, Carsten, Sanieren oder Ausscheiden?, in: Berger / Kayser / Pannen (Hrsg.), Sanierung, Insolvenz, Berufsrecht der Rechtsanwälte und Notare – Festschrift für Hans Gerhard Ganter zum 65. Geburtstag, 2010, S. 33.

Schäfer, Carsten, „Girmes" wiedergelesen: Zur Treupflicht des Aktionärs im Sanierungsfall, in: Erle / Goette / Kleindiek / Krieger / Priester / Schubel / Schwab / Teichmann / Witt (Hrsg.), Festschrift für Peter Hommelhoff, 2012, S. 939.

Schäfer, Carsten, Vom Einstimmigkeitsprinzip zum treupflichtgetragenen Mehrheitsentscheid im Personengesellschaftsrecht, ZGR 2013, S. 237.

Schäfer, Carsten, Zu Fragen der Treugeberhaftung bei qualifizierten Treuhandbeteiligungen an Publikumspersonengesellschaften, ZHR 177 (2013), S. 619.

Schäfer, Carsten, Der Bestimmtheitsgrundsatz ist (wirklich) Rechtsgeschichte, NZG 2014, S. 1401.

Schäfer, Carsten, Gibt es noch einen Schutz des Kernbereichs der Mitgliedschaft?, ZIP 2015, S. 1313.

Schall, Alexander, Kapitalaufbringung nach dem MoMiG, ZGR 2009, S. 126.

Scherf, Nina, Die Nachschusspflicht im Gesellschaftsrecht, 2002.

Schiffer, Jack, Mehrheitsentscheidungen in der Personengesellschaft – Ende der Kernbereichslehre?, BB 2015, S. 584.

SCHIMANSKY / BUNTE / LWOWSKI (Hrsg.), Bankrechts-Handbuch, 4. Auflage 2011 (zitiert als: *Bearbeiter*, in: Schimansky / Bunte / Lwowski Bankrechts-Hdb).

SCHLEGELBERGER HANDELSGESETZBUCH, 5. Auflage 1986 – 1992 (zitiert als: Schlegelberger HGB/*Bearbeiter*).

SCHLICHTE, JOHANNES, Kapitalerhaltung in der Ltd. & Co. KG, DB 2006, S. 1357.

SCHMIDT, KARSTEN, Kommanditisteneinlage – Kapitalaufbringung und Kapitalerhaltung in der KG, ZGR 1976, S. 307.

SCHMIDT, KARSTEN, Organverantwortlichkeit und Sanierung im Insolvenzrecht der Unternehmen, ZIP 1980, S. 328.

SCHMIDT, KARSTEN, Die sanierende Kapitalerhöhung im Recht der Aktiengesellschaft, GmbH und Personengesellschaft, ZGR 1982, S. 519.

SCHMIDT, KARSTEN, Mehrheitsregelungen in GmbH & Co.-Verträgen – Verständnis oder Missverständnis des „Bestimmtheitsgrundsatzes"?, ZHR 158 (1994), S. 205.

SCHMIDT, KARSTEN, Vermögensveräußerung aus der Personengesellschaft: Ein Lehrstück am Rande des neuen Umwandlungsrechts, ZGR 1995, S. 675.

SCHMIDT, KARSTEN, Gesellschaftsrecht, 4. Auflage 2002.

SCHMIDT, KARSTEN, Eigenkapitalersatz, oder: Gesetzesrecht versus Rechtsprechungsrecht?, ZIP 2006, S. 1925.

SCHMIDT, KARSTEN, Mehrheitsbeschlüsse in Personengesellschaften, ZGR 2008, S. 1.

SCHMIDT, KARSTEN, „Schutzgemeinschaftsvertrag II": ein gesellschaftsrechtliches Lehrstück über Stimmrechtskonsortien, ZIP 2009, S. 737.

SCHMIDT, KARSTEN, Sanieren oder Ausscheiden, JZ 2010, S. 125.

SCHMIDT, KARSTEN, Gesellschaftsrecht und Insolvenzrecht im ESUG-Entwurf, BB 2011, S. 1603.

SCHMIDT, KARSTEN, Unbeschränkte Außenhaftung/unbeschränkte Innenhaftung – Stimmigkeitsprobleme der Haftungsabwicklung, in: Habersack / Hommelhoff (Hrsg.), Festschrift für Wulf Goette zum 65. Geburtstag, 2011, S. 459.

SCHMIDT, KARSTEN, Debt-to-Equity-Swap bei der (GmbH & Co.-)Kommanditgesellschaft, ZGR 2012, S. 566.

SCHMIDT, KARSTEN / SCHULZ, Wolf, Konkursfreies Vermögen insolventer Handelsgesellschaften?, ZIP 1982, S. 1015.

K. SCHMIDT (Hrsg.), Insolvenzordnung, 18. Auflage 2013 (zitiert als: *Bearbeiter*, in: K. Schmidt InsO).

SCHMIDT / UHLENBRUCK (Hrsg.), Die GmbH in Krise, Sanierung und Insolvenz, 5. Auflage 2016 (zitiert als: *Bearbeiter*, in: Schmidt / Uhlenbruck Die GmbH in Krise, Sanierung und Insolvenz).

SCHNELLE, ULRICH, Haftung des Nur-Kommanditisten nach §§ 30, 31 GmbHG, GmbHR 1995, S. 853.

SCHOLZ KOMMENTAR ZUM GmbH-Gesetz, Bitter / Crezelius / Emmerich / Hohenstatt / Priester / Schmidt / Schneider / Seibt / Tiedemann / Veil / Verse / Westermann / Wicke (Hrsg.), 11. Auflage 2012 – 2015 (zitiert als: Scholz GmbHG/*Bearbeiter)*.

Scholz, Rupert / Schmidt, Detlef / Ditté, Christian, Die Notwendigkeit einer zeitlichen Begrenzung des ewigen Widerrufs, ZIP 2015, S. 605.

SCHULZE-OSTERLOH, JOACHIM, Das Grundlagengeschäft zwischen Geschäftsführungsmaßnahme und Änderung des Gesellschaftsvertrages, in: Häuser / Hammen / Hennrichs / Steinbeck / Siebel / Welter (Hrsg.), Festschrift für Walther Hadding, 2004, S. 637.

SIGLE, WALTER, Anmerkungen zum Bestimmtheitsgrundsatz und zur Kernbereichslehre im Recht der Personengesellschaften auf der Grundlage der OTTO-Entscheidung des BGH, in: Kindler / Koch / Ulmer / Winter (Hrsg.), Festschrift für Uwe Hüffer zum 70. Geburtstag, 2010, S. 973.

SOERGEL BÜRGERLICHES GESETZBUCH, 13. Auflage 2012 (zitiert als: Soergel BGB/*Bearbeiter)*.

SPLIEDT, JÜRGEN D., MoMiG in der Insolvenz – ein Sanierungsversuch, ZIP 2009, S. 149.

SPLIEDT, JÜRGEN D., Dept-Equity-Swap und weitere Strukturänderungen nach dem ESUG, GmbHR 2012, S. 462.

STAPPER, FLORIAN, Die Praxis der Arbeit mit Insolvenzplänen oder die Insuffizienz des Insolvenzplans: Diagnose und Therapie, ZInsO 2009, S. 2361.

STARI, CHRISTIAN / BEUSTER, MALTE, Die Haftung des mittelbar an einem geschlossenen Fonds beteiligten Anlegers – Keine Haftungsabschirmung durch den Treuhänder, DStR 2014, S. 271.

STAUB GROẞKOMMENTAR HANDELSGESETZBUCH, Canaris / Habersack / Schäfer (Hrsg.), 5. Auflage 2009 – 2015 (Band 3/4) (zitiert als: Staub HGB/*Bearbeiter)*.

STIMPEL, WALTER, Anlegerschutz durch Gesellschaftsrecht in der Publikums-Kommanditgesellschaft, in: Lutter / Stimpel / Wiedemann (Hrsg.), Festschrift für Robert Fischer, 1979, S. 771.

STROHN, LUTZ, Organhaftung im Vorfeld der Insolvenz, NZG 2011, S. 1161.

STUPP, MATTHIAS, Hybride Finanzierungsformen und Nachschusspflicht als Rettungsanker für Fonds-KGs?, DB 2010, S. 489.

Tebben, Joachim, Die qualifizierte Treuhand im Personengesellschaftsrecht, ZGR 2001, S. 586.

Teichmann, Arndt, Gestaltungsfreiheit in Gesellschaftsverträgen, 1970.

Theisen, Manuel / Lins, Oliver, Defeasance-Strukturen bei Filmfonds – Modell, Funktion und steuerliche Konsequenzen, DStR 2010, S. 1649.

Thierhoff / Müller/ Illy / Liebscher (Hrsg.), Unternehmenssanierung, 2011 (zitiert als: *Bearbeiter*, in: Thierhoff / Müller/ Illy / Liebscher).

Thole, Christoph, Gesellschaftsrechtliche Maßnahmen in der Insolvenz, 2014.

Timm, Wolfram, Treuepflichten im Aktienrecht, WM 1991, S. 481.

Tipke / Kruse (Hrsg.), Abgabenordnung, (zitiert als: *Bearbeiter*, in: Tipke / Kruse AO).

Topp, Wolfgang, Nichts für Schönwetterkapitäne – Die Assetklasse Shipping, Handelsblatt Journal „Restrukturierung – Sanierung – Insolvenz" März 2015, S. 18.

Turnheim, Georg, Sanierungsstrategien: Mit strategischer Planung aus der Unternehmenskrise, 1988.

Uhlenbruck, Wilhelm, Gerichtliche oder außergerichtliche Sanierung? – Eine Schicksalsfrage Not leidender Unternehmen, BB 2001, S. 1641.

Ulmer, Peter, Gesellschafterbeschlüsse in Personengesellschaften: Zur Bindung der Gesellschafter an ihre Stimmabgabe, in: Jayme / Laufs / Misera / Reinhart / Serick (Hrsg.), Festschrift für Hubert Niederländer, 1991, S. 415.

Uhlenbruck, Wilhelm, Zur fehlenden Akzeptanz des Insolvenzauslösers „drohende Zahlungsunfähigkeit", in: Richter / Schüler / Schwetzler (Hrsg.), Kapitalgeberansprüche, Marktwertorientierung und Unternehmenswert – Festschrift für Prof. Dr. Dr. h.c. Jochen Drukarczyk zum 65. Geburtstag, 2003, S. 441.

Uhlenbruck (Hrsg.), Insolvenzordnung, 14. Auflage 2015 (zitiert als: Uhlenbruck InsO/*Bearbeiter)*.

Ulmer, Peter, Mehrheitsbeschlüsse in Personengesellschaften: definitiver Abschied vom Bestimmtheitsgrundsatz, ZIP 2015, S. 657.

Ulmer / Habersack / Löbbe (Hrsg.), Gesetz betreffend die Gesellschaften mit beschränkter Haftung, 2. Auflage 2013 – 2015 (zitiert als: *Bearbeiter*, in: Ulmer / Habersack / Löbbe GmbHG).

Utsch, Guido / Utsch, Nadja, Die Haftung des Geschäftsführers nach § 64 GmbHG, ZInsO 2009, S. 2271.

Vallender, Heinz, Insolvenzkultur gestern, heute und morgen, NZI 2010, S. 838.

Voigt, Daniel, Freier Zugang zu Anlegerdaten?, NZG 2011, S. 256.

Voigt, Frederik / Busse, Ulrike, Die Übergangsvorschriften für geschlossene Fonds nach dem Regierungsentwurf zum AIFM-Umsetzungsgesetz, BKR 2013, S. 184.

Wagner, Klaus-R., Bewertungsgrundlagen bei geschlossenen Immobilienfonds, BKR 2008, S. 189.

Wagner, Klaus-R., Rückforderung getätigter Ausschüttungen bei KG-Fonds, DStR 2008, S. 563.

Wagner, Klaus-R., Notleidende geschlossene Fonds: Sanieren oder Ausscheiden, NZG 2009, S. 1378.

Wagner, Klaus-R., Bewertungsgrundlagen bei geschlossenen Immobilienfonds, DS 2009, S. 98.

Wagner, Klaus-R., Verfassungsrechtliche Überlegungen zur Haftungsrechtsprechung des BGH betreffend mittelbar Beteiligte an geschlossenen Fonds, NZG 2012, S. 58.

Wagner, Klaus-R., Geschlossene Fonds gemäß dem KAGB, ZfBR 2015, S. 113.

Walch, Mathias, Die Sanierung der Immobilienfondsgesellschaft, 2006.

Wallach, Edgar, Die Regulierung von Personengesellschaften im Kapitalanlagegesetzbuch, ZGR 2014, S. 289.

Wälzholz, Eckhard, Die insolvenzrechtliche Behandlung haftungsbeschränkter Gesellschaften nach der Reform durch das MoMiG, 2007, S. 1914.

Wank, Rolf, Die juristische Begriffsbildung, 1985.

Wansleben, Till, Werthaltigkeitsprüfung und Offenlegung beim Debt Equity Swap, WM 2012, S. 2083.

Weber, Christoph, Sanieren oder Ausscheiden – Treuebindung bei der Sanierung von Personengesellschaften, DStR 2010, S. 702.

Weber, Johannes, Mehrheitsklauseln in Gesellschaftsverträgen, ZfPW 2015, S. 123.

Wegmann, Jürgen, Die Unternehmensbewertung als Grundlage der Sanierungsprüfung, BB 1988, S. 801.

Weitnauer / Boxberger / Anders (Hrsg.), Kommentar zum Kapitalanlagegesetzbuch und zur Verordnung über Europäische Risikokapitalfonds mit Bezügen zum AIFM-StAnpG, 2014 (zitiert als: *Bearbeiter*, in: Weitnauer / Boxberger / Anders KAGB).

Wellensiek, Jobst, Übertragende Sanierung, NZI 2002, S. 233.

Wertenbruch, Johannes, Begründung von Nachschusspflichten in der Personengesellschaft, DStR 2007, S. 1680.

Wertenbruch, Johannes, Die Personengesellschaft im Vergleich zur AG und GmbH im Insolvenzplanverfahren, ZIP 2013, S. 1693.

Wertenbruch, Johannes, Quorumsabänderung und zweistufige Beschlusskontrolle ohne Bestimmtheitsgrundsatz, NZG 2013, S. 641.

Wertenbruch, Johannes, Abschied von Bestimmtheitsgrundsatz und Kernbereichslehre im Beschlussanfechtungssystem der Personengesellschaft – Zugleich Besprechung des BGH- Urteils vom 21.10.2014 – II ZR 84/13, DB 2014, S. 2875.

Westermann, Harm Peter, Vertragsfreiheit und Typengesetzlichkeit im Recht der Personengesellschaften, 1970.

Westermann, Harm Peter, Vertraglich geregeltes oder treupflichtgemäßes Ausscheiden aus einer sanierungsbedürftigen Personengesellschaft, NZG 2016, S. 9.

Wiedemann, Herbert, Rechte und Pflichten des Personengesellschafters, WM 1992, Sonderbeilage Nr. 7, S. 1.

Wiedemann, Herbert, Treuhand an einer Mitgliedschaft – Gedanken zur Einzel- und Sammeltreuhand im Personengesellschaftsrecht, ZIP 2012, S. 1786.

Wiedemann, Herbert, Alte und neue Kommanditgesellschaften, NZG 2013, S. 1041.

Wiedemann, Herbert, Debt Equity Swap – Gedanken zur Umwandlung von Schulden in Eigenkapital, in: Krieger/ Lutter / Schmidt (Hrsg.), Festschrift für Michael Hoffmann- Becking zum 70. Geburtstag, 2013, S. 1387.

Wiedemann, Herbert, Gesellschaftsrecht Band I: Grundlagen, 1980.

Wiedemann, Herbert, Gesellschaftsrecht Band II: Recht der Personengesellschaften, 2004.

Wiese, Harald, Kooperative Spieltheorie, 2005.

Wilde, Heiko, Nachschusspflichten in KG und GbR, NZG 2012, S. 215.

Winstel, Marc / Skauradszun, Dominik, Zahlungen an mehrere Gesellschafter in der Krise, GmbHR 2011, S. 185.

Winter, Martin, Mitgliedschaftliche Treubindungen im GmbH-Recht, 1988.

Winter (Hrsg.), Gabler Wirtschaftslexikon, 17. Auflage 2010.

Woll (Hrsg.), Wirtschaftslexikon, 10. Auflage 2008.

Zinger, Georg, Die Haftung des Treugebers bei der Treuhand an Personengesellschaftsanteilen, BB 2014, S. 458.

Zirener, Jörg, Sanierung in der Insolvenz: Handlungsalternativen für einen wertorientierten Einsatz des Insolvenzverfahrens, 2005.

Zöllner, Wolfgang, Die Schranken mitgliedschaftlicher Stimmrechtsmacht bei den privatrechtlichen Personenverbänden, 1963.

Schriften zum Verfahrensrecht

Herausgegeben von Jens Adolphsen, Christoph Althammer, Peter Gottwald und Ulrich Haas

Band 1 Matthias Rauscher: Die neue Berufung in Zivilsachen. 2002.

Band 2 Jörn-Christian Schulze: Grenzen der objektiven Schiedsfähigkeit im Rahmen des § 1030 ZPO. Eine Betrachtung des Rechts der Schiedsfähigkeit nach der Schiedsverfahrensrechtsform. 2003.

Band 3 Roman Rodloff: Das vereinfachte Verfahren zur Festsetzung von Kindesunterhalt nach §§ 654 ff. ZPO. Zugleich ein Beitrag zur Unterhaltsannexklage nach § 653 ZPO und zum vereinfachten Abänderungsverfahren nach § 656 ZPO. 2003.

Band 4 Helia-Verena Daubach: Kammer oder Einzelrichter? Ist die Kammer ein Qualitätselement des Zivilprozesses? 2003.

Band 5 Thomas Gemmeke: Beweisverwertungsverbote im arbeitsgerichtlichen Verfahren. 2003.

Band 6 Wolfgang Kreißig: Der Sportverein in Krise und Insolvenz. 2004.

Band 7 Alexander M. Krämer: Leasingverträge in der Insolvenz. 2005.

Band 8 Timo Christian Walther: Das Verfahren bei Masseunzulänglichkeit nach den §§ 208 ff. InsO. 2005.

Band 9 Henning Müller: Die Lebensversicherung in der Zwangsvollstreckung. 2005.

Band 10 Oliver Hilsbos: Die Mitwirkungspflicht von Personenstandsbehörden in Nachlassverfahren. 2006.

Band 11 Matthias Holla: Der Einsatz von Schiedsgerichten im organisierten Sport. 2006.

Band 12 Matthias Hofmann: Die Eigenverwaltung in der Insolvenz. Darstellung eines Rechtsinstituts unter besonderer Berücksichtigung der Gesellschaftsinsolvenz. 2006.

Band 13 Christian Schindler: Rechtskraft und Innenbindung von Beschlüssen nach der ZPO-Reform. 2006.

Band 14 Carola Reimann-Dittrich: Die Finanzierungsfolgenverantwortung des Gesellschafters. 2006.

Band 15 Viktoria Kress: Internationale Zuständigkeit für elterliche Verantwortung in der Europäischen Union. Das neue europäische Familienverfahrensrecht in Fragen der elterlichen Verantwortung im Kontext der Haager Abkommen. 2006.

Band 16 Frank Martin Herget: Die internationale Zuständigkeit im Electronic Commerce in der Europäischen Union. 2006.

Band 17 Cornelia Drenckhahn: Urkundsvorlagepflichten im Zivilprozess und im arbeitsgerichtlichen Verfahren nach der ZPO-Reform unter besonderer Berücksichtigung der Neufassung des § 142 ZPO. 2007.

Band 18 Walter Boeckh: Beschwerde und Rechtsbeschwerde im Zivilverfahren. 2007.

Band 19 Gökçe Nazar Uzar: Rechtsmittel gegen Schiedssprüche nach dem neuen deutschen und türkischen Schiedsverfahrensrecht. 2007.

Band 20 Christa Kraemer: Eigenkapitalersatz und Insolvenz. Klassische und moderne Fallgruppen. 2007.

Band 21 Martin Beckmann: Statutarische Schiedsklauseln im deutschen Recht und internationalen Kontext. 2008.

Band 22 Ulf Pechartscheck: Entgeltansprüche aus Altersteilzeitarbeit in der Arbeitgeberinsolvenz. Analyse gegenwärtiger Sicherungsmodelle in Deutschland. 2008.

Band 23 Thomas Baumann: Patentstreitigkeiten vor Schiedsgerichten. Eine rechtsvergleichende Betrachtung ausgewählter Probleme nach deutschem und schweizerischem Recht. 2008.

Band 24 Désirée Cimmino: Das UNCITRAL-Modellgesetz über internationale ADR-Verfahren in Wirtschaftsstreitigkeiten. 2008.

Band 25 Ralf Burkhard: Der Einfluss der Schuldrechtsreform auf von § 103 InsO erfasste Kaufverträge. 2010.

Band 26 Stefan Roßkopf: Die Aufrechnung im deutschen und englischen Insolvenzrecht. Eine rechtsvergleichende Untersuchung. 2008.

Band 27 Thomas Rothammer: Die insolvenzrechtliche Restschuldbefreiung – Probleme und Lösungen. 2008.

Band 28 Franziska Schmalenberg: Anerkennung von Patenten in Europa. 2009.

Band 29 Michael Schaumann: Reform des Eigenkapitalersatzrechts im System der Gesellschafterhaftung. Unter Berücksichtigung der Änderungen durch das MoMiG. 2009.

Band 30 Hengliang Shen: Das Absonderungsrecht in der Insolvenz. Erfahrungen aus Deutschland und die Praxis in China. 2009.

Band 31 Alexander Panier: Der Grundsatz der Schadenseinheit. 2009.

Band 32 Ming-Sheng Liu: Die richterliche Hinweispflicht. Dogmatik und Rechtskultur. 2009.

Band 33 Lothar Czaja: Umsetzung der Kooperationsvorgaben durch die Europäische Insolvenzverordnung im deutschen Insolvenzverfahren. 2009.

Band 34 Stefanie Reiche: Die prozessualen Folgen eines Betriebsübergangs nach § 613a BGB. 2009.

Band 35 Christoph Stieber: Der gesicherte Geld- und Warenkredit in der Insolvenz. Das Insolvenzverwalterwahlrecht nach § 103 InsO und dessen Wirkungen auf die Sicherungsübereignung und den Eigentumsvorbehalt. 2009.

Band 36 Miguel Teixeira de Sousa: Die Zulässigkeitsprüfung im Zivilprozess. 2010.

Band 37 Michael Schulze: Das Besteuerungsverfahren der Personengesellschaft bei Insolvenz. 2010.

Band 38 Ulrich Hönle: Die deliktische Grundanknüpfung im IPR und IZVR. Auswirkungen der Kollisionsrechtsvereinheitlichung auf europäischer Ebene. 2011.

Band 39 Hilke Schapp: Die Präklusion von Gestaltungsrechten nach § 767 Abs. 2 ZPO. Eine kritische Untersuchung der Rechtsprechung unter besonderer Berücksichtigung der Rechtskraft und der materiellen Rechtslage. 2011.

Band 40 Moritz Büchele: Eingriff in Gesellschafterrechte im Insolvenzplan. 2011.

Band 41 Markus Wimmer: Unternehmenssanierung mittels Transfergesellschaften. 2011.

Band 42 Christoffer Bortz: Urheberrechtliche Lizenzen in nationaler und internationaler Insolvenz. 2012.

Band 43 Martin Wigand: Verzicht, Vergleich und sonstige Haftungsbeschränkungen im Gesellschaftsrecht. 2012.

Band 44 Michael Schick: Die Zwischenfeststellungsklage des § 256 Abs. 2 ZPO. 2013.

Band 45 Olaf Benning: Internationale Prinzipien für grenzüberschreitende Insolvenzverfahren. 2013.

Band 46 Gero von Jhering: Die Wirkung von Schiedsvereinbarungen, Schiedsklauseln und Schiedssprüchen im Gesellschaftsrecht. Eine Zusammenführung von Schiedsverfahrens- und Gesellschaftsrecht. 2013.

Band 47 Anne Hoßfeld: Die Abtretung schieds- und gerichtsstandsgebundener Forderungen. 2013.

Band 48 Fabian Camek: Das Schutzschirmverfahren nach § 270b InsO und seine Funktionalität im internationalen Rechtsvergleich. 2014.

Band 49 Silvio Kupsch: Grenzüberschreitende Insolvenzverfahren in Südafrika. 2014.

Band 50 Martina Daus: Die insolvenzrechtliche Einordnung der betrieblichen Altersversorgung in der Insolvenz des Arbeitgebers. 2014.

Band 51 Fabian J. Hohl: Die richterliche Unabhängigkeit bei der Auswahl des (vorläufigen) Insolvenzverwalters nach dem ESUG. Vereinbarkeit mit Art. 97 GG und Auswirkung auf die Justiziabilität der Auswahlentscheidung. 2015.

Band 52 Carmen Schauberger: Die Partizipation Minderjähriger im Verfahren der freiwilligen Gerichtsbarkeit. Eine Analyse der Beteiligung und der Verfahrensfähigkeit in Familien- und Erbrechtsverfahren. 2015.

Band 53 Tobias Waldmann: Annexverfahren im Europäischen Insolvenzrecht. 2015.

Band 54 Maximilian Riedel: Insolvenz in nationalen und internationalen Schiedsverfahren. 2016.

Band 55 Konrad-Tassilo Heßel: Das vorinsolvenzliche Sanierungsverfahren. Bedarf und Ausgestaltungsmöglichkeiten eines vorinsolvenzlichen Sanierungsmechanismus. 2016.

Band 56 Dominik Pauw: Sanierung geschlossener Publikumsfonds. 2016.

www.peterlang.com

www.ingramcontent.com/pod-product-compliance
Ingram Content Group UK Ltd.
Pitfield, Milton Keynes, MK11 3LW, UK
UKHW021849290926
8980IPUK00005B/726

9 783631 676394